＝はじめに＝

　日本に初めて複式簿記が紹介されたのは１９世紀半ばで，フランス人の経理主任が横須賀製鉄所で複式簿記を採用したのが最初といわれています。その後，明治6年（１８７３年）にアラン・シャンドの翻訳書『銀行簿記精法』，明治7年（１８７４年）にアメリカの商業学校で使用していた教科書を福沢諭吉が翻訳した『帳合之法第Ⅱ編』が出版され，日本においても複式簿記が一般に紹介されるようになりました。

　第二次世界大戦後に，アメリカの公認会計士制度を導入するための一環として「企業会計原則」が制定され，それ以降，日本の会計制度は独自の発展を遂げてきました。近年，ビジネス活動のグローバル化にともない，世界共通の会計基準である国際会計基準を設定する試みがなされるなど，財務会計も国際化が求められつつあります。

　さて，複式簿記を初めて学習する場合，一般的には個人企業の商業簿記について仕訳から転記，補助簿への記帳，財務諸表の作成までの簿記一巡の流れを習得します。

　これまでにみなさんも個人企業の簿記一巡の流れを学習してきたわけですが，さらに規模の大きな株式会社や様々な取引の会計処理ができるようになるために，学習を深めていかなければなりません。

　本書は，初版発行以来，日頃担当している簿記の授業の経験をもとに，学習効果を上げる方法や検定試験に合格できる方法を十分に検討し，より使いやすく，学習効果の上がる問題集をめざして改訂を重ねてきました。

　簿記会計の学習にさいしては，頭を働かせて学習内容を知る，理解するというだけではなく，実際に問題に取り組み，頭と手を同時に働かせて，１問また１問と解答を紙に書いていかなければ，学習効果は上がりません。本書はこうした着実な学習ができるように，いろいろと工夫をこらして編集してあります。

　みなさんが，本書の解答欄をうめつくして実力をつけ，検定試験に合格して自信を得，さらに高度な簿記会計の学習に進まれることを期待します。

検定簿記問題研究会会員一同

2級勘定科目一覧表

以下の勘定科目は，全商2級簿記実務検定試験に出題されるものです。
該当ページは，本書の「学習のまとめ」や問題に初めて登場するページを表記しています。

〈凡　例〉

◀頻出‼・・・検定試験によく出題されている問題

＝もくじ＝

第1章　各種取引の処理

① 現金過不足の記帳

１ 現金過不足

現金の実際有高と帳簿残高（現金勘定・現金出納帳）が一致しないときは，その過不足の原因が判明するまで**現金過不足勘定**で処理しておく（帳簿残高を実際有高に合わせるために帳簿残高を修正する）。

例１　現金の実際有高が帳簿残高より不足していた場合

実際有高　　　　　　総勘定元帳　　　　　　現金出納帳

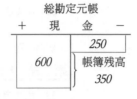

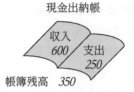

①現金の実際有高が¥150不足していた。（帳簿の現金を減らす）

　（借方）現金過不足　150　　　（貸方）現　　金　150

②上記不足額¥150のうち¥100は交通費の記入もれであることがわかった。

　（借方）交　通　費　100　　　（貸方）現金過不足　100

③決算になっても不足額の残高¥50は原因が判明しなかったので雑損とした。

　（借方）雑　　　損　50　　　（貸方）現金過不足　50

> 決算になってもその原因が判明しなかったときは，不足額を**雑損勘定**（費用）へ振り替える。

例２　現金の実際有高が帳簿残高より多かった場合

実際有高　　　　　　総勘定元帳　　　　　　現金出納帳

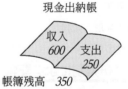

①現金の実際有高が¥150多かった。（帳簿の現金を増やす）

　（借方）現　　金　150　　　（貸方）現金過不足　150

②上記過剰額¥150のうち¥100は受取手数料の記入もれであることがわかった。

　（借方）現金過不足　100　　　（貸方）受取手数料　100

③決算になっても過剰額の残高¥50は原因が判明しなかったので雑益とした。

　（借方）現金過不足　50　　　（貸方）雑　　　益　50

> 決算になってもその原因が判明しなかったときは，過剰額を**雑益勘定**（収益）へ振り替える。

練習問題
解答 ▶ p.2

1-1 次の取引の仕訳を示しなさい。
(1) 5/15 現金の帳簿残高は￥32,000であるが，実際有高は￥30,500であった。
31 上記不足額￥1,500のうち￥900は，郵便切手購入代金の記入もれであることがわかった。
12/31 決算になったが，上記不足額￥600は原因が判明しないので雑損とした。
(2) 7/15 現金の帳簿残高は￥28,000であるが，実際有高は￥33,000であった。
8/31 上記過剰額￥5,000のうち￥4,700は，家賃の受け取り分の記入もれであることがわかった。
12/31 決算になったが，上記過剰額￥300は原因が判明しないので雑益とした。

(1)	5/15		
	31		
	12/31		
(2)	7/15		
	8/31		
	12/31		

1-2 次の取引の仕訳を示しなさい。
(1)現金の実際有高と帳簿残高を照合したところ，実際有高が￥1,200多いことがわかった。
(2)かねて現金の実際有高が帳簿残高より￥9,500少なかったので，現金過不足勘定で処理していたが，うち￥8,000は水道料支払いの記帳もれであることが本日わかった。なお，残りの￥1,500は調査中である。

(1)		
(2)		

検定問題
解答 ▶ p.2

1-3 次の取引の仕訳を示しなさい。
(1)現金の実際有高を調べたところ，帳簿残高より￥2,000少なかった。よって，帳簿残高を修正して，その原因を調査することにした。 （3級 第88回）
(2)現金の実際有高を調べたところ，帳簿残高より￥3,000多かった。よって，帳簿残高を修正して，その原因を調査することにした。 （3級 第85回）

(1)		
(2)		

❷ 預金の記帳

①当座借越

銀行とあらかじめ当座借越契約を結んでおけば，預金残高をこえても，借越限度額以内の小切手を振り出すことができる。この場合，預金残高をこえた金額は，銀行からの一時的な借り入れを意味し，**当座借越勘定**（負債）を用いて処理する。

例　取引銀行と借越限度額を¥*50,000*とする当座借越契約を結んでいる場合

①買掛金¥*12,000*を小切手を振り出して支払った。ただし，当座預金残高は¥*7,000*である。

（借方）買 掛 金　*12,000*　　（貸方）当座預金　*7,000*
　　　　　　　　　　　　　　　　　　　当座借越　*5,000*

②売掛金¥*15,000*を他人振り出しの小切手で受け取り，ただちに当座預金に預け入れた。

（借方）当座借越　*5,000*　　（貸方）売 掛 金　*15,000*
　　　　当座預金　*10,000*

当 座 預 金		
預金残高　*7,000*	①引出高　*7,000*	
②預入高　*10,000*		

当 座 借 越		
②返済高　*5,000*	①借越高　*5,000*	

②当座預金勘定のみで処理する方法

当座預金勘定と当座借越勘定をまとめて，**当座預金勘定**だけを用いて処理する方法もある。

当座預金勘定だけで処理する場合，当座借越があるかないかにかかわらず，当座預金の預入高は当座預金勘定の借方に記入し，小切手の振出高などは当座預金勘定の貸方に記入する。

例1　売掛金¥*15,000*を他人振り出しの小切手で受け取り，ただちに当座預金に預け入れた。ただし，当座預金貸方残高は¥*5,000*である。

（借方）当座預金　*15,000*　　（貸方）売 掛 金　*15,000*

例2　買掛金¥*12,000*を小切手を振り出して支払った。ただし，当座預金借方残高は¥*7,000*である。

（借方）買 掛 金　*12,000*　　（貸方）当座預金　*12,000*

例1	当 座 預 金	
預入高　*15,000*	貸方残高　*5,000*	
	当座預金借方残高 *10,000*	

例2	当 座 預 金	
預金残高　*7,000*	引出高　*12,000*	
当座預金貸方残高 *5,000*		

※当座預金勘定残高　借方残高————当座預金残高
　　　　　　　　　　貸方残高————当座借越残高

練 習 問 題

解答 ▶ p.2

2-1 長野商店の下記の取引の仕訳を示しなさい。ただし，当座借越勘定を用いている。

5月24日　松本商店に対する買掛金￥200,000を小切手を振り出して支払った。ただし，当店の当座預金残高は￥120,000であり，銀行とは￥800,000を限度額とする当座借越契約を結んでいる。

28日　飯田商店に対する売掛金￥185,000を同店振り出しの小切手で受け取り，ただちに当座預金に預け入れた。

5/24		
28		

2-2 山形商店の下記の取引の仕訳を示し，当座預金出納帳に記入して締め切り，開始記入も示しなさい。ただし，当店の当座預金残高は￥200,000であり，銀行とは￥3,000,000を限度額とする当座借越契約を結んでいる。なお，商品に関する勘定は3分法によること。また，当座借越勘定を用いること。

6月3日　仙台商店に対する買掛金￥150,000の支払いとして，小切手#4を振り出して支払った。

15日　盛岡商店から商品￥80,000を仕入れ，代金は小切手#5を振り出して支払った。

30日　秋田商店から売掛金の￥130,000を同店振り出しの小切手で受け取り，ただちに当座預金に預け入れた。

6/ 3		
15		
30		

当 座 預 金 出 納 帳

令和○年		摘　　　　　要	預　　入	引　　出	借または貸	残　　高
6	1	前月繰越	200,000		借	200,000

2-3 次の連続した取引の仕訳を示し，当座預金勘定と当座借越勘定に転記しなさい。ただし，勘定には，日付・相手科目・金額を記入すること。なお，商品に関する勘定は3分法によること。

10月1日　青森銀行と当座取引契約を結び，現金￥120,000を預け入れた。同時に，当座借越契約を結び，その借越限度額は￥300,000である。

　6日　秋田商店から商品￥240,000を仕入れ，代金のうち￥160,000は小切手を振り出して支払い，残額は掛けとした。

　11日　岩手商店に買掛金￥120,000を小切手を振り出して支払った。

　18日　福島商店から売掛金￥200,000を同店振り出しの小切手で受け取り，ただちに当座預金に預け入れた。

　23日　茨城商店からの借入金￥160,000を利息￥11,200とともに小切手を振り出して支払った。

　31日　山形商店に商品￥240,000を売り渡し，代金は現金で受け取り，ただちに当座預金に預け入れた。

10/ 1		
6		
11		
18		
23		
31		

当　座　預　金

当　座　借　越

2-4 前問の取引を当座預金勘定のみで処理する方法で仕訳を示し，当座預金勘定に転記しなさい。ただし，勘定には，日付・相手科目・金額を記入すること。なお，商品に関する勘定は3分法によること。

10/ 1		
6		
11		
18		
23		
31		

当　座　預　金

検 定 問 題

解答 ▶ p.3

2-5 次の取引の仕訳を示しなさい。ただし，当座借越勘定を用いること。

(1)新潟商店に対する買掛金¥140,000を小切手を振り出して支払った。ただし，当座預金勘定の残高は¥40,000であり，限度額を¥600,000とする当座借越契約を結んでいる。

（3級 第84回，類題第77・79回）

(2)鳥取商店から売掛金¥390,000を同店振り出しの小切手で受け取り，ただちに当座預金に預け入れた。ただし，当座借越勘定の残額が¥240,000ある。 （3級 第86回，類題第73・82回）

(1)		
(2)		

③ 商品売買・掛取引の記帳

学習のまとめ

①商品売買の取引に関する補助簿
　①**仕入帳**…仕入れに関する取引の明細を記入する。
　②**売上帳**…売り上げに関する取引の明細を記入する。
　③**商品有高帳**…商品の受け入れ，引き渡し，残高を明らかにする。**先入先出法**と**移動平均法**などの記帳方法がある。
　④**売掛金元帳**…得意先ごとの売掛金の明細を記入する。
　⑤**買掛金元帳**…仕入先ごとの買掛金の明細を記入する。

練習問題

解答 ▶ p.3

3-1　新潟商店の下記の取引について，
(1)仕訳を示しなさい。
(2)仕入帳・買掛金元帳・商品有高帳に記入して，締め切りなさい。
　　ただし，ⅰ　商品に関する勘定は3分法によること。
　　　　　　ⅱ　商品有高帳は，A品について移動平均法によって記入すること。

<u>取　　　引</u>

1月 7日　石川商店から次の商品を仕入れ，代金は掛けとした。
　　　　　A 品　　400個　　@¥450　　¥180,000
　　　　　B 品　　350〃　　〃〃600　　¥210,000
　　9日　石川商店から仕入れた上記商品の一部に品質不良のものがあったので，次のとおり返品した。なお，この代金は買掛金から差し引くことにした。
　　　　　B 品　　20個　　@¥600　　¥ 12,000
　　16日　富山商店に次の商品を売り渡し，代金のうち¥200,000は同店振り出しの小切手#7で受け取り，ただちに当座預金に預け入れ，残額は掛けとした。
　　　　　A 品　　500個　　@¥700　　¥350,000
　　24日　福井商店から次の商品を仕入れ，代金のうち¥300,000は小切手#4を振り出して支払い，残額は掛けとした。
　　　　　C 品　　800個　　@¥550　　¥440,000
　　28日　福井商店に対する買掛金の一部¥200,000を小切手#5を振り出して支払った。

(1)

1/ 7		
9		
16		
24		
28		

(2)

仕　　　入　　　帳　　　　　　　　　　1

令和○年	摘　　　　　　要	内　　　訳	金　　　額

買　掛　金　元　帳
石　川　商　店　　　　　　　　　　1

令和○年		摘　　　　　要	借　　　方	貸　　　方	借または貸	残　　　高
1	1	前　月　繰　越		100,000	貸	100,000

福　井　商　店　　　　　　　　　　2

令和○年		摘　　　　　要	借　　　方	貸　　　方	借または貸	残　　　高
1	1	前　月　繰　越		280,000	貸	280,000

商　品　有　高　帳
(移動平均法)　　　　品名　Ａ　品　　　　　　　単位：個

令和○年		摘　要	受　　入			払　　出			残　　高		
			数量	単価	金　額	数量	単価	金　額	数量	単価	金　額
1	1	前月繰越	200	420	84,000				200	420	84,000

3-2 青森商店の下記の取引について，

(1)仕訳を示しなさい。

(2)売上帳・売掛金元帳・商品有高帳に記入して，締め切りなさい。

　ただし，　i　商品に関する勘定は3分法によること。

　　　　　　ii　商品有高帳は，A品について先入先出法によって記入すること。

<u>取　　引</u>

　1月 8日　岩手商店から次の商品を仕入れ，代金のうち¥*300,000*は小切手＃7を振り出して
　　　　　　支払い，残額は掛けとした。

　　　　　　　　A　品　　500個　　@¥*800*　　¥*400,000*
　　　　　　　　C　品　　700〃　　〃〃*600*　　¥*420,000*

　　14日　山形商店に次の商品を売り渡し，代金は掛けとした。

　　　　　　　　A　品　　300個　　@¥*950*　　¥*285,000*
　　　　　　　　B　品　　420〃　　〃〃*750*　　¥*315,000*

　　16日　山形商店に売り渡した上記商品の一部に品違いがあったので，次のとおり返品され
　　　　　　た。なお，この代金は売掛金から差し引くことにした。

　　　　　　　　B　品　　40個　　@¥*750*　　¥　*30,000*

　　21日　秋田商店に次の商品を売り渡し，代金はさきに受け取っていた内金¥*100,000*を差
　　　　　　し引き，残額は掛けとした。

　　　　　　　　C　品　　500個　　@¥*700*　　¥*350,000*

　　25日　秋田商店から売掛金の一部¥*200,000*を同店振り出し，当店あての小切手で受け取
　　　　　　った。

(1)

1/ 8		
14		
16		
21		
25		

(2)

売　上　帳　　　　　　　　　　　　1

令和○年	摘　　　　要	内　　訳	金　　額

売　掛　金　元　帳
山　形　商　店　　　　　　　　　　　1

令和○年	摘　　　要	借　　方	貸　　方	借または貸	残　　高
1 1	前　月　繰　越	120,000		借	120,000

秋　田　商　店　　　　　　　　　　　2

令和○年	摘　　　要	借　　方	貸　　方	借または貸	残　　高
1 1	前　月　繰　越	350,000		借	350,000

商　品　有　高　帳
(先入先出法)　　　　　品名　A　品　　　　　　　単位：個

令和○年	摘　要	受　入 数量	受　入 単価	受　入 金　額	払　出 数量	払　出 単価	払　出 金　額	残　高 数量	残　高 単価	残　高 金　額
1 1	前 月 繰 越	100	820	82,000				100	820	82,000

④ 手形取引の記帳

①手形の種類と手形債権・手形債務

(1)手形には**約束手形**と**為替手形**がある。約束手形は，振出人（支払人）が一定の期日に一定の金額を，名あて人（受取人）に支払うことを約束した手形である。為替手形は，本書では取り扱わない。

(2)約束手形を受け取ることによって生じる手形金額を受け取る権利を**手形債権**といい，約束手形の振り出しによって生じる手形金額を支払う義務を**手形債務**という。

②約束手形の記帳

商品売買によって生じた手形債権・手形債務は，**受取手形勘定**（資産）・**支払手形勘定**（負債）で処理する。

```
              仕入れ                    売り上げ
  振 出 人  ←─────────         ─────────→   名あて人
 (東京商店)    手形振り出し        手形受け取り    (千葉商店)
```

東京商店（借）仕　　　　　入　×××（貸）**支 払 手 形**　×××
千葉商店（借）**受 取 手 形**　×××（貸）売　　　　　上　×××

③手形の裏書譲渡

所持している約束手形は，手形の裏面に必要事項を記入のうえ署名し，他人に譲り渡すことができる。これを**手形の裏書譲渡**という。

例　商品を仕入れ，受け取っていた約束手形を裏書譲渡した場合
　　　　　　　　（借）仕　　　　　入　×××（貸）**受 取 手 形**　×××

④手形の割引

資金の融通を受けるために，手持ちの約束手形を支払期日前に銀行などに裏書譲渡する。これを**手形の割引**という。なお，割引の場合には，割引日から支払期日までの利息にあたる割引料を手形金額から差し引かれるが，この割引料を**手形売却損勘定**（費用）で処理する。

　　　　　　　　（借）当 座 預 金　×××（貸）**受 取 手 形**　×××
　　　　　　　　　　　手 形 売 却 損　×××

⑤受取手形記入帳・支払手形記入帳

手形債権や手形債務の発生と消滅についての明細は，**受取手形記入帳・支払手形記入帳**という補助簿に記入する。

受　取　手　形　記　入　帳

令和○年		摘要	金　　額	手形種類	手形番号	支払人	振出人または裏書人	振出日		満期日		支払場所	て　ん　末		
													月	日	摘　要
9	5	売　上	300,000	約手	17	福岡商店	福岡商店	9	5	10	31	東法銀行	10	11	割　引
	20	売 掛 金	120,000	約手	26	熊本商店	宮崎商店	9	1	10	31	令和銀行			

支　払　手　形　記　入　帳

令和○年		摘要	金　　額	手形種類	手形番号	受取人	振出人	振出日		満期日		支払場所	て　ん　末		
													月	日	摘　要
9	2	仕　入	280,000	約手	12	高知商店	当　店	9	2	10	31	東西銀行	10	31	支払い
	10	買 掛 金	120,000	約手	11	徳島商店	〃	9	10	11	30	東西銀行			

練習問題
解答 ▶ p.5

4-1 次の取引の仕訳を示しなさい。ただし，商品に関する勘定は3分法によること。

(1)山口商店から商品￥280,000を仕入れ，代金は同店あての約束手形を振り出して支払った。

(2)徳山商店に商品￥390,000を売り渡し，代金は同店振り出し，当店あての約束手形で受け取った。

(3)萩商店に対する買掛金￥450,000の支払いとして，同店あての約束手形を振り出して支払った。

(4)長門商店に対する売掛金￥780,000を，同店振り出し，当店あての約束手形で受け取った。

(5)さきに，下関商店あてに振り出した約束手形￥540,000が本日支払期日となり，当店の当座預金から支払ったとの通知を取引銀行から受けた。

(6)かねて取り立てを依頼していた，宇部商店振り出し，当店受け取りの約束手形￥650,000が支払期日となり，本日当座預金に入金されたとの通知を取引銀行から受けた。

(1)		
(2)		
(3)		
(4)		
(5)		
(6)		

4-2 次の連続した取引の仕訳を示しなさい。ただし，商品に関する勘定は3分法によること。

(1)広島商店は，岩国商店に商品￥490,000を売り渡し，代金は同店振り出しの約束手形で受け取った。

(2)広島商店は，尾道商店から商品￥700,000を仕入れ，代金のうち￥490,000は岩国商店から受け取っていた約束手形を裏書譲渡し，残額は掛けとした。

(1)		
(2)		

4-3 次の連続した取引の仕訳を示しなさい。ただし，商品に関する勘定は3分法によること。
(1)山口商店は，徳山商店に対する売掛金¥400,000の回収として，同店振り出しの約束手形¥400,000を受け取った。
(2)山口商店は，さきに徳山商店から受け取っていた同店振り出しの約束手形¥400,000を取引銀行で割り引き，割引料を差し引かれた手取金¥398,000は当座預金とした。

(1)		
(2)		

4-4 次の取引の仕訳を示しなさい。ただし，商品に関する勘定は3分法によること。
(1)境商店から売掛代金として，三原商店振り出し，境商店受け取りの約束手形¥510,000を裏書のうえ譲り受けた。
(2)得意先茨城商店から受け取っていた約束手形¥500,000を取引銀行で割り引き，割引料¥4,000を差し引かれ，手取金¥496,000は当座預金とした。
(3)宮城商店に商品¥580,000を売り渡し，代金のうち¥300,000は同店振り出しの約束手形で受け取り，残額は掛けとした。なお，発送費¥40,000は現金で支払った。
(4)今治商店に対する買掛金¥400,000の支払いのため，さきに得意先宇和島商店から受け取っていた約束手形¥400,000を裏書譲渡した。
(5)かねて，受け取っていた石巻商店振り出しの約束手形¥561,000を八戸銀行に取り立て依頼していたが，本日当座預金に入金されたとの通知を受けた。
(6)新居浜商店あての約束手形¥500,000が支払期日となり，当座預金から支払われたとの通知を土佐銀行から受けた。

(1)		
(2)		
(3)		
(4)		
(5)		
(6)		

4-5 次の取引の仕訳を示し，受取手形記入帳と支払手形記入帳に記入しなさい。ただし，商品に関する勘定は3分法によること。

9月13日　8月13日に振り出した浜松商店あての約束手形＃10　¥200,000が支払期日となり，当座預金口座から支払われたとの通知を取引銀行から受けた。

21日　8月31日に静岡商店から商品代金として受け取っていた同店振り出し，当店あての約束手形＃4 ¥500,000を取引銀行で割り引き，割引料¥4,600を差し引かれた手取金は当座預金とした。

27日　沼津商店に買掛金¥270,000の支払いのため，同店あての約束手形＃11（振出日9月27日，支払期日 12月27日，支払場所　中央銀行）を振り出して支払った。

10月2日　富士商店に商品¥300,000を売り渡し，代金は富士商店振り出し，当店あての約束手形＃7（振出日 10月2日，支払期日 11月2日，支払場所　北東銀行）を受け取った。

5日　清水商店に対する売掛金¥250,000の回収として，約束手形＃9（振出人　静岡商店，振出日 10月5日，支払期日 12月5日，支払場所　南西銀行）を受け取った。

28日　浜名商店から商品¥400,000を仕入れ，代金のうち¥250,000は10月5日に受け取った約束手形＃9を裏書譲渡し，残額は掛けとした。

11月2日　10月2日に受け取った，当店受け取りの約束手形＃7が本日支払期日となり，当店の当座預金に入金されたとの通知を取引銀行から受けた。

日付	借方	貸方
9/13		
21		
27		
10/ 2		
5		
28		
11/ 2		

受 取 手 形 記 入 帳

令和○年		摘　要	金　額	手形種類	手形番号	支払人	振出人または裏書人	振出日		満期日		支払場所	てん末		
													月	日	摘　要
8	31	売　上	500,000	約手	4	静岡商店	静岡商店	8	31	10	30	東西銀行			

支 払 手 形 記 入 帳

令和○年		摘　要	金　額	手形種類	手形番号	受取人	振出人	振出日		満期日		支払場所	てん末		
													月	日	摘　要
8	13	仕　入	200,000	約手	10	浜松商店	当　店	8	13	9	13	中央銀行			

4-6 次に示した(1),(2)の帳簿の名称を記入し,(1)の帳簿に記入されている7月1日，7月25日，8月31日，および(2)の帳簿に記入されている9月5日，9月16日，10月31日の取引の仕訳を示しなさい。ただし，商品に関する勘定は3分法によること。なお，手形金額の決済はすべて当座預金によっておこなわれている。

(1) 　　　　　　　　　　　　（　　　　　　　　　　　　　）

令和○年		摘　　要	金　　額	手形種類	手形番号	支払人	振出人または裏書人	振出日		満期日		支払場所	て　ん　末		
													月	日	摘　要
7	1	売　　上	150,000	約手	13	浦和商店	浦和商店	7	1	8	31	東西銀行	8	31	入　金
	25	売掛金	220,000	約手	6	深谷商店	新座商店	7	20	10	20	南北銀行			

(2) 　　　　　　　　　　　　（　　　　　　　　　　　　　）

令和○年		摘　　要	金　　額	手形種類	手形番号	受取人	振出人	振出日		満期日		支払場所	て　ん　末		
													月	日	摘　要
9	5	買掛金	180,000	約手	8	川口商店	当　店	9	5	10	31	北西銀行	10	31	支払い
	16	仕　　入	250,000	約手	21	川越商店	当　店	9	16	11	30	北西銀行			

(1)	7/ 1		
	25		
	8/31		
(2)	9/ 5		
	16		
	10/31		

4-7 次の約束手形から，令和○年10月2日の松本商店と上越商店の仕訳を示しなさい。ただし，商品に関する勘定は3分法によること。

約束手形番号	23	ＡＣ278304
受取人	上越商店	
金額	¥ 100,000※	
支払期日	令和○年11月2日	
支払地	長野市	
支払場所	株式会社南西銀行長野支店	
振出日	令和○年10月2日	
振出地	長野市	
備考	商品仕入代金	

No. 23　　**約束手形**　ＡＣ278304

全国 5001
0001－426

新潟県新潟市南町7-47

収入印紙

上 越 商 店 殿

金額　¥ 100,000 ※

上記金額をあなたまたはあなたの指図人へこの約束手形と引替えにお支払いいたします。
令和○年10月2日

支払期日　令和○年11月2日
支 払 地　長野市
支払場所　株式会社 南西銀行長野支店

振出地住所　長野県長野市川中島町高田5-3
振出人　松本商店 松本太郎 ㊞

松本商店		
上越商店		

検定問題

解答 ▶ p.6

4-8 次の取引の仕訳を示しなさい。ただし，商品に関する勘定は3分法によること。

(1)滋賀商店に対する買掛金のうち¥300,000について，同店あての約束手形#3を振り出して支払った。　　　　　　　　　　　　　　　　　　　　　　　　　　　　　　　（3級 第85回）

(2)商品代金として中央商店あてに振り出していた約束手形#8 ¥300,000が本日満期となり，当座預金から支払った。　　　　　　　　　　　　　　　　　　　　　　　　（3級 第84回）

(3)高松商店から商品¥430,000を仕入れ，代金のうち¥300,000は同店あての約束手形#5を振り出して支払い，残額は掛けとした。　　　　　　　（3級 第39回一部修正，類題第35回）

◀頻出!!(4)広島商店に対する買掛金の支払いとして，さきに得意先岡山商店から商品代金として受け取っていた約束手形¥410,000を裏書譲渡した。　　　　（3級 第86回，類題第80・82回）

(5)岡山商店に次の商品を売り渡し，代金のうち¥130,000は同店振り出しの約束手形#8で受け取り，残額は掛けとした。

　　　　　A 品　　500個　　@¥560　　¥280,000　　　　　　　　　（3級 第81回）

◀頻出!!(6)岐阜商店から，商品代金として受け取っていた同店振り出しの約束手形¥250,000を取引銀行で割り引き，割引料を差し引かれた手取金¥249,000は当座預金とした。

　　　　　　　　　　　　　　　　　　　　　　　　　　　　（3級 第87回，類題第79・83回）

(7)鳥取商店から商品¥560,000を仕入れ，代金のうち¥350,000は，さきに得意先広島商店から受け取っていた約束手形を裏書譲渡し，残額は掛けとした。　　　　（3級 第44回）

(8)得意先明石商店から受け取っていた約束手形#6 ¥740,000が満期となり，当店の当座預金口座に入金したとの通知を取引銀行から受けた。　　　　　　　　　　　（3級 第85回）

(9)松本商店から，商品代金として受け取っていた同店振り出しの約束手形¥300,000を取引銀行で割り引き，割引料を差し引かれた手取額¥297,000は当座預金とした。　　（3級 第90回）

(1)		
(2)		
(3)		
(4)		
(5)		
(6)		
(7)		
(8)		
(9)		

4-9 次の埼玉商店の取引を，当座預金出納帳・売掛金元帳・受取手形記入帳に記入しなさい。ただし，各帳簿とも締め切らなくてよい。

（第19回一部修正）

1月9日　栃木商店に商品¥250,000を売り渡し，代金のうち¥100,000は現金で受け取り，残額は掛けとした。なお，発送費¥8,000は小切手を振り出して支払った。

12日　東京商店から売掛金の回収として，次の約束手形を受け取った。

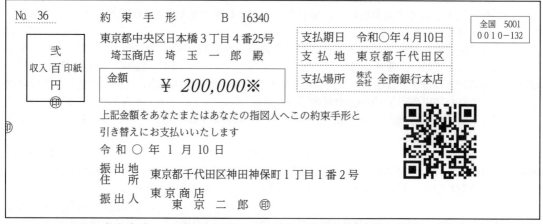

15日　東京商店から受け取っていた上記の約束手形を取引銀行で割り引き，割引料¥3,900を差し引かれた手取金は当座預金に預け入れた。

当 座 預 金 出 納 帳　　　　　1

令和◯年		摘　　　　要	預　　入	引　　出	借または貸	残　　高
1	1	前月繰越	165,000		借	165,000

売 掛 金 元 帳
東 京 商 店　　　　　1

令和◯年		摘　　　　要	借　　方	貸　　方	借または貸	残　　高
1	1	前 月 繰 越	350,000		借	350,000

栃 木 商 店　　　　　2

令和◯年		摘　　　　要	借　　方	貸　　方	借または貸	残　　高
1	1	前 月 繰 越	120,000		借	120,000

受 取 手 形 記 入 帳　　　　　1

令和◯年		摘要	金　　額	手形種類	手形番号	支払人	振出人または裏書人	振出日	満期日	支払場所	てん末	
											月 日	摘 要

⑤ 電子記録債権（電子記録債務）

①電子記録債権（電子記録債務）

保有する売掛債権や手形債権を電子化することで，安全で迅速な取引をおこなうことができる。従来の売掛債権や紙の手形債権とは異なるこのような決済手段を電子記録債権（電子記録債務）といい，発生等について，電子債権記録機関への電子記録を必要条件とする金銭債権（金銭債務）である。

(1)電子記録債権（電子記録債務）の発生

電子債権記録機関に発生記録の請求をおこない，電子記録債権の登録をすることで発生する。債権者側が発生記録の請求をおこなう場合には，一定期日以内に債務者の承諾を得る必要がある（債務者側が発生記録の請求をおこなう場合もある）。会計上は，手形債権（手形債務）に準じて**電子記録債権勘定**（資産）の借方，**電子記録債務勘定**（負債）の貸方に記入する。

> **例**　新潟商店は，山形商店に対する売掛金¥600,000の回収のため，取引銀行を通じて発生記録の請求をおこない，山形商店の承諾を得て電子記録債権が発生した。
>
> 新潟商店　（借）電子記録債権　600,000　　（貸）売　掛　金　600,000
> 山形商店　（借）買　掛　金　600,000　　（貸）電子記録債務　600,000

(2)電子記録債権の譲渡

債権金額を分割して譲渡したり，金融機関に譲渡して現金化したりすることができる。電子記録債権を譲渡したさいに損失が発生した場合には，**電子記録債権売却損勘定**（費用）で処理する。

> **例1**　新潟商店は，電子記録債権のうち¥200,000を譲渡記録により，取引銀行に¥195,000で譲渡し，ただちに当座預金とした。
>
> 新潟商店　（借）当 座 預 金　195,000　　（貸）電子記録債権　200,000
> 　　　　　　　　電子記録債権売却損　5,000
> 山形商店　仕訳なし

> **例2**　新潟商店は，電子記録債権のうち¥150,000を譲渡記録により，仕入先である福井商店に譲渡し，買掛金と相殺した。
>
> 新潟商店　（借）買　掛　金　150,000　　（貸）電子記録債権　150,000
> 山形商店　仕訳なし

(3)電子記録債権（電子記録債務）の消滅

> **例**　新潟商店，山形商店ともに，電子記録債権・電子記録債務を当座預金口座を通じて精算した。
>
> 新潟商店　（借）当 座 預 金　250,000　　（貸）電子記録債権　250,000
> 山形商店　（借）電子記録債務　600,000　　（貸）当 座 預 金　600,000

練習問題

解答 ▶ p.7

5-1　次の連続した取引について，それぞれの商店の仕訳を示しなさい。

(1)岩手商店は，青森商店に対する売掛金¥400,000の回収のため，取引銀行を通じて発生記録の請求をおこない，青森商店の承諾を得て電子記録債権が発生した。

岩手商店		
青森商店		

(2)岩手商店，青森商店ともに，電子記録債権・電子記録債務を当座預金口座を通じて精算した。

岩手商店		
青森商店		

5-2 次の取引について，それぞれの商店の仕訳を示しなさい。ただし，仕訳が不要のときは「仕訳なし」と記入すること。

(1)山口商店は，広島商店に対する売掛金￥620,000の回収のため，取引銀行を通じて発生記録の請求をおこない，広島商店の承諾を得て電子記録債権が発生した。

山口商店	
広島商店	

(2)山口商店は電子記録債権のうち￥214,000を譲渡記録により，取引銀行に￥206,000で譲渡し，ただちに当座預金とした。

山口商店	
広島商店	

(3)山口商店は電子記録債権のうち￥319,000を譲渡記録により，仕入先である島根商店に譲渡し，買掛金と相殺した。

山口商店	
広島商店	

(4)山口商店，広島商店ともに，電子記録債権・電子記録債務を当座預金口座を通じて精算した。

山口商店	
広島商店	

5-3 次の取引の仕訳を示しなさい。

(1)大分商店は，佐賀商店に対する売掛金￥360,000の回収のため，取引銀行を通じて発生記録の請求をおこない，佐賀商店の承諾を得て電子記録債権が発生した。

(2)電子記録債権￥292,000を取引銀行で割り引くために電子債権記録機関に譲渡記録の請求をおこない，割引料を差し引かれた手取金￥285,000が当社の当座預金口座に振り込まれた。

(3)電子記録債権￥475,000を取引銀行で割り引くために電子債権記録機関に譲渡記録の請求をおこない，割引料￥14,000を差し引かれた手取金が当社の当座預金口座に振り込まれた。

(4)電子記録債権のうち￥158,000を譲渡記録により，仕入先に譲渡し，買掛金と相殺した。

6 クレジット売掛金

①クレジット売掛金

　商品を売り渡したさいに，顧客がクレジットカードにより代金の支払いをおこなったときは，通常の売掛金とは区別し，**クレジット売掛金勘定**（資産）の借方に記入する。なお，企業（お店）がクレジットカード会社（信販会社など）に対して支払う手数料は，**支払手数料勘定**（費用）の借方に記入する。

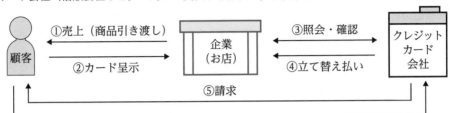

例1　商品¥50,000をクレジット払いの条件で売り渡した。なお，クレジットカード会社への手数料は売上代金の１％であり，販売時に計上する。

　　　（借）クレジット売掛金　49,500　　　（貸）売　　　　　　上　50,000
　　　　　　支 払 手 数 料　　 500

例2　**例1**について，クレジットカード会社から１％の手数料を差し引いた¥49,500が当店の当座預金口座に振り込まれた。

　　　（借）当 座 預 金　49,500　　　（貸）クレジット売掛金　49,500

練習問題

解答 ▶ p.7

6-1　次の連続した取引の仕訳を示しなさい。

(1)兵庫商店はクレジット払いの条件により，商品¥270,000を売り渡した。なお，クレジットカード会社への手数料は売上代金の２％であり，販売時に計上する。

(2)(1)について，クレジットカード会社から２％の手数料を差し引いた¥264,600が当店の当座預金口座に振り込まれた。

6-2　次の取引の仕訳を示しなさい。

(1)滋賀百貨店は，商品¥415,000をクレジットカード払いの条件で販売した。なお，クレジット会社への手数料（販売代金の４％）を計上した。

(2)京都商店は，クレジット払いの条件で商品を販売した。なお，クレジット会社への手数料¥10,200（販売代金の３％）を計上した。

⑦ 手形貸付金と手形借入金

①貸付金・借入金

借用証書により金銭の貸借をおこなった場合に生じた債権は**貸付金勘定**（資産）で処理し，債務は**借入金勘定**（負債）で処理する。

②手形貸付金・手形借入金

金銭の貸借の目的で振り出された手形を**金融手形**（融通手形）という。金融手形によって生じる債権・債務は，**手形貸付金勘定**（資産）および**手形借入金勘定**（負債）で処理する。

(注) 商品売買に伴って振り出された手形を商業手形という。

	借 用 証 書	約 束 手 形
金 銭 の 貸 借	貸 付 金	手形貸付金
	借 入 金	手形借入金

練習問題

解答 ▶ p.7

7-1 次の取引の仕訳を示しなさい。

(1)銀行から現金¥380,000を借り入れ，借用証書を差し入れた。

(2)上記の借入金が期日となったので，利息¥6,000とともに小切手を振り出して返済した。

(1)	
(2)	

7-2 次の取引の仕訳を示しなさい。

(1)松江商店に借用証書によって，現金¥250,000を貸し付けた。

(2)松江商店に対する貸付金¥250,000が期日となり，利息¥3,000とともに同店振り出しの小切手で受け取り，ただちに当座預金に預け入れた。

(1)	
(2)	

7-3 次の取引の仕訳を示しなさい。

(1)呉商店に現金¥500,000を貸し付け，同店振り出しの約束手形で受け取った。

(2)上記の貸付金が期日となったので，利息¥6,000とともに現金で返済を受け，手形を返した。

(3)約束手形を振り出して山口銀行から¥350,000を借り入れ，当座預金とした。

(4)上記の借入金が期日となったので，利息¥2,100とともに小切手を振り出して返済し，手形を受け取った。

(1)	
(2)	
(3)	
(4)	

⑧ 有価証券の記帳

学習のまとめ

①有価証券

売買を目的として**株式・社債・公債**（国債・地方債）などを買い入れたときは，取得価額で**有価証券勘定**（資産）の借方に記入し，売却したときは，帳簿価額で貸方に記入する。

　　有価証券の取得価額＝買入価額＋買入手数料など

有　価　証　券

購入したとき （買入価額 ＋ 買入手数料など）	売却したとき （帳簿価額）
	現在高

②有価証券の売買価額

有価証券の売買価額は，次のように計算する。

(1)株　　　式　1株あたりの単価×株数

(2)社債・公債　額面金額×$\dfrac{\text{額面 } ¥100 \text{ についての価額（単価）}}{¥100}$

　(注)社債・公債などの債券の単価は，¥100につき，いくら（例¥98）と示される。

③有価証券売却損益

有価証券の売却
- 帳簿価額より高く売る→その差額を**有価証券売却益勘定**（収益）の貸方に記入する。
- 帳簿価額より低く売る→その差額を**有価証券売却損勘定**（費用）の借方に記入する。

練習問題

解答 ▶ p.8

8-1　次の取引の仕訳を示しなさい。

(1)出雲商事株式会社の株式300株を1株につき¥7,800で買い入れ，代金は小切手を振り出して支払った。

(2)上記の株式のうち200株を1株につき¥8,500で売却し，代金は小切手で受け取り，ただちに当座預金に預け入れた。

(3)仙台商事株式会社の社債　額面¥400,000を額面¥100につき¥98で買い入れ，代金は小切手を振り出して支払った。

(4)上記の社債のうち，額面¥200,000を額面¥100につき¥99で売却し，代金は現金で受け取った。

(5)気仙沼商事株式会社の社債　額面¥1,000,000を額面¥100につき¥97で買い入れ，代金は現金で支払った。

(1)		
(2)		
(3)		
(4)		
(5)		

8−2 次の取引の仕訳を示し，有価証券勘定・有価証券売却益勘定・有価証券売却損勘定に転記し，決算に必要な記入をおこなって締め切りなさい。ただし，勘定には，日付・相手科目・金額を記入し，開始記入もおこなうこと。なお，決算は年1回　12月31日である。

11月2日　盛岡商事株式会社の株式300株を1株につき¥5,700で買い入れ，代金は小切手を振り出して支払った。

24日　上記株式のうち100株を1株につき¥6,100で売却し，代金は1週間後に受け取ることにした。

12月10日　上記株式のうち150株を1株につき¥5,600で売却し，代金は小切手で受け取り，ただちに当座預金とした。

11/ 2		
24		
12/10		

有　価　証　券	有価証券売却益
	有価証券売却損

8−3 次の取引の仕訳を示し，有価証券勘定・有価証券売却益勘定に転記し，決算に必要な記入をおこなって締め切りなさい。ただし，勘定には，日付・相手科目・金額を記入し，開始記入もおこなうこと。なお，決算は年1回　12月31日である。

9月10日　遠野商事株式会社の株式500株を1株につき¥6,000で買い入れ，代金は1週間後に支払うことにした。

11月7日　9月10日に買い入れた遠野商事株式会社の株式のうち200株を1株につき¥7,500で売却し，代金は小切手で受け取り，ただちに当座預金とした。

9/10		
11/ 7		

有　価　証　券	有価証券売却益

8-4　次の連続した取引の仕訳を示しなさい。

9月12日　横浜商事株式会社の株式100株を1株につき¥6,000で買い入れ，代金は買入手数料¥8,000とともに現金で支払った。

12月17日　9月12日に買い入れた横浜商事株式会社の株式100株を1株につき¥6,500で売却し，代金は小切手で受け取った。

9/12			
12/17			

8-5　次の連続した取引の仕訳を示しなさい。

9月30日　松戸商事株式会社の社債　額面¥3,000,000を額面¥100につき¥97で買い入れ，代金は買入手数料¥25,000とともに小切手を振り出して支払った。

12月31日　9月30日に買い入れた松戸商事株式会社の社債をすべて額面¥100につき¥98で売却し，代金は小切手で受け取った。

9/30			
12/31			

8-6　次の連続した取引の仕訳を示しなさい。

6月6日　川口商事株式会社の株式200株を1株につき¥5,500で買い入れ，代金は買入手数料¥10,000とともに小切手を振り出して支払った。

12月5日　6月6日に買い入れた川口商事株式会社の株式のうち100株を1株¥5,400で売却し，代金は1週間後に受け取ることにした。

6/ 6			
12/ 5			

8-7　次の連続した取引の仕訳を示しなさい。

8月4日　市川商事株式会社の社債　額面¥2,000,000を額面¥100につき¥98で買い入れ，代金は現金で支払った。

11月30日　8月4日に買い入れた市川商事株式会社の社債のうち，額面¥1,000,000を額面¥100につき¥99で売却し，代金は当店の普通預金口座に振り込まれた。

8/ 4			
11/30			

検 定 問 題

解答 ▶ p.8

8-8 次の取引の仕訳を示しなさい。

(1)額面¥1,000,000の岩手商事株式会社の社債を額面¥100につき¥96で買い入れ，代金は現金で支払った。　　　　　　　　　　　　　　　　　　　　　　　　　　　　　（3級 第61回）

(2)埼玉商事株式会社の株式20株（1株の帳簿価額¥62,000）を1株につき¥70,000で売却し，代金は小切手で受け取った。　　　　　　　　　　　　　　　　　　　　　（3級 第46回）

(3)函館商事株式会社の株式8株（1株の帳簿価額¥92,000）を1株につき¥83,000で売却し，代金は小切手で受け取った。　　　　　　　　　　　　　　　　　（3級 第41回一部修正）

(4)売買目的で長野商事株式会社の株式30株を1株につき¥57,000で買い入れ，代金は買入手数料¥13,000とともに小切手を振り出して支払った。　　　　　　　　　　（3級 第87回）

(5)売買目的で保有している大阪商事株式会社の株式200株（1株の帳簿価額¥7,000）を1株につき¥8,500で売却し，代金は当店の普通預金口座に振り込まれた。　　　　　（2級 第95回）

(6)売買目的で熊本商事株式会社の額面¥2,000,000の社債を額面¥100につき¥97で買い入れ，代金は買入手数料¥20,000とともに，小切手を振り出して支払った。　　　　（3級 第75回）

(7)額面¥1,000,000の島根商事株式会社の社債を額面¥100につき¥98で売却し，代金は現金で受け取った。ただし，この社債の帳簿価額は額面¥100につき¥97である。

　　　　　　　　　　　　　　　　　　　　　　　　　　　　　　　　　（3級 第44回一部修正）

(8)売買目的で和歌山産業株式会社の株式20株を1株につき¥80,000で買い入れ，代金は小切手を振り出して支払った。　　　　　　　　　　　　　（3級 第81回，類題第73・79回）

(9)売買目的で保有している名古屋工業株式会社の株式100株（1株の帳簿価額¥89,500）を1株につき¥90,000で売却し，代金は当店の当座預金口座に振り込まれた。　　（3級 第90回）

(10)売買目的で保有している愛知商事株式会社の株式10株（1株の帳簿価額¥80,000）を1株につき¥78,000で売却し，代金は現金で受け取った。　　　　　　　　　（3級 第74回）

(1)		
(2)		
(3)		
(4)		
(5)		
(6)		
(7)		
(8)		
(9)		
(10)		

❾ 個人企業の純資産の記帳

学習のまとめ

①資 本 金

個人企業では，**資本金勘定**の**貸方**には，①開業時の元入高が記入されるほか，②開業後の追加元入高　③損益勘定から振り替えられる純利益が記入される。また，**借方**には，④企業主が現金・商品などを私用にあてた場合の引出高　⑤純損失が記入される。

(注)企業主が家計から負担すべき電気・ガス代などを営業資金から支払った場合も引き出しになる。

資　　本　　金	
④引　出　高 ⑤純　損　失	①元　入　高
	②追加元入高
期末残高	③純　利　益

②引 出 金

企業主による資本の引き出しがたびたびおこなわれる場合には，これをすべて資本金勘定に記入すると，この勘定の記入が非常に複雑になる。そこで，ひとまず**引出金勘定**（資本金を減少させる評価勘定）の借方に引出高を記入しておき，決算時にその合計額をまとめて資本金勘定の借方に振り替える。

引　　出　　金		資　　本　　金	
現金・商品な どの引出高	振　替　高	振　替　高	

練習問題

解答 ▶ p.9

9-1 次の取引の仕訳を示しなさい。ただし，商品に関する勘定は３分法によること。

(1)事業拡張のため，事業主が現金￥2,000,000を追加元入れした。

(2)事業主が家計費として，現金￥60,000を引き出した。

(3)事業主が私用のため，商品￥30,000（原価）を使用した。

(4)水道光熱費￥50,000を店の現金で支払った。ただし，このうち￥12,000は家計の負担分である。

(5)決算にあたり，当期純利益￥40,000を損益勘定から資本金勘定に振り替えた。

(1)		
(2)		
(3)		
(4)		
(5)		

9-2 次の取引の仕訳を示し，引出金勘定と資本金勘定に転記して締め切りなさい。ただし，勘定記入は，日付・相手科目・金額を示し，開始記入もおこなうこと。なお，商品に関する勘定は3分法による。

12/ 1 事業主が，現金￥2,000,000と備品￥500,000を元入れして開業した。
　　10 事業主が私用のため，店の現金￥48,000を引き出した。
　　16 事業主が私用のため，原価￥7,200の商品を使用した。
　　20 水道光熱費￥60,000を店の現金で支払った。ただし，このうち￥9,000は家計の負担分である。
　　31 決算にあたり，引出金勘定の残高を資本金勘定に振り替えた。
　　〃 決算の結果，当期純利益￥300,000を損益勘定から資本金勘定に振り替えた。

12/ 1			
10			
16			
20			
31			
〃			

引　　出　　金	資　　本　　金

検 定 問 題

解答 ▶ p.9

9-3 次の取引の仕訳を示しなさい。ただし，商品に関する勘定は3分法によること。
(1)事業主が私用のため，店の現金￥20,000を引き出した。　　　　　（3級 第83回）
(2)事業主が私用のため，原価￥6,000の商品を使用した。　　　　　（3級 第79回）

(1)		
(2)		

10 個人企業の税金の記帳

①所得税・住民税

(1)所得税は，1月1日から12月31日までの1年間の事業によって生じた利益（税法では事業所得という）に対して課せられる税金である。

住民税は，道府県民税と市町村民税からなる税金である。

(注)税法には，企業会計とは異なる規定が設けられているために，実際には，企業の利益と税法上の所得は必ずしも一致しない。

(2)所得税や住民税は，本来，企業主個人の家計から納めるべき税金なので，<u>簿記上の費用（税法では必要経費という）として計上することはできない</u>。したがって，これを企業の現金で納付したときには，資本の引き出しとなるので**引出金勘定**または資本金勘定で処理する。

(借) 引　出　金　　×××　　　　　(貸) 現 金 な ど　　×××
　　（または資本金）

②固定資産税・印紙税

<u>固定資産税・印紙税は簿記上の費用として計上することができる</u>。

(1)固定資産税は，毎年1月1日に所有している土地・建物などに対して課せられる税金であり，これを納付したときには，**租税公課勘定**または**固定資産税勘定**（費用）で処理する。なお，店舗兼用住宅の建物などの場合は，住宅分は引出金勘定で処理する。

(借) 租 税 公 課　　×××　　　　　(貸) 現 金 な ど　　×××
　　（または固定資産税）

(2)印紙税は，収入印紙を購入したときに，**租税公課勘定**または**印紙税勘定**（費用）で処理する。

(借) 租 税 公 課　　×××　　　　　(貸) 現 金 な ど　　×××
　　（または印紙税）

③消　費　税

事業者がおこなった商品の売り上げやサービスの提供などに対して，その取引金額に一定の税率を乗じて課せられる税金を**消費税**という。

商品を仕入れるさいに支払った消費税は**仮払消費税勘定**（資産）で処理し，商品を売り上げるさいに受け取った消費税は**仮受消費税勘定**（負債）で処理する。さらに，決算において，仮払消費税と仮受消費税を相殺し，仮受消費税が多い場合は，その差額を**未払消費税勘定**（負債）で処理する。この処理方法を**税抜き方式**という。

例1 水戸商店から商品¥110（税込）を仕入れ，代金は掛けとした。なお，消費税の税率は10％とする。

(借) 仕　　　　入　　100　　　　(貸) 買　掛　金　　110
　　仮 払 消 費 税　　 10

例2 日立商店に商品¥220（税込）を売り渡し，代金は掛けとした。

(借) 売　掛　金　　220　　　　(貸) 売　　　　上　　200
　　　　　　　　　　　　　　　　　　仮 受 消 費 税　　 20

例3 決算において，消費税の納付税額は¥10と計算された。

(借) 仮 受 消 費 税　　 20　　　　(貸) 仮 払 消 費 税　　 10
　　　　　　　　　　　　　　　　　　未 払 消 費 税　　 10

例4 確定申告をおこない，未払消費税¥10を現金で納付した。

(借) 未 払 消 費 税　　 10　　　　(貸) 現　　　　金　　 10

練習問題　　　　　　　　　　　　　　　　　　　　　　　　　　　　解答 ▶ p.9

10-1 　次の税金のうち，簿記上の費用として計上できるものには○印を，計上できないものには×印をつけなさい。

　　　a．固定資産税　（　　）　　　b．住　民　税　（　　）　　　c．印　紙　税　（　　）
　　　d．所　得　税　（　　）

10-2 　次の取引の仕訳を示しなさい。
　　(1)店主の所得税￥61,000を，店の現金で納付した。
　　(2)店主の住民税￥23,000を，店の現金で納付した。
　　(3)営業用の土地と建物に対する固定資産税￥130,000を現金で納付した。
　　(4)収入印紙￥8,000を購入し，代金は現金で支払った。

(1)		
(2)		
(3)		
(4)		

10-3 　次の一連の取引の仕訳を示し，引出金勘定に転記して締め切りなさい。ただし，勘定には，日付・相手科目・金額を記入すること。なお，決算は年1回　12月31日とする。
　6/20　税務署から，本年度所得税の予定納税額￥120,000の通知があった。（仕訳不要）
　7/30　本年分所得税の第1期分として，予定納税額の3分の1を現金で納付した。
　11/29　本年分所得税の第2期分として，予定納税額の3分の1を現金で納付した。
　12/31　この事業年度の事業所得金額が確定した。（仕訳不要）
　　〃　　決算にあたり，引出金勘定の残高を資本金勘定に振り替えた。
　3/15　前年分の所得金額に対する所得税額を￥150,000と確定申告し，予定納税額を差し引いた税額（第3期分）を現金で納付した。

7/30		
11/29		
12/31		
3/15		

引　　出　　金

10-4 次の取引の仕訳を示しなさい。

(1)確定申告をおこない，本年度の所得税額が¥460,000と確定したので，第1期分と第2期分の予定納税額¥340,000を差し引き，残額¥120,000を現金で納付した。

(2)住民税の第1期分¥26,000を店の現金で納付した。ただし，資本金勘定は用いない。

(3)収入印紙¥20,000を購入し，代金は現金で支払った。ただし，租税公課勘定は用いない。

(4)固定資産税の納税通知書を受け取り，ただちにこの税額¥200,000を，小切手を振り出して納付した。

(5)固定資産税¥40,000の納税通知書を受け取り，現金で納付した。ただし，この税金のうち60％は店の負担分で40％は家計の負担分である。

(6)郵便切手¥6,000と収入印紙¥4,000を購入し，代金は現金で支払った。

(1)		
(2)		
(3)		
(4)		
(5)		
(6)		

10-5 次の連続した取引の仕訳を示しなさい。なお，消費税の税率は10％とする。

8月23日　浅草商店から商品¥275,000（税込）を仕入れ，代金は掛けとした。

9月18日　押上商店に商品¥385,000（税込）を売り渡し，代金は掛けとした。

12月31日　決算において，消費税の納付税額は¥10,000と計算された。

3月15日　確定申告をおこない，未払消費税¥10,000を現金で納付した。

8/23		
9/18		
12/31		
3/15		

10-6 次の取引の仕訳を示しなさい。
(1)江戸川商店から商品¥396,000（消費税¥36,000を含む）を仕入れ，代金は小切手を振り出して支払った。ただし，消費税の処理方法は税抜き方式により，仮払消費税勘定を用いている。
(2)葛飾商店に商品¥550,000（消費税¥50,000を含む）を売り渡し，代金は同店振り出しの小切手で受け取った。ただし，消費税の処理方法は税抜き方式により，仮受消費税勘定を用いている。
(3)日光商店は消費税の納付額を計上した。ただし，仮払消費税勘定の残高が¥224,000　仮受消費税勘定の残高が¥280,000ある。
(4)確定申告をおこない，未払消費税¥56,000を現金で納付した。

(1)	
(2)	
(3)	
(4)	

10-7 次の取引の仕訳を示しなさい。
(1)固定資産税¥120,000の納税通知書を受け取り，全額をただちに店の現金で納付した。ただし，このうちの30％は家計の負担分である。
(2)郵便局で郵便切手¥3,000と収入印紙¥16,000を購入し，代金は現金で支払った。

(1)	
(2)	

検定問題

解答 ▶ p.10

10-8 次の取引の仕訳を示しなさい。
(1)青森商店から商品¥330,000（消費税¥30,000を含む）を仕入れ，代金は掛けとした。ただし，消費税の処理方法は税抜き方式により，仮払消費税勘定を用いている。
（3級　第83回一部修正）
(2)営業用の土地と建物に対する固定資産税¥120,000を現金で納付した。　　（3級　第78回）
(3)山梨商店は商品¥594,000（消費税¥54,000を含む）を売り渡し，代金は現金で受け取った。ただし，消費税の処理方法は税抜き方式により，仮受消費税勘定を用いている。
（3級　第90回）
(4)宇都宮市役所から固定資産税の納税通知書を受け取り，ただちにこの税額¥180,000を現金で納付した。　　（3級　第76回）

(1)	
(2)	
(3)	
(4)	

総合問題Ⅰ

解答 ▶ p.10

1 次の取引の仕訳を示しなさい。ただし商品に関する勘定は3分法によること。

(1) かねて，現金の実際有高を調べたところ¥20,000であり，帳簿残高が¥23,000であったので，帳簿残高を修正して不一致の原因を調査していたが，決算日に，受取手数料¥4,000と旅費¥6,000の記入もれであることが判明した。なお，残額については，原因が判明しないので雑損とした。

(2) 沖縄商店から，売掛金¥540,000を同店振り出しの小切手で受け取り，ただちに当座預金に預け入れた。ただし，当座借越勘定の残高が¥180,000ある。

(3) 鹿児島商店から，商品代金として受け取っていた同店振り出しの約束手形¥600,000を取引銀行で割り引き，割引料を差し引かれた手取金¥595,000は当座預金とした。

(4) 宮崎商店に対する買掛金¥840,000の支払いにあたり¥350,000については，さきに得意先熊本商店から受け取っていた約束手形を裏書譲渡し，残額は小切手を振り出して支払った。ただし，当店の当座預金残高は¥410,000であり，銀行とは¥1,000,000を限度額とする当座借越契約を結んでいる。なお，当店では当座借越勘定を用いている。

(5) 約束手形を振り出して九州銀行から¥1,000,000を借り入れていたが，期日となったので，利息¥20,000とともに小切手を振り出して返済し，手形を受け取った。

(6) 売買目的で大分商事株式会社の額面¥3,000,000の社債を額面¥100につき¥96で買い入れ，代金は買入手数料¥30,000とともに，小切手を振り出して支払った。

(7) 売買目的で買い入れていた埼玉物産株式会社の株式100株（1株の帳簿価額¥7,000）を1株につき¥7,600で売却し，代金は当店の普通預金口座に振り込まれた。

(8) 宮城商店から商品¥440,000（消費税¥40,000を含む）を仕入れ，代金は掛けとした。ただし，消費税の処理方法は税抜方式により，仮払消費税勘定を用いている。

(1)	
(2)	
(3)	
(4)	
(5)	
(6)	
(7)	
(8)	

2　次の取引の仕訳を示しなさい。ただし商品に関する勘定は3分法によること。

(1)かねて計上していた現金過不足勘定の貸方残高¥*7,000*について，原因を調査していたが，決算日に，利息受け取り分¥*5,000*の記入漏れであることが判明した。なお，残額は原因が不明のため，雑益または雑損として処理した。

(2)滋賀商店に対する買掛金¥*260,000*の支払いにあたり，同店あての約束手形を振り出して支払った。

(3)山梨商店は，静岡商店から商品¥*320,000*を仕入れ，代金支払いのため取引銀行を通じて電子記録債務の発生記録の請求をおこなった。

(4)静岡商店は，愛知商店に対する買掛金¥*200,000*の支払いのため，電子記録債権のうち¥*200,000*を譲渡記録により愛知商店に譲渡した。

(5)クレジットカード会社から，手数料が差し引かれた金額が当社の当座預金口座に振り込まれた。なお，商品販売代金は¥*500,000*であり，手数料は販売代金の3％であった。

(6)石川商店に現金¥*450,000*を貸し付け，同店振り出しの約束手形¥*450,000*を受け取った。

(7)売買目的で保有している名古屋商事株式会社の株式200株（1株の帳簿価額¥*8,500*）を1株につき¥*7,600*で売却し，代金は当店の普通預金口座に振り込まれた。

(8)事業拡張のため，事業主が現金¥*800,000*を追加元入れした。

(9)店主が，当期に仕入れた原価¥*36,000*の商品を私用のために引き出した。

(10)建物に対する固定資産税¥*160,000*の納税通知書を受け取り，ただちに全額を現金で納付した。ただし，このうち¥*52,000*は，家計の負担分である。

(11)岐阜商店は商品¥*517,000*（消費税¥*47,000*を含む）を売り渡し，代金は掛けとした。ただし，消費税の処理方法は税抜き方式により，仮受消費税勘定を用いている。

(1)		
(2)		
(3)		
(4)		
(5)		
(6)		
(7)		
(8)		
(9)		
(10)		
(11)		

3 大阪商店の下記の取引について,

(1)総勘定元帳に記入しなさい。

(2)補助簿である当座預金出納帳, 売掛金元帳, 買掛金元帳, 受取手形記入帳, 支払手形記入帳, 商品有高帳に記入しなさい。

 ただし, i 総勘定元帳の記入は, 日付と金額を示せばよい。

    ⅱ 取引銀行とは¥3,000,000を限度額とする当座借越契約を結んでいる。

    ⅲ 商品有高帳は, 先入先出法により記帳している。

    ⅳ 当座預金出納帳・売掛金元帳・買掛金元帳・商品有高帳は月末に締め切るものとする。

取　　　引

 1月6日 山口商店から次の商品を仕入れ, 代金は掛けとした。

     A　品 200個 @¥2,650

     B　品 250〃 〃〃1,080

  12日 岡山商店に次の商品を売り渡し, 代金は掛けとした。なお, 発送費¥91,000は現金で支払った。

     A　品 240個 @¥3,200

     B　品 80〃 〃〃1,350

  15日 京都商店から次の商品を仕入れ, 代金はさきに支払っている内金¥100,000を差し引き, 残額は掛けとした。

     A　品 150個 @¥2,720

     C　品 400〃 〃〃960

  19日 奈良商店に次の商品を売り渡し, 代金のうち¥300,000は同店振り出しの約束手形#6（振出日　1月19日, 支払期日　3月19日, 支払場所　南西銀行）で受け取り, 残額は掛けとした。

     C　品 360個 @¥1,150

  22日 山口商店に対する買掛金の一部¥370,000を小切手#12を振り出して支払った。

  25日 仕入先山口商店あてに振り出していた約束手形#8　¥940,000が, 本日, 支払期日となり, 当店の当座預金口座から支払われたとの連絡を取引銀行から受けた。

  26日 京都商店に対する買掛金の支払いのために, 約束手形#9　¥680,000（振出日　1月26日, 支払期日　3月26日, 支払場所　北東銀行）を振り出して支払った。

  29日 奈良商店に対する売掛金の一部¥882,000が当店の当座預金口座に振り込まれたとの連絡を取引銀行から受けた。

  30日 兵庫商店に対する買掛金の支払いのために, さきに受け取っていた岡山商店振り出しの約束手形#5　¥700,000を裏書譲渡した。

(1)

総 勘 定 元 帳

現	金	1
1/ 1前期繰越 340,500		

当 座 預 金		2
1/ 1前期繰越 1,120,000		

受 取 手 形		3
1/ 1前期繰越 700,000		

売 掛 金		4
1/ 1前期繰越 1,260,000		

前 払 金		6
1/ 1前期繰越 100,000		

支 払 手 形		13
	1/ 1前期繰越 940,000	

買 掛 金		14
	1/ 1前期繰越 1,170,000	

当 座 借 越		16

売 上		22

仕 入		26

発 送 費		28

(2) （注意）当座預金出納帳，売掛金元帳，買掛金元帳，商品有高帳は締め切ること。

当 座 預 金 出 納 帳　　　　　1

令和○年		摘　　　要	預　入	引　出	借または貸	残　高
1	1	前月繰越	1,120,000		借	1,120,000

売 掛 金 元 帳
奈 良 商 店　　　　　　　　　　　　　　　　1

令和○年		摘　要	借　方	貸　方	借または貸	残　高
1	1	前 月 繰 越	920,000		借	920,000

買 掛 金 元 帳
山 口 商 店　　　　　　　　　　　　　　　　2

令和○年		摘　要	借　方	貸　方	借または貸	残　高
1	1	前 月 繰 越		450,000	貸	450,000

受 取 手 形 記 入 帳

令和○年		摘要	金　額	手形種類	手形番号	支払人	振出人または裏書人	振出日	満期日	支払場所	てん末 月 日	摘要
12	18	売 上	700,000	約手	5	岡山商店	岡山商店	12 18	2 18	東西銀行		

支 払 手 形 記 入 帳

令和○年		摘要	金　額	手形種類	手形番号	受取人	振出人	振出日	満期日	支払場所	てん末 月 日	摘要
11	25	仕 入	940,000	約手	8	山口商店	当 店	11 25	1 25	北東銀行		

商 品 有 高 帳
(先入先出法)　　　　　　品名　　A　　品　　　　　　　　単位：個

令和○年		摘　要	受入 数量	単価	金　額	払出 数量	単価	金　額	残高 数量	単価	金　額
1	1	前 月 繰 越	160	2,520	403,200				160	2,520	403,200

第2章　特殊な取引

⑪ 手形の書き換え

①手形の書き換え

手形の支払人が資金不足などで期日に支払いが困難になった場合，受取人の承諾を得て，支払期日を延期した新しい手形と古い手形を交換することがある。これを手形の書き換え（手形の更改）という。書き換えをした場合，延期した期間に対する利息は，現金などで支払うか，または新しい手形に加える。

支　払　手　形	
古い手形債務の消滅	古い手形債務
	新しい手形債務の発生

受　取　手　形	
古い手形債権	古い手形債権の消滅
新しい手形債権の発生	

また，手形の書き換えは金融手形についてもおこなわれる。この場合，手形貸付金勘定・手形借入金勘定となる。

②利息・割引料の計算

手形の利払いや割引の計算は次のようにする。2級では計算までは求められないが，将来のために覚えておこう。

利息・割引料＝手形金額×年利率×期間

例　手形金額￥500,000　利率年10%　期間73日のとき

$$¥500,000 \times \underset{(10\%)}{0.1} \times \frac{73（日）}{365（日）} = ¥10,000$$

練習問題

解答 ▶ p.12

11-1 次の取引について，当店と夕張商店の両方の仕訳を示しなさい。

さきに，夕張商店から売掛代金として受け取っていた同店振り出し，当店あての約束手形￥700,000について，支払期日の延期の申し出があり，これを承諾した。よって，新しい約束手形を受け取り，旧手形と交換した。なお，新しい手形の支払期日までの利息￥5,850は現金で受け取った。

当　　店			
夕張商店			

11-2 次の取引について，両店の仕訳を示しなさい。

9/20　宗谷商店は，約束手形￥300,000（支払期日12/1）を振り出して同業者の礼文商店から借り入れ，手取金は現金で受け取った。

12/ 1　宗谷商店は，上記手形の支払期日にあたり，資金不足のため手形の書き換えを礼文商店に申し出て承諾を受けた。よって，新しい約束手形￥300,000（支払期日は翌年2/11）を振り出して礼文商店に渡し，旧手形と交換した。

なお，本日から新支払期日までの利息￥6,000を現金で支払った。

2/11　宗谷商店は，上記の借入金を，小切手￥300,000を振り出して礼文商店に返済した。

9/20	宗谷商店			
	礼文商店			

12/ 1	宗谷商店		
	礼文商店		
2/11	宗谷商店		
	礼文商店		

11-3 次の取引の仕訳を示しなさい。

(1)得意先江差商店振り出し，当店あての約束手形¥800,000について，同店の申し出により支払期日の延期を承諾し，新しい手形と交換した。ただし，支払期日の延期にともなう利息¥8,000は新しい手形の金額に加えることにした。

当　　店			
江差商店			

(2)札幌銀行あてに約束手形を振り出して¥500,000を借り入れていたが，1か月の支払期日の延期を申し込み，承諾を得て新手形を振り出して借り換えた。なお，支払期日の延期による利息¥6,000は新手形に加算する条件とした。

検定問題

解答 ▶ p.12

11-4 次の取引の仕訳を示しなさい。

◀頻出!!(1)さきに，新潟商店に対する買掛金の支払いのために振り出した約束手形¥600,000について，支払期日の延期を申し出て，同店の承諾を得た。よって，新しい約束手形を振り出して旧手形と交換した。なお，支払期日の延期にともなう利息¥3,000は現金で支払った。　（第76回）

◀頻出!!(2)さきに，取引銀行あてに約束手形を振り出して借り入れていた¥3,000,000について，支払期日の延期を申し込み，承諾を得た。よって，新しい約束手形を振り出して旧手形と交換した。なお，支払期日の延期にともなう利息¥15,000は現金で支払った。　（第70回）

◀頻出!!(3)さきに，北東商店から商品代金として受け取っていた同店振り出し，当店あての約束手形について，支払期日の延期の申し出があり，これを承諾した。よって，支払期日の延期にともなう利息¥4,000を加えた新しい手形¥868,000を受け取り，旧手形と交換した。

（第88回，類題第73・83回）

⑫ 不 渡 手 形

学習のまとめ

①不渡手形の発生と償還請求

　手形が不渡り（支払期日になっても手形代金が支払われないこと）になったとき，不渡手形の所持人は，振出人または裏書人に対して支払いの請求（償還請求）をすることができる。また，手形代金のほかに，償還請求のための費用，支払日以後の利息を請求することができる。この権利は**不渡手形勘定**（資産）であらわす。

　　　（借）不 渡 手 形　×××　　（貸）受 取 手 形　×××
　　　　　　　　　　　　　　　　　　　　現 金 な ど　×××（償還請求のための費用）

②不渡手形の償還

　不渡手形が現金で償還されたとき

　〔所持人〕

　　　（借）現　　　　金　×××　　（貸）不 渡 手 形　×××
　　　　　　　　　　　　　　　　　　　　受 取 利 息　×××

　〔償還者〕

　　　（借）不 渡 手 形　×××　　（貸）現　　　　金　×××

③不渡手形が回収不能のとき

　(1)不渡手形の債権金額が貸倒引当金勘定残高より少ない場合

　　　（借）貸倒引当金　×××　　（貸）不 渡 手 形　×××

　(2)不渡手形の債権金額が貸倒引当金勘定残高より多い場合

　　　（借）貸倒引当金　×××　　（貸）不 渡 手 形　×××
　　　　　　貸 倒 損 失　×××

```
          受 取 手 形
  手形の        不渡金額
  受け入れ

          不 渡 手 形
  手形金額       回収金額
             貸倒金額
  償還請求費用
```

練 習 問 題

解答 ▶ p.12

12-1　次の一連の取引の仕訳を示しなさい。

(1)さきに津軽商店から裏書譲渡された十和田商店振り出しの約束手形¥600,000が不渡りとなったので，津軽商店に償還請求をした。なお，償還請求に要した費用¥4,000は現金で支払った。

(2)上記の請求金額および期日以後の利息¥5,600を津軽商店から小切手で支払いを受け，当座預金とした。

(1)	
(2)	

12-2　次の取引の仕訳を示しなさい。

都城商店振り出し，当店あての約束手形¥200,000が不渡りとなったので，償還請求に要した費用¥5,000とともに支払請求をおこなっていたが，都城商店破産のため貸し倒れとして処理した。ただし，貸倒引当金残高が¥320,000ある。

12-3 次の一連の取引の仕訳を示しなさい。

(1)さきに青森商店に裏書譲渡した弘前商店振り出しの約束手形¥500,000が不渡りとなったので、青森商店から償還の請求を受けた。よって、青森商店に¥503,000（手形代金および請求費用）と、期日後の利息¥1,600を小切手を振り出して支払った。なお、この金額を振出人弘前商店に請求した。

(2)a．上記の請求金額およびその後の利息¥1,200を弘前商店から小切手で支払いを受け、ただちに当座預金とした。

　　b．前記(1)で、償還請求していた不渡手形が回収不能となったので、貸し倒れとして処理した。ただし、貸倒引当金の残高が¥480,000ある。

(1)			
(2)	a		
	b		

検定問題

解答 ▶ p.12

12-4 次の取引の仕訳を示しなさい。ただし、商品に関する勘定は3分法によること。

◀頻出!!(1)かねて、商品代金として南北商店から裏書譲渡されていた約束手形が不渡りとなり、手形金額¥600,000と償還請求費用¥4,000をあわせて償還請求していたが、本日、請求金額と期日以後の利息¥1,000を現金で受け取った。　　　　　　　　　　　　　　　　（第93回）

◀頻出!!(2)前期に商品代金として受け取っていた東南商店振り出し、当店あての約束手形¥250,000が不渡りとなり、償還請求の諸費用¥4,000とあわせて東南商店に支払請求していたが、本日、全額回収不能となったので、貸し倒れとして処理した。ただし、貸倒引当金勘定の残高が¥290,000ある。　　　　　　　　　　　　　　　　　　　　　　　　　　（第75回）

◀頻出!!(3)佐賀商店は、北東商店から商品の売上代金として裏書譲渡されていた西南商店振り出しの約束手形¥600,000が不渡りとなったので、北東商店に償還請求をした。なお、このために要した諸費用¥3,000は現金で支払った。　　　　　　　　　　（第94回、類題第87回）

(4)水戸商店から譲り受けていた約束手形が不渡りとなり、手形金額と償還請求の諸費用合わせて¥424,500を償還請求していたが、本日、この手形金額の一部¥200,000を現金で受け取り、残額は貸し倒れとして処理した。ただし、貸倒引当金が¥150,000ある。　　　（第35回）

13 営業外手形

学習のまとめ

①営業外受取手形

固定資産などを売却して，代金を約束手形で受け取ったときは，**営業外受取手形勘定**（資産）の借方に記入し，次のように仕訳する。（備品を売却した場合）

（借）営業外受取手形　×××　　（貸）備　　　　　品　×××
　　　　　　　　　　　　　　　　　　　　固定資産売却益　×××

約束手形が支払期日となり，取引銀行の当座預金口座に入金されたときは，営業外受取手形勘定の貸方に記入し，次のように仕訳する。

（借）当　座　預　金　×××　　（貸）営業外受取手形　×××

②営業外支払手形

固定資産などを購入して，代金を約束手形を振り出して支払ったときは，**営業外支払手形勘定**（負債）の貸方に記入し，次のように仕訳する。（備品を購入した場合）

（借）備　　　　　品　×××　　（貸）営業外支払手形　×××

約束手形が支払期日となり，取引銀行の当座預金口座から支払われたときは，営業外支払手形勘定の借方に記入し，次のように仕訳する。

（借）営業外支払手形　×××　　（貸）当　座　預　金　×××

練習問題

解答 ▶ p.13

13-1 次の取引の仕訳を示しなさい。
(1)営業用のカラーコピー機 1 台¥1,200,000を 3 台購入し，代金は約束手形を振り出して支払った。
(2)帳簿価額¥4,800,000の営業用の店舗を¥4,260,000で売却し，代金は約束手形で受け取った。

(1)	
(2)	

13-2 次の取引の仕訳を示しなさい。
(1)営業用の自動車¥3,000,000を購入し，代金は約束手形を振り出して支払った。なお，登録手数料等¥350,000は現金で支払った。
(2)上記の約束手形が支払期日となり，当店の当座預金口座から支払われたとの通知を取引銀行から受けた。
(3)所有する土地500㎡（帳簿価額¥52,000,000）を 1 ㎡あたり¥120,000で売却し，代金は約束手形で受け取った。
(4)上記の約束手形が支払期日となり，当店の当座預金口座に入金されたとの通知を取引銀行から受けた。

(1)	
(2)	
(3)	
(4)	

⑭ その他の取引

①受取商品券

商品を売り渡したさい，その代金として他店や自治体などが発行した商品券を受け取ったときは，**受取商品券勘定**（資産）で処理する。

(1)商品を売り渡し，代金として他店（自治体）発行の商品券を受け取ったとき

(借) 受 取 商 品 券　×××　　(貸) 売　　　　　上　×××

(2)上記(1)の商品券を他店（自治体）に引き渡して，換金請求し，その代金を現金で受け取ったとき

(借) 現　　　　　金　×××　　(貸) 受 取 商 品 券　×××

②修 繕 費

固定資産を取得したときは，取得原価には，購入代金のほかに固定資産を使用するまでに要した付随費用（買入手数料，登記料，整地費用，据付費など）をふくめることはすでに学習済みであるが，固定資産の維持・管理のためや固定資産の原状を回復させるために支出した費用は，**修繕費勘定**（費用）で処理する。なお，固定資産の価値を増価させたり，耐用年数を延長させたりする支出は，固定資産の取得原価に算入する。

(1)建物の通常の維持・管理のための修繕費を現金で支払ったとき

(借) 修　繕　費　×××　　(貸) 現　　　　　金　×××

③法定福利費と社会保険料預り金

健康保険料・雇用保険料などの社会保険料の事業主負担分を法定福利費といい，**法定福利費勘定**（費用）で処理する。また，社会保険料は事業主と従業員で一定割合ずつ負担することになっており，従業員が負担する分は，あらかじめ給料から差し引いて預り，事業主負担分と従業員負担分をまとめて関係機関に支払う。給料から差し引いて預かった社会保険料は，**社会保険料預り金勘定**（負債）で処理する。

(1)従業員負担分の社会保険料を，従業員の給料から差し引いて現金で支払ったとき

(借) 給　　　　　料　×××　　(貸) 社会保険料預り金　×××
　　　　　　　　　　　　　　　　　　現　　　　　金　×××

(2)事業主負担分の社会保険料と従業員から預かっていた従業員負担分の社会保険料を現金で納付したとき

(借) 法 定 福 利 費　×××　　(貸) 現　　　　　金　×××
　　　社会保険料預り金　×××

練習問題

解答 ▶ p.13

14-1 次の取引の仕訳を示しなさい。ただし，商品に関する勘定は3分法によること。

(1)郡山商店は，商品¥26,000を売り渡し，代金として自治体発行の商品券を受け取った。

(2)かねて売上代金として受け取っていた自治体発行の商品券¥30,000を引き渡して，換金請求し，代金は現金で受け取った。

(3)会津商店は，商品¥48,000を売り渡し，代金のうち¥20,000は，南北百貨店が発行した商品券で受け取り，残額は現金で受け取った。

(4)かねて商品代金として受け取っていた東南百貨店発行の商品券¥50,000を，東南百貨店へ引き渡して，代金は普通預金口座に振り込まれた。

(5)二本松商店は，商品¥39,000を売り渡し，代金は自治体発行の商品券¥40,000で受け取り，つり銭として¥1,000を現金で支払った。

(1)	
(2)	
(3)	
(4)	
(5)	

14-2 次の取引の仕訳を示しなさい。

(1)相馬商店は，建物の通常の維持・管理のために修繕をおこない，その代金¥340,000を小切手を振り出して支払った。

(2)建物を建てる目的で購入した土地について，その土地の整地費用¥180,000の請求があったので，その代金を小切手を振り出して支払った。

(3)白河商店は，破損したガラス戸を修理し，その代金¥77,000は普通預金口座から支払った。

(1)	
(2)	
(3)	

14-3 次の取引の仕訳を示しなさい。

(1)本月分の給料¥650,000の支払いにあたり，従業員負担分の社会保険料¥26,000を差し引いて，従業員の手取額を現金で支払った。

(2)事業主負担分の社会保険料¥83,000と，従業員から預かっている社会保険料¥83,000をともに現金で支払った。

(3)本月分の給料¥940,000の支払いにあたり，所得税の源泉徴収額¥75,000と従業員負担分の社会保険料¥38,000を差し引いた金額を，普通預金口座から従業員の預金口座に振り込んだ。

(1)	
(2)	
(3)	

第3章　3伝票制による記帳

⑮ 3伝票制による記帳と集計

①仕訳集計表の作成

仕訳集計表は，下記の図表のように勘定科目ごとに集計する。

①入金伝票の合計額を現金勘定の借方に，出金伝票の合計額を現金勘定の貸方に記入する。

②各勘定科目を借方，貸方別に集計する。（出金伝票に記入されている借方勘定科目と振替伝票に記入されている借方勘定科目を勘定科目ごとに集計する。入金伝票に記入されている貸方勘定科目と振替伝票に記入されている貸方勘定科目を勘定科目ごとに集計する。）

③貸借の金額を合計すると合計額は一致する。

②仕訳集計表からの転記

総勘定元帳への記入は，仕訳集計表から勘定科目ごとの合計額を転記する。転記後，仕訳集計表の元丁欄に勘定番号を記入する。また，補助簿への記入は，個別に1枚ずつ転記する。

練習問題

解答 ▶ p.13

15-1　高知商店の11月10日の略式の伝票から，仕訳集計表を作成して，総勘定元帳の現金勘定に転記しなさい。ただし，総勘定元帳の記入は，日付と金額を示せばよい。

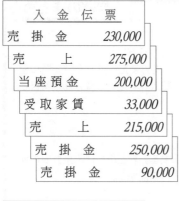

入　金　伝　票	
売　掛　金	230,000
売　　　上	275,000
当　座　預　金	200,000
受　取　家　賃	33,000
売　　　上	215,000
売　掛　金	250,000
売　掛　金	90,000

振 替 伝 票 (借方)		振 替 伝 票 (貸方)	
当 座 預 金	230,000	受 取 手 形	230,000
売　掛　金	350,000	売　　　上	350,000
消 耗 品 費	25,000	当 座 預 金	25,000
買　掛　金	330,000	支 払 手 形	330,000
売　　　上	31,000	売　掛　金	31,000
仕　　　入	330,000	買　掛　金	330,000
受 取 手 形	260,000	売　掛　金	260,000
売　掛　金	310,000	売　　　上	310,000
買　掛　金	24,000	仕　　　入	24,000
当 座 預 金	50,000	受 取 家 賃	50,000
仕　　　入	260,000	支 払 手 形	260,000
支 払 手 形	280,000	当 座 預 金	280,000
受 取 手 形	280,000	売　　　上	280,000

出　金　伝　票	
買　掛　金	220,000
当　座　預　金	250,000
仕　　　入	210,000
消 耗 品 費	29,000
買　掛　金	270,000
仕　　　入	225,000
消 耗 品 費	23,000

仕　訳　集　計　表
令和○年　　月　　日

借　　方	元丁	勘　定　科　目	元丁	貸　　方
		現　　　　　金		
		当　座　預　金		
		受　取　手　形		
		売　　掛　　金		
		支　払　手　形		
		買　　掛　　金		
		売　　　　　上		
		受　取　家　賃		
		仕　　　　　入		
		消　耗　品　費		

総　勘　定　元　帳
現　　　　金　　　1

8,690,000	8,145,000

15-2 福島商店では3伝票制を採用し，仕入・売上の各取引については，代金の決済条件にかかわらず，すべて，いったん掛け取引として処理する方法によっている。よって，

a．6月1日の略式の伝票を集計し，仕訳集計表を作成しなさい。ただし，下記の取引について，必要な伝票に記入したうえで集計すること。

b．下記の伝票から，買掛金元帳に転記後の仕入先郡山商店に対する買掛金の残高を計算しなさい。

　　取　　　引

　　　6月1日　宮城商店から商品¥305,000を仕入れ，代金はさきに支払っていた内金¥90,000を差し引き，残額は現金で支払った。

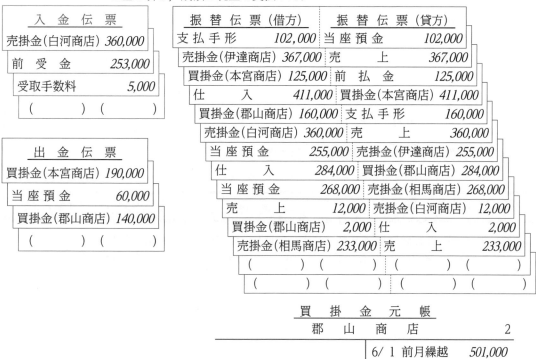

　入　金　伝　票
売掛金(白河商店)	360,000
前 受 金	253,000
受取手数料	5,000
（　　　）	（　　　）

　出　金　伝　票
買掛金(本宮商店)	190,000
当 座 預 金	60,000
買掛金(郡山商店)	140,000
（　　　）	（　　　）

振 替 伝 票（借方）／振 替 伝 票（貸方）
借方		貸方	
支 払 手 形	102,000	当 座 預 金	102,000
売掛金(伊達商店)	367,000	売　　上	367,000
買掛金(本宮商店)	125,000	前 払 金	125,000
仕　　入	411,000	買掛金(本宮商店)	411,000
買掛金(郡山商店)	160,000	支 払 手 形	160,000
売掛金(白河商店)	360,000	売　　上	360,000
当 座 預 金	255,000	売掛金(伊達商店)	255,000
仕　　入	284,000	買掛金(郡山商店)	284,000
当 座 預 金	268,000	売掛金(相馬商店)	268,000
売　　上	12,000	売掛金(白河商店)	12,000
買掛金(郡山商店)	2,000	仕　　入	2,000
売掛金(相馬商店)	233,000	売　　上	233,000
（　　　）	（　　　）	（　　　）	（　　　）
（　　　）	（　　　）	（　　　）	（　　　）

　　　　　　買　掛　金　元　帳
　　　　　　郡　山　商　店　　　　　2
	6/ 1 前月繰越	501,000

a．　　　仕　訳　集　計　表
　　　　　令和○年6月1日

借　方	元丁	勘 定 科 目	元丁	貸　方
		現　　　　金		
		当 座 預 金		
		売　　掛　　金		
		前　　払　　金		
		支 払 手 形		
		買　　掛　　金		
		前　　受　　金		
		売　　　　上		
		受 取 手 数 料		
		仕　　　　入		

b.

¥

第4章　決算整理

⑯ 固定資産の減価償却─間接法─

学習のまとめ

①固定資産の減価償却

固定資産の減価償却のさい，固定資産の勘定残高は取得原価のままとし，○○**減価償却累計額勘定**という評価勘定の貸方に減価償却額を記入する方法を**間接法**という。

（借）減 価 償 却 費 ×××　　　　（貸）備品減価償却累計額 ×××

減 価 償 却 費
×××

備　　　　品	
取 得 原 価	}帳簿価額

備品減価償却累計額	
	過年度の償却額
	×××

固定資産の取得原価−減価償却累計額＝帳簿価額

練 習 問 題

解答 ▶ p.14

16-1 次の備品の減価償却額を定額法により計算し，間接法で仕訳を示しなさい。

取得原価　¥850,000　残存価額は零（0）　耐用年数　5年　決算　年1回

計算式	
仕訳	

16-2 次の建物について毎期定額法で減価償却をするとき，直接法と間接法による場合のそれぞれの仕訳を示し，各勘定に転記して締め切りなさい。なお，勘定記入は，日付・相手科目・金額を示し，開始記入もおこなうこと。　決算日　12月31日　取得原価　¥7,500,000　残存価額は取得原価の10%　耐用年数　25年　決算　年1回

直接法	

建　　物

1/ 1 当座預金	7,500,000	

間接法	

建　　物		建物減価償却累計額	
1/ 1当座預金 7,500,000			

16-3 次の取引の仕訳を示し，下記の勘定に転記して締め切りなさい。なお，勘定記入は，日付・相手科目・金額を示し，開始記入もおこなうこと。

4/ 1　営業用としてパソコン1台¥300,000を買い入れ，代金は小切手を振り出して支払った。

3/31　第1期決算にあたり，上記のパソコンの減価償却をおこなった。ただし，決算は年1回であり，耐用年数を6年，残存価額を零 (0) とし，定額法で減価償却額を計算し，間接法で記帳した。

〃　　減価償却費勘定の残高を損益勘定に振り替えた。

3/31　第2期決算にあたり，上記のパソコンの減価償却をおこなった。

〃　　減価償却費勘定の残高を損益勘定に振り替えた。

4/ 1	
3/31	
〃	
3/31	
〃	

備　　　品	備品減価償却累計額

減　価　償　却　費	

検定問題

解答 ▶ p.14

16-4 新潟商店（個人企業　決算は年1回　12月31日）の総勘定元帳勘定残高と決算整理事項は，次のとおりであった。よって，

(1)決算整理仕訳を示しなさい。

(2)備品減価償却累計額勘定に必要な記入をおこない，締め切りなさい。

ただし，勘定口座には，日付・相手科目・金額を記入すること。　　　　　（第40回一部修正）

元帳勘定残高（一部）　　　備品　¥1,200,000　備品減価償却累計額　¥300,000

決算整理事項　　　　　　　備品の減価償却は，取得原価¥1,200,000　残存価額は零 (0)　耐用年数は8年とし，定額法による。

(1)

(2)　　　　　　　　　備品減価償却累計額　　　　　　　9

	1/ 1 前 期 繰 越	300,000

⑰ 固定資産の売却

① 固定資産の売却

固定資産を売却したときは，その固定資産の帳簿価額（間接法で記帳している場合 取得原価－○○減価償却累計額）と売却価額との差額を**固定資産売却益勘定**（収益）または**固定資産売却損勘定**（費用）で処理する。

この場合，減価償却を直接法で記帳しているときと，間接法で記帳しているときでは，売却したときの仕訳が違う。

＜間接法で記帳している場合＞

売却価額＞帳簿価額……固定資産売却益勘定（貸方）

[直接法]（借）現　　　　金 340,000 （貸）備　　　　品 300,000
　　　　　　　　　　　　　　　　　　固定資産売却益 40,000

[間接法]（借）備品減価償却累計額 200,000 （貸）備　　　　品 500,000
　　　　　　　　現　　　　金 340,000 　　　固定資産売却益 40,000

売却価額＜帳簿価額……固定資産売却損勘定（借方）

[直接法]（借）現　　　　金 230,000 （貸）備　　　　品 300,000
　　　　　　　　固定資産売却損 70,000

[間接法]（借）備品減価償却累計額 200,000 （貸）備　　　　品 500,000
　　　　　　　　現　　　　金 230,000
　　　　　　　　固定資産売却損 70,000

練習問題

解答 ▶ p.15

17-1 次の取引の仕訳を示しなさい。

(1)当期首に不要となった配達用小型トラックを¥460,000で売却し，代金は現金で受け取った。ただし，この車両の取得原価は¥1,500,000であり，売却時の帳簿価額は¥500,000であった。なお，減価償却は直接法で記帳している。

(2)使用してきた倉庫用建物を¥1,000,000で売却し，代金のうち¥500,000は現金で受け取り，残額は後日受け取ることにした。ただし，この建物の取得原価は¥6,000,000で，減価償却累計額は¥4,860,000である。

(3)営業用金庫を¥90,000で売却し，代金のうち¥50,000は現金で受け取り，残額は後日受け取ることにした。ただし，この営業用金庫の取得原価は¥300,000であり，減価償却累計額は¥225,000である。

17-2 横浜商店（個人企業　決算年1回　12月31日）における，下記の各勘定の（　①　）と（　②　）に入る金額と，（　③　）に入る勘定科目を記入しなさい。

ただし，備品および建物の減価償却は次のとおりである。

i　備品　取得原価　¥920,000　　残存価額　零（0）　　耐用年数　8年　定額法による。

ii　建物　取得原価　¥7,500,000　　残存価額　零（0）　　耐用年数　30年　定額法による。

なお，備品は期首にすべて売却し，代金¥500,000を全額，現金で受け取っている。

備	品		備品減価償却累計額	
1/ 1前期繰越　920,000	1/ 1諸　　口　920,000	1/ 1備　　品　345,000	1/ 1前期繰越　345,000	

建	物		建物減価償却累計額	
1/ 1前期繰越　7,500,000	12/31次期繰越　7,500,000	12/31次期繰越（　　　）	1/ 1前期繰越　2,000,000	
			12/31減価償却費（　①　）	

固定資産売却（　）				
1/ 1備　　品（　②　）	12/31（　③　）（　　　）	（　　　）	（　　　）	

①	¥	②	¥	③	

検定問題

解答 ▶ p.15

17-3 次の取引の仕訳を示しなさい。

◀頻出‼(1)和歌山商会は，取得原価¥500,000の商品陳列用ケースを¥80,000で売却し，代金は月末に受け取ることにした。なお，この商品陳列用ケースに対する減価償却累計額は¥400,000であり，これまでの減価償却高は間接法で記帳している。　　　　　　　（第90回）

◀頻出‼(2)取得原価¥600,000の備品を¥290,000で売却し，代金は月末に受け取ることにした。なお，この備品に対する減価償却累計額は¥360,000であり，備品減価償却累計額勘定を用いて間接法で記帳してきた。　　　　　　　（第70回）

◀頻出‼(3)鹿児島物産株式会社は，期首に取得原価¥350,000の事務用パーソナルコンピュータを¥80,000で売却し，代金は小切手で受け取り，ただちに当座預金とした。なお，売却時におけるパーソナルコンピュータの帳簿価額は¥87,500であり，これまでの減価償却高は間接法で記帳している。　　　　　　　（第94回，類題第91回）

(4)帳簿価額¥4,300,000の建物を¥3,700,000で売却し，代金は小切手で受け取り，ただちに当座預金に預け入れた。なお，減価償却は直接法で記帳している。　　（3級　第87回一部修正）

⑱ 減価償却費の定率法による計算

学習のまとめ

①定率法

固定資産の減価償却費を毎期一定額としないで，未償却残高（帳簿価額）に対する一定割合とする計算方法がある。これを**定率法**といい，次の式によって計算する。

> 減価償却額＝未償却残高×償却率

この方法によると，償却額は初期に多く，時間が経過するにつれて少なくなる。

練習問題

解答 ▶ p.16

18-1 次の総勘定元帳の記録から(1)備品　(2)建物の各帳簿価額を答えなさい。

備　　　品	建　　　物	建物減価償却累計額
674,500	8,500,000	1,224,000

(1)	備品の帳簿価額	¥	(2)	建物の帳簿価額	¥

18-2 次の備品の減価償却額を計算しなさい。ただし，会計期間は1年とする。
(1)取得原価　¥700,000　　　減価償却累計額　¥0
定率法の償却率　0.2

計　算　式	償却額　¥

(2)取得原価　¥6,000,000　　　減価償却累計額　¥2,160,000
定率法の償却率　0.2

計　算　式	償却額　¥

18-3 次の決算整理事項について，決算に必要な仕訳を示し，各勘定に転記して締め切りなさい。なお，総勘定元帳は，日付・相手科目・金額を示し，開始記入もおこなうこと。また，決算日は12月31日とする。

決算整理事項
車両運搬具減価償却高　　定率法による。ただし，償却率は40％とする。

車　両　運　搬　具	車両運搬具減価償却累計額
2,000,000	800,000

減　価　償　却　費	

18-4 取得原価¥1,000,000　残存価額は零（0）　耐用年数8年の備品について，第3期末までの減価償却費とその累計額を定額法と定率法で計算しなさい。ただし，決算は年1回，定率法の償却率は0.250である。

償却法	定　額　法		定　率　法	
償却年次	減価償却費	減価償却累計額	減価償却費	減価償却累計額
1	¥	¥	¥	¥
2	¥	¥	¥	¥
3	¥	¥	¥	¥

18-5 新潟商店（個人企業　決算は年1回　12月31日）の総勘定元帳勘定残高と決算整理事項は，次のとおりであった。よって，
(1)決算整理仕訳を示しなさい。
(2)備品減価償却累計額勘定に必要な記入をおこない，締め切りなさい。
　　ただし，勘定記入は，日付・相手科目・金額を示すこと。
　元帳勘定残高（一部）
　　備　　品　¥1,800,000　　備品減価償却累計額　¥ 450,000
　決算整理事項
　　備品減価償却高　定率法により，毎期の償却率を25％とする。

(1)

(2)　　　　　　　備品減価償却累計額　　　　　9
　　　　　　　　　　　1/ 1 前 期 繰 越　450,000

18-6 長野商店（個人企業　決算年1回　12月31日）の総勘定元帳勘定残高と決算整理事項は，次のとおりであった。よって，
(1)決算整理仕訳を示しなさい。
(2)建物減価償却累計額勘定と備品減価償却累計額勘定に必要な記入をおこない，締め切りなさい。
　　ただし，勘定記入は，日付・相手科目・金額を示すこと。
　元帳勘定残高（一部）
　　建　　物　¥8,000,000　　建物減価償却累計額　¥3,600,000
　　備　　品　¥2,400,000　　備品減価償却累計額　¥ 480,000
　決算整理事項
　　減 価 償 却 高　建物：定額法による。ただし，残存価額は零（0）　耐用年数は20年とする。
　　　　　　　　　備品：定率法による。ただし，償却率は20％とする。

(1)

(2)　　　建物減価償却累計額　　　10　　　　　備品減価償却累計額　　　12
　　　　　　　1/ 1前期繰越 3,600,000　　　　　　　　1/ 1前期繰越　480,000

19 有価証券の評価

学習のまとめ

1 有価証券の評価

売買を目的として保有する有価証券は，期末に時価によって評価する。したがって，時価が帳簿価額より低い場合にはその差額を**有価証券評価損勘定**（費用）で処理し，反対に高い場合にはその差額を**有価証券評価益勘定**（収益）で処理する。そして，帳簿価額を時価に一致させる。

例1　帳簿価額 ¥500,000　　　時価 ¥420,000
　　　（借）有価証券評価損 80,000　　（貸）有 価 証 券 80,000

例2　帳簿価額 ¥500,000　　　時価 ¥560,000
　　　（借）有 価 証 券 60,000　　（貸）有価証券評価益 60,000

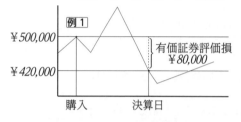
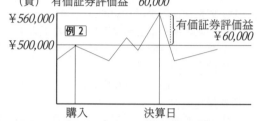

練習問題

解答 ▶ p.17

19-1 次の取引の仕訳を示しなさい。
(1)売買目的で陸奥物産株式会社の株式600株を，1株につき¥6,000で買い入れ，代金は小切手を振り出して支払った。
(2)決算にあたり，売買目的で保有している上記の株式を1株につき¥6,400に評価替えした。

(1)	
(2)	

検定問題

解答 ▶ p.17

19-2 次の取引の仕訳を示しなさい。
佐賀物産株式会社は，決算にあたり，売買を目的として保有する浦上商事株式会社の株式30株（1株の帳簿価額¥56,000）を1株につき¥58,000に評価替えした。　　　（第57回一部修正）

19-3 次の取引の仕訳を示しなさい。
(1)売買を目的として保有する埼玉商事株式会社の株式15株（帳簿価額1株につき¥106,000）について，その時価が1株につき¥98,000に下落したので評価替えした。　　（第46回一部修正）
(2)売買を目的として保有する東京商事株式会社の株式30株（1株の帳簿価額¥90,000）を1株につき¥52,000に評価替えした。　　（第43回一部修正）
(3)有価証券は，売買を目的として保有する根室商事株式会社の株式50株（帳簿価額は1株¥60,000）であり，1株につき¥62,000に評価替えする。　　（第58回一部修正）

(1)	
(2)	
(3)	

19-4 関東商店（個人企業　決算年1回　12月31日）の総勘定元帳の記録と決算整理事項は，次のとおりであった。よって，

(1)決算整理仕訳を示しなさい。

(2)各勘定に必要な記入をおこない，締め切りなさい。

　　ただし，勘定記入は，日付・相手科目・金額を示すこと。　　　　　　　　（第82回一部修正）

総勘定元帳（一部）　〈注〉総勘定元帳の記録は合計額で示してある。

有　価　証　券		6
4/ 1現　金 1,800,000		

決算整理事項　売買を目的として保有する次の株式について，時価によって評価する。

　　　　　栃木商事株式会社　40株　　帳簿価額　1株　¥45,000

　　　　　　　　　　　　　　　　　　時　価　1株　¥47,000

(1)

(2)

有　価　証　券　　　　　6	（　　　　　　　　　　　）　　27
4/ 1現　金 1,800,000	

19-5 徳島商店（個人企業　決算年1回　12月31日）の総勘定元帳勘定残高と決算整理事項は，次のとおりであった。よって，決算整理仕訳を示し，精算表および損益計算書・貸借対照表の必要部分を記入しなさい。　　　　　　　　　　　　　　　　　　　　　　（第47回一部修正）

元帳勘定残高（一部）　有価証券　¥2,320,000

決算整理事項

　　有価証券評価高　有価証券は，売買を目的として保有する香川物産株式会社の株式40株（1株の帳簿価額¥58,000）であり，1株につき¥54,000に評価替えする。

精　算　表

令和〇年12月31日

勘 定 科 目	残高試算表		整理記入		損益計算書		貸借対照表	
	借　方	貸　方	借　方	貸　方	借　方	貸　方	借　方	貸　方
有 価 証 券	2,320,000							
有価証券評価損								

損　益　計　算　書

徳 島 商 店　　令和〇年1月1日から令和〇年12月31日まで

費　　用	金　　額	収　　益	金　　額

貸　借　対　照　表

徳 島 商 店　　令和〇年12月31日

資　　産	金　　額	負債および純資産	金　　額

⑳ 現金過不足・引出金の整理

学習のまとめ

①現金過不足の整理

現金過不足について，決算日になっても現金過不足の原因が判明しない場合は次のように処理する。

(1)実際有高＜帳簿残高の場合

　　　　(借) 雑　　　　　損　×××　　(貸) 現 金 過 不 足　×××

(2)実際有高＞帳簿残高の場合

　　　　(借) 現 金 過 不 足　×××　　(貸) 雑　　　　　益　×××

なお，原因が判明した場合は，適正な該当勘定科目に振り替える。

②引出金の整理

決算にあたり，引出金勘定に残高がある場合には，次のように処理する。

　　　　(借) 資　　本　　金　×××　　(貸) 引　　出　　金　×××

練 習 問 題

解答 ▶ p.17

20-1 次の決算日の仕訳を示しなさい。

(1)現金過不足勘定の借方残高￥6,000について，原因が判明しなかったので，雑損勘定に振り替えた。

(2)現金過不足勘定の貸方残高￥12,000の原因を調べていたところ，受取利息￥8,000の記帳もれであることがわかった。ただし，残額については，原因不明であったので雑益とした。

(3)現金過不足勘定の借方残高￥14,000の原因を調べていたところ，広告料￥18,000と受取手数料￥7,000の記帳もれであることがわかった。ただし，残額については，原因不明であったので雑損とした。

(4)引出金勘定の残高￥90,000を整理した。

(1)		
(2)		
(3)		
(4)		

検 定 問 題

解答 ▶ p.17

20-2 次の取引の仕訳を示しなさい。

(1)現金の実際有高が帳簿残高より￥4,000多かったので，帳簿残高を修正してその原因を調査していたところ，本日，受取利息￥4,000の記帳もれであることがわかった。　　（3級 第69回）

(2)かねて，現金の実際有高を調べていたところ￥32,000であり，帳簿残高は￥34,000であったので，帳簿残高を修正して原因を調査していたが，決算日に，受取手数料￥2,000と交通費￥4,000の記入もれであることが判明した。　　（第92回）

(1)		
(2)		

21 当座借越勘定への振り替え

当座預金勘定と当座借越勘定を分けずに当座預金勘定だけで記帳する方法を採用すると，当座預金勘定が決算日に貸方残高である場合は，当座借越勘定へ振り替える必要がある。なお，当座借越勘定は「借入金」として貸借対照表に表示する。また，次期に繰り越した当座借越勘定は，次期の最初の日付で当座預金勘定に再振替仕訳を行う。

(1)決算日に当座預金勘定が貸方残高である場合

    （借）当 座 預 金 ××× （貸）当 座 借 越 ×××

(2)再振替仕訳

    （借）当 座 借 越 ××× （貸）当 座 預 金 ×××

練習問題

解答 ▶ p.18

21-1 次の一連の取引について仕訳を示しなさい。なお，決算日は12月31日とする。

 12月31日 決算にあたり，当座預金勘定の貸方残高¥320,000を当座借越勘定に振り替えた。

 1月 1日 当座借越勘定の残高¥320,000を当座預金勘定に再振替した。

12/31	
1/ 1	

21-2 次の総勘定元帳残高（一部）と決算整理事項によって，

(1)決算整理仕訳を示しなさい。

(2)損益計算書に記入される受取手数料の金額を求めなさい。

(3)貸借対照表に記入される資本金の金額を求めなさい。

(4)貸借対照表に記入される借入金の金額を求めなさい。

元帳勘定残高（一部）

当 座 預 金（貸方残高）	¥ 140,000	借 入 金	¥700,000
資 本 金	2,000,000	引 出 金	210,000
受 取 手 数 料	190,000	現 金 過 不 足（貸方残高）	80,000

決算整理事項

 a．現金過不足勘定の¥80,000は，受取手数料¥78,000の記帳もれであることがわかった。

  なお，残額については，原因不明であったので雑益とした。

 b．引出金勘定の¥210,000は整理する。

 c．当座預金勘定の貸方残高¥140,000は，当座借越勘定に振り替えた。

(1)

a	
b	
c	

(2)	¥
(3)	¥
(4)	¥

22 訂正仕訳

1 訂正仕訳

仕訳の誤りを発見した場合には，誤った仕訳と反対の仕訳をして，前の仕訳を消滅させ，そのうえで正しい仕訳をする。

例1 事務用文房具を現金で買い入れたさいに，誤って備品勘定で処理していたことがわかったので，これを訂正した。

（借）現　　　金 ×××　　　（貸）備　　　品 ×××
　　　消 耗 品 費 ×××　　　　　　現　　　金 ×××

この場合は，同じ勘定科目が借方と貸方に記入されるので，相殺して次のように仕訳する。

（借）消 耗 品 費 ×××　　　（貸）備　　　品 ×××

例2 掛けで仕入れた商品を返品したさいに，誤って商品を掛けで売り渡したように記帳していたことがわかったので，これを訂正した。

（借）売　　　上 ×××　　　（貸）売 掛 金 ×××
　　　買 掛 金 ×××　　　　　　仕　　　入 ×××

練習問題

解答 ▶ p.18

22-1 次の取引の仕訳を示しなさい。ただし，商品に関する勘定は3分法によること。

(1)現金¥57,000を受け入れたとき，次のような仕訳をしていたが，本日，売掛金の回収であることが判明したので，これを訂正した。

（借）現　　　金 57,000　　　（貸）売　　　上 57,000

(2)釜石商店へ商品¥250,000を売り上げたときに，代金として受け取った同店振り出しの小切手¥150,000を，同店振り出しの約束手形の受け取りと間違って記帳していたので訂正した。なお，売上代金の残額¥100,000は掛けであり，正しく処理されている。

(3)代金は月末払いという約束で営業用備品¥200,000を買い入れたとき，誤って商品¥200,000を掛けで仕入れたように記帳していたことがわかったので，本日，これを訂正した。

22-2 次の取引の仕訳を示しなさい。

(1)さきに，現金の過剰額¥1,800を現金過不足勘定で処理していたが，その原因は商品¥38,600を現金で売り渡したときに，¥36,800と誤って記帳していたことがわかったので，本日，これを訂正した。

(2)さきに得意先千葉商店から同店振り出しの小切手¥950,000を受け取ったさい，全額を売掛金の回収として処理していたが，このうち半額は商品の注文に対する内金であることがわかったので，本日，これを訂正した。

(1)	
(2)	

検定問題

解答 ▶ p.18

22-3 次の取引の仕訳を示しなさい。ただし，商品に関する勘定は3分法によること。

(1)さきに，九州運送店に支払った¥20,000は，全額を発送費勘定で処理していたが，そのうち¥4,500は，延岡商店から商品を仕入れた際の引取費用であることがわかったので，本日，仕入高に含めるために訂正した。 (第26回)

(2)さきに現金の実際有高が帳簿残高より¥4,000過剰であることがわかったとき，誤って次のような仕訳をしていたので，本日，これを訂正した。 (第35回)

　　　(借) 現金過不足 4,000　　　(貸) 現　　　金 4,000

(3)さきに，現金¥2,000が不足していることを発見したとき，誤って次のような仕訳をしていたので，本日，これを訂正した。 (第29回)

　　　(借) 現　　　金 2,000　　　(貸) 現金過不足 2,000

(4)さきに，現金の過剰額¥2,700を現金過不足勘定で処理していたが，その原因は商品¥79,600を現金で売り渡したときに，誤って¥76,900と記帳していたことがわかったので，本日，これを訂正した。 (第43回)

(5)さきに，商品¥360,000を掛けで仕入れたときに，誤って¥630,000と記帳されていることがわかったので，本日，これを訂正した。 (第38回)

(6)さきに，得意先霧島商店から同店振り出しの小切手¥160,000を受け取ったさい，全額を商品の注文に対する内金として処理していたが，このうち¥100,000は売掛金の回収であることがわかったので，本日，これを訂正した。 (第46回)

(7)古川商店から，掛けで仕入れた商品の一部¥50,000を返品したとき，誤って商品¥50,000を掛けで売り渡したように処理していたことがわかったので，本日，これを訂正した。 (第32回)

(8)兵庫商店に，商品の注文に対する内金として，小切手¥200,000を振り出したときに，誤って，買掛代金の支払いとして記帳していたので，本日，これを訂正した。 (第41回)

㉓ 費用の繰り延べ

1 費用の繰り延べ

①費用として支払った金額のうち，決算のさい，次期以降の費用とすべき分が含まれているときは，②これをその費用の勘定残高から差し引いて，**前払費用**の勘定（資産）の借方に記入する。そして，③当期の正しい費用を損益勘定に振り替える。さらに，④次期に繰り越された前払費用を，次期期首の日付で，もとの費用の勘定に振り替える。これを**再振替**という。

例　①4月1日に1年分の保険料として¥12,000を現金で支払った。

　②決算（12月31日）にさいして，保険料勘定残高¥12,000のうち前払分¥3,000を次期に繰り延べた。

　③保険料勘定の残高を損益勘定に振り替えた。

　④次期期首の日付で，前払保険料を保険料勘定に振り替えた。

① 〔保険料支払い時の仕訳〕 4/ 1 　（借）保　険　料 12,000 　　（貸）現　　　　金 12,000
② 〔決 算 整 理 仕 訳〕12/31 　（借）前払保険料 3,000 　　（貸）保　険　料 3,000
③ 〔損益勘定への振替仕訳〕 〃 　（借）損　　　益 9,000 　　（貸）保　険　料 9,000
④ 〔再 振 替 仕 訳〕 1/ 1 　（借）保　険　料 3,000 　　（貸）前払保険料 3,000

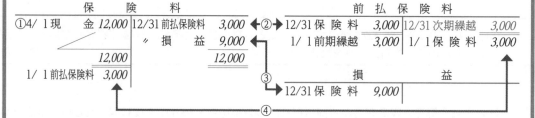

2 繰り延べの必要な費用勘定

繰り延べ処理では，次のような費用の勘定について，（　）内に示した勘定を用いる。

保険料（前払保険料）・支払地代（前払地代）・支払家賃（前払家賃）・支払利息（前払利息）・消耗品費（消耗品）

3 消耗品費勘定の整理

消耗品費として購入したものが，期末に未使用分として残っていた場合には，**消耗品勘定**（資産）に振り替える。次期に繰り越された消耗品は，期首の日付けで消耗品費勘定へ再振替する。

例　①6月1日に事務用文房具¥100,000を買い入れ，代金は現金で支払った。

　②決算（12月31日）にさいして，消耗品の未使用高¥40,000を次期に繰り延べた。

　③消耗品費勘定の残高¥60,000を損益勘定に振り替えた。

　④次期期首の日付で，消耗品勘定の残高¥40,000を消耗品費勘定に振り替えた。

① 〔消耗品費購入時の仕訳〕 6/ 1 （借）消 耗 品 費 100,000 　（貸）現　　　　金 100,000
② 〔決 算 整 理 事 項〕12/31 （借）消 耗 品 40,000 　（貸）消 耗 品 費 40,000
③ 〔損益勘定への振替仕訳〕 〃 （借）損　　　益 60,000 　（貸）消 耗 品 費 60,000
④ 〔再 振 替 仕 訳〕 1/ 1 （借）消 耗 品 費 40,000 　（貸）消 耗 品 40,000

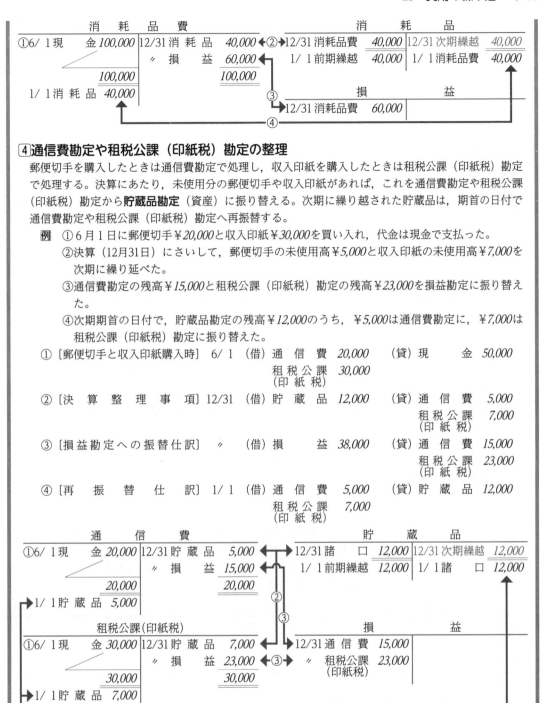

4 通信費勘定や租税公課（印紙税）勘定の整理

郵便切手を購入したときは通信費勘定で処理し，収入印紙を購入したときは租税公課（印紙税）勘定で処理する。決算にあたり，未使用分の郵便切手や収入印紙があれば，これを通信費勘定や租税公課（印紙税）勘定から**貯蔵品勘定**（資産）に振り替える。次期に繰り越された貯蔵品は，期首の日付で通信費勘定や租税公課（印紙税）勘定へ再振替する。

例　①６月１日に郵便切手¥20,000と収入印紙¥30,000を買い入れ，代金は現金で支払った。

②決算（12月31日）にさいして，郵便切手の未使用高¥5,000と収入印紙の未使用高¥7,000を次期に繰り延べた。

③通信費勘定の残高¥15,000と租税公課（印紙税）勘定の残高¥23,000を損益勘定に振り替えた。

④次期期首の日付で，貯蔵品勘定の残高¥12,000のうち，¥5,000は通信費勘定に，¥7,000は租税公課（印紙税）勘定に振り替えた。

① ［郵便切手と収入印紙購入時］ 6/ 1 （借）通　信　費 20,000 （貸）現　　　　金 50,000
　　　　　　　　　　　　　　　　　　　　租 税 公 課 30,000
　　　　　　　　　　　　　　　　　　　　（印 紙 税）

② ［決 算 整 理 事 項］12/31 （借）貯　蔵　品 12,000 （貸）通　信　費 5,000
　　　　　　　　　　　　　　　　　　　　　　　　　　　　租 税 公 課 7,000
　　　　　　　　　　　　　　　　　　　　　　　　　　　　（印 紙 税）

③ ［損益勘定への振替仕訳］ 〃 （借）損　　　　益 38,000 （貸）通　信　費 15,000
　　　　　　　　　　　　　　　　　　　　　　　　　　　　租 税 公 課 23,000
　　　　　　　　　　　　　　　　　　　　　　　　　　　　（印 紙 税）

④ ［再　振　替　仕　訳］ 1/ 1 （借）通　信　費 5,000 （貸）貯　蔵　品 12,000
　　　　　　　　　　　　　　　　　　租 税 公 課 7,000
　　　　　　　　　　　　　　　　　　（印 紙 税）

練習問題
解答 ▶ p.19

23-1 次の一連の取引の仕訳を示し，勘定口座に転記して，損益勘定以外は締め切りなさい。なお，勘定口座には，日付・相手科目・金額を示し，開始記入もおこなうこと。

8/ 1　1年分の火災保険料￥*72,000*を小切手を振り出して支払った。

12/31　決算にあたり，保険料前払分￥*42,000*を次期に繰り延べた。

　〃　　当期分の保険料￥*30,000*を損益勘定に振り替えた。

1/ 1　前期から繰り越された前払保険料を保険料勘定に振り替えた。

8/ 1				
12/31				
〃				
1/ 1				

保　険　料　　　　　　　　　　　前　払　保　険　料

損　　　　　益

23-2 岐阜商店（個人企業　決算年1回　12月31日）の総勘定元帳勘定残高と決算整理事項によって，

(1)決算整理仕訳を示しなさい。

(2)損益計算書に記入される支払家賃と保険料の金額を求めなさい。

元帳勘定残高（一部）

　支 払 家 賃　￥*1,260,000*　　保　険　料　￥*400,000*

決算整理事項

a．家 賃 支 払 高　　支払家賃のうち￥*540,000*は，本年9月分から翌年2月分までを支払ったものであり，前払高を次期に繰り延べる。

b．保険料前払高　　保険料のうち￥*300,000*は，本年5月1日からの1年分の保険料であり，前払高を次期に繰り延べる。

(1)

a		
b		

(2)

支 払 家 賃	￥
保 険 料	￥

23-3 次の一連の取引の仕訳を示し，下記の勘定口座に転記して，損益勘定以外は締め切りなさい。
なお，勘定口座には，日付・相手科目・金額を示し，開始記入もおこなうこと。

7/10 伝票・帳簿など消耗品￥18,000を買い入れ，代金は現金で支払った。ただし，購入の
　　　ときに費用として処理する記帳法によっている。

12/31 決算にあたり，消耗品の未使用分￥6,000を次期に繰り延べた。

〃 消耗品の使用分を損益勘定に振り替えた。

1/1 消耗品の未使用分について再振替をおこなった。

7/10			
12/31			
〃			
1/1			

消　耗　品　費

消　耗　品

損　　益

23-4 次の一連の取引の仕訳を示し，下記の勘定口座に転記して，損益勘定以外は締め切りなさい。
なお，勘定口座には，日付・相手科目・金額を示し，開始記入もおこなうこと。

6/20 郵便切手￥14,000と収入印紙￥56,000を買い入れ，代金は現金で支払った。

12/31 決算にあたり，郵便切手の未使用分￥5,000と収入印紙の未使用分￥20,000を次期に繰
　　　り延べた。

〃 通信費と租税公課の使用分を損益勘定に振り替えた。

1/1 貯蔵品の再振替をおこなった。

6/20			
12/31			
〃			
1/1			

通　信　費

貯　蔵　品

租　税　公　課

損　　益

23-5 愛知商店（個人企業　決算年1回　12月31日）の総勘定元帳勘定残高と決算整理事項によって，
(1)決算整理仕訳を示しなさい。
(2)損益計算書に記入される消耗品費の金額を求めなさい。
元帳勘定残高（一部）
　消 耗 品 費　　¥93,000
決算整理事項
　消耗品未使用高　　未使用分¥36,000を消耗品勘定に繰り延べる。

(1)

(2)

¥

23-6 静岡商店（個人企業　決算年1回　12月31日）の総勘定元帳勘定残高と決算整理事項によって，
(1)決算整理仕訳を示しなさい。
(2)損益計算書に記入される通信費と租税公課の金額を求めなさい。
元帳勘定残高（一部）
　通 信 費　　¥68,000　　　租 税 公 課　　¥124,000
決算整理事項
　郵便切手未使用高　　未使用分¥13,000を次期に繰り延べる。
　収入印紙未使用高　　未使用分¥21,000を次期に繰り延べる。

(1)

(2)

通 信 費	¥
租 税 公 課	¥

検 定 問 題
解答 ▶ p.19

23-7 次の総勘定元帳勘定残高と決算整理事項によって，決算整理仕訳を示しなさい。ただし，繰り延べおよび見越しの勘定を用いること。
（第32回一部修正）
元帳勘定残高（一部）　　　　　　　　　　決算整理事項
　保 険 料　¥49,000　　　　　　　保険料前払高　¥7,000

㉔ 収益の繰り延べ

１ 収益の繰り延べ

①収益として受け取った金額のうち，決算のさい，次期以降の収益とすべき分が含まれているときは，②これをその収益の勘定残高から差し引いて，**前受収益**の勘定（負債）の貸方に記入する。そして，③当期の正しい収益を損益勘定に振り替える。さらに，④次期に繰り越された前受収益を，次期期首の日付で，もとの収益勘定に振り替える。

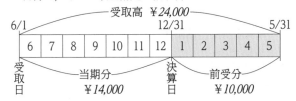

例　①６月１日に１年分の地代として￥24,000を現金で受け取った。
　　②決算（12月31日）にさいして，受取地代勘定残高￥24,000のうち前受分￥10,000を次期に繰り延べた。
　　③受取地代勘定の残高を損益勘定に振り替えた。
　　④次期期首の日付で，前受地代を受取地代勘定に振り替えた。

① 〔地代受け取り時の仕訳〕　6/ 1　（借）現　　　　金 24,000　　（貸）受 取 地 代 24,000
② 〔決 算 整 理 仕 訳〕12/31　（借）受 取 地 代 10,000　　（貸）前 受 地 代 10,000
③ 〔損益勘定への振替仕訳〕　〃　　（借）受 取 地 代 14,000　　（貸）損　　　　益 14,000
④ 〔再 振 替 仕 訳〕1/ 1　（借）前 受 地 代 10,000　　（貸）受 取 地 代 10,000

```
            前　受　地　代                                  受　取　地　代
12/31次期繰越  10,000 12/31受取地代  10,000 ◀②▶ 12/31前受地代  10,000  6/ 1現　　金 24,000①
 1/ 1受取地代  10,000  1/ 1前期繰越  10,000       〃  損　益  14,000       ╱
            損　　　　益                  ③      24,000                  24,000
                      12/31受取地代  14,000 ◀─┘                  1/ 1前受地代  10,000
                                        ④
```

２ 繰り延べの必要な収益勘定

繰り延べ処理では，次のような収益の勘定について，（　）内に示した勘定を用いる。
受取家賃（前受家賃）・受取地代（前受地代）・受取利息（前受利息）

練習問題

解答 ▶ p.20

24-1　次の一連の取引の仕訳を示し，次ページの勘定口座に転記して，損益勘定以外は締め切りなさい。なお，勘定口座には，日付・相手科目・金額を示し，開始記入もおこなうこと。
　9/ 1　家賃６か月分￥360,000を先方振り出しの小切手で受け取った。
　12/31　決算にあたり，家賃の前受分￥120,000を次期に繰り延べた。
　　〃　　当期分の受取家賃￥240,000を損益勘定に振り替えた。
　1/ 1　前期から繰り越された前受家賃を受取家賃勘定に振り替えた。

9/ 1		
12/31		
〃		
1/ 1		

受　取　家　賃		前　受　家　賃	
		損　　　　益	

24-2 次の一連の取引の仕訳を示し，下記の勘定口座に転記して，損益勘定以外は締め切りなさい。なお，勘定口座には，日付・相手科目・金額を示し，開始記入もおこなうこと。

11/ 1　利息3か月分￥*39,000*を現金で受け取った。

12/31　決算にあたり，利息の前受分￥*13,000*を次期に繰り延べた。

　〃　　当期分の受取利息￥*26,000*を損益勘定に振り替えた。

1/ 1　再振替をおこなった。

11/ 1		
12/31		
〃		
1/ 1		

受　取　利　息		前　受　利　息	
		損　　　　益	

24-3 次の取引の仕訳を示しなさい。

(1)決算（年1回　12月31日）にさいし，受取利息￥*60,000*は，貸付金に対する1年分の利息であり，7か月分の前受高を次期に繰り延べる。

(2)決算（12月31日）にさいし，受取手数料のうち￥*66,000*は，本年10月から翌年3月分まで受け取ったものであり，前受分を次期に繰り延べる。

24-4 三重商店（個人企業　決算年1回　12月31日）の総勘定元帳勘定残高と決算整理事項によって，

(1)決算整理仕訳を示しなさい。

(2)損益計算書に記入される受取地代の金額を求めなさい。

元帳勘定残高（一部）

　　受 取 地 代　　¥360,000

決算整理事項

　　地 代 前 受 高　　受取地代の¥360,000は，本年4月分からの1年分の地代であり，前受高を次期に繰り延べる。

(1)

(2)

¥

検 定 問 題

解答 ▶ p.20

24-5 次の取引の仕訳を示しなさい。

　　兵庫商店は，期首に，前受利息勘定の前期繰越額¥24,000を受取利息勘定に再振替した。

（第74回）

24-6 高知商店（個人企業）は，前期末の決算において，家賃の前受高を次のとおり前受家賃勘定に振り替えていたが，当期首にあたり，この前受高を再振替した。（第92回）

前 受 家 賃

12/31 次 期 繰 越	124,000	12/31 受 取 家 賃	124,000
		1/ 1 前 期 繰 越	124,000

24-7 宮城商店（個人企業　決算年1回　12月31日）の決算日における次の受取地代勘定の（　①　）と（　②　）に入る金額と（　③　）に入る勘定科目を記入しなさい。ただし，地代は，毎年同じ金額を3月末と9月末に翌月以降の6か月分として受け取っている。（第91回）

受 取 地 代

12/31 前 受 地 代（　②　）	1/ 1 前 受 地 代	210,000
〃 （　③　）（　　）	3/31 当 座 預 金（　①　）	
	9/30 当 座 預 金（　　）	
（　　　　）	（　　　　）	

①	¥	②	¥	③	

25 費用の見越し

①費用の見越し

①後払いの条件で費用を支払うさい，②決算時に，当期の費用とすべき分をまだ支払っていないときは，これをその費用の勘定残高に加え，**未払費用**の勘定（負債）の貸方に記入する。そして，③当期の正しい費用を損益勘定に振り替える。さらに，④次期に繰り越された未払費用を，次期期首の日付で，もとの費用の勘定に振り替える。

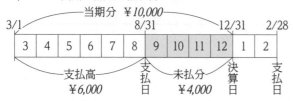

例 ①8月31日に後払いの条件で，契約している家賃6か月分¥6,000を現金で支払った。
②決算（12月31日）にさいして，家賃の未払高¥4,000を計上した。
③支払家賃勘定の残高を損益勘定に振り替えた。
④次期期首の日付で，未払家賃を支払家賃勘定に振り替えた。
⑤2月28日に家賃6か月分として¥6,000を現金で支払った。

① 〔家賃支払時の仕訳〕 8/31 （借）支払家賃 6,000 （貸）現 金 6,000
② 〔決算整理仕訳〕 12/31 （借）支払家賃 4,000 （貸）未払家賃 4,000
③ 〔損益勘定への振替仕訳〕 〃 （借）損 益 10,000 （貸）支払家賃 10,000
④ 〔再 振 替 仕 訳〕 1/1 （借）未払家賃 4,000 （貸）支払家賃 4,000
⑤ 〔家賃支払時の仕訳〕 2/28 （借）支払家賃 6,000 （貸）現 金 6,000

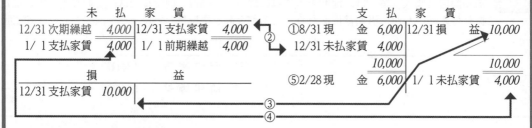

②見越しの必要な費用勘定

見越し処理では，次のような費用の勘定について，（　）内に示した勘定を用いる。
広告料（未払広告料）・支払地代（未払地代）・支払家賃（未払家賃）・支払利息（未払利息）

練習問題

解答 ▶ p.21

25-1 次の一連の取引の仕訳を示し，下記の勘定口座に転記して，損益勘定以外は締め切りなさい。
なお，勘定口座には，日付・相手科目・金額を示し，開始記入もおこなうこと。

12/31　決算にあたり，当期分の未払地代3か月分￥*120,000*を計上した。

　〃　　当期分の支払地代を損益勘定に振り替えた。

1/ 1　前期から繰り越された未払地代を支払地代勘定に振り替えた。

3/31　6か月分の地代￥*240,000*を現金で支払った。

12/31			
〃			
1/ 1			
3/31			

支　払　地　代		未　払　地　代	
360,000			
		損　　　　　益	

25-2 次の一連の取引の仕訳を示しなさい。

10/ 1　営業用店舗を賃借し，家賃月額￥*45,000*として，6か月ごとに後払いという契約をした。

12/31　決算にさいし，当期分の未払家賃￥*135,000*を計上した。

　〃　　当期分の支払家賃を損益勘定に振り替えた。

1/ 1　前期から繰り越された未払家賃を支払家賃勘定に振り替えた。

12/31			
〃			
1/ 1			

25-3 次の一連の取引の仕訳を示しなさい。

3/31　決算にあたり，当期分の利息未払額￥*96,000*を計上した。

　〃　　当期に支払済みの利息￥*48,000*と合わせ，当期分の支払利息を損益勘定に振り替えた。

4/ 1　前期から繰り越された未払利息を支払利息勘定に振り替えた。

3/31			
〃			
4/ 1			

25-4 静岡商店（個人企業 決算年1回 12月31日）の総勘定元帳勘定残高と決算整理事項によって，
(1)決算整理仕訳を示しなさい。
(2)損益計算書に記入される支払利息の金額を求めなさい。
元帳勘定残高（一部）
　　支 払 利 息　　¥22,000
決算整理事項
　　利 息 未 払 高　　借入金に対する利息は，5月末と11月末に経過した6か月分として¥12,000を支払う契約になっており，未払高を計上する。

(1)

(2)

¥

検 定 問 題

解答 ▶ p.21

25-5 東北商店（個人企業 決算年1回 12月31日）の総勘定元帳の記録と決算整理事項は，次のとおりであった。よって，
(1)決算整理仕訳を示しなさい。
(2)支払利息勘定に必要な記入をおこない，締め切りなさい。
ただし，ⅰ 勘定口座には，日付・相手科目・金額を記入すること。
　　　　ⅱ 再振替の記入はしなくてよい。　　　　　　　　　　　　（第30回一部修正）

総勘定元帳（一部）
（注）総勘定元帳の記録は合計額で示してある。

支 払 利 息　　19

26,000	

決算整理事項
利 息 未 払 高　　¥10,000

(1)

(2)
　　　　支 払 利 息　　19

7/31 現　　金	26,000	

26 収益の見越し

1 収益の見越し

①決算時に，当期の収益とすべき分をまだ受け取っていないときは，これをその収益の勘定残高に加え，**未収収益**の勘定（資産）の借方に記入する。そして，②当期の正しい収益を損益勘定に振り替える。さらに，③次期に繰り越された未収収益を，次期期首の日付で，もとの収益の勘定に振り替える。

　例　①決算（12月31日）にさいして，利息の未収高￥*9,000*を計上した。

　　　②受取利息勘定の残高を損益勘定に振り替えた。

　　　③次期期首の日付で，未収利息を受取利息勘定に振り替えた。

　　　④3月31日に1年分の利息￥*12,000*を現金で受け取った。

① ［決算整理仕訳］12/31 　　（借）未収利息　*9,000*　　（貸）受取利息　*9,000*

② ［損益勘定への振替仕訳］〃 　（借）受取利息　*9,000*　　（貸）損　　益　*9,000*

③ ［再振替仕訳］1/1 　　　（借）受取利息　*9,000*　　（貸）未収利息　*9,000*

④ ［利息受け取り時の仕訳］3/31 （借）現　　金 *12,000*　　（貸）受取利息 *12,000*

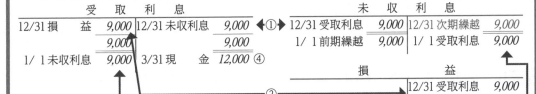

2 見越しの必要な収益勘定

見越し処理では，次のような収益の勘定について，（　）内に示した勘定を用いる。

受取地代（未収地代）・受取家賃（未収家賃）・受取利息（未収利息）

3 繰り延べと見越しのまとめ

	資産	負債				
繰り延べ	前払	前受	（借）前払××	（貸）支払××		
			（借）受取××	（貸）前受××		
見越し	未収	未払	（借）未収××	（貸）受取××		
			（借）支払××	（貸）未払××		

練習問題

解答 ▶ p.21

26-1 次の一連の取引の仕訳を示し，下記の勘定口座に転記して，損益勘定以外は締め切りなさい。
なお，勘定口座には，日付・相手科目・金額を示し，開始記入もおこなうこと。

10/ 1　平塚銀行あて¥900,000の小切手を振り出し，同行に定期預金として預け入れた。

12/31　決算にあたり，定期預金利息の未収分¥4,500を計上した。

　〃　当期分の受取利息を損益勘定に振り替えた。

 1/ 1　前期から繰り越された未収利息を受取利息勘定に振り替えた。

10/ 1　定期預金の利息¥18,000を現金で受け取った。

10/ 1	
12/31	
〃	
1/ 1	
10/ 1	

```
          受  取  利  息                          未  収  利  息
─────────────────┬─────────────      ─────────────────┬─────────────
                 │                                     │
                 │                                        損      益
                                                    ─────────────────┬─────────────
                                                                     │
```

26-2 山梨商店（個人企業　決算年1回　12月31日）の総勘定元帳勘定残高と決算整理事項によって，

(1)決算整理仕訳を示しなさい。

(2)損益計算書に記入される受取地代の金額を求めなさい。

元帳勘定残高（一部）

　受 取 地 代　　¥456,000

決算整理事項

　地 代 未 収 高　　受取地代は，本年4月1日に経過した6か月分ごとの後払いの契約で土
　　　　　　　　　　地を貸し付け，9月30日に6か月分を受け取ったものであり，未収高を計
　　　　　　　　　　上する。

(1)

(2)

¥

26-3 次の決算整理事項について，必要な決算整理仕訳を示しなさい。

(1)地 代 未 払 高	¥60,000	(1)	
(2)利 息 未 収 高	¥18,000	(2)	
(3)保険料未経過高	¥15,000	(3)	
(4)家 賃 前 受 高	¥36,000	(4)	
(5)消耗品未使用高	¥12,000	(5)	

26-4 次の勘定科目は損益計算書または貸借対照表のどの部に記載されるか。下記の表の適当な欄に○印を記入しなさい。

	損　益　計　算　書		貸　借　対　照　表	
	費　用　の　部	収　益　の　部	資　産　の　部	負　債　の　部
前　受　地　代				
未　払　家　賃				
消　耗　品　費				
消　　耗　　品				
受　取　利　息				
未　収　利　息				
支　払　手　数　料				
前　払　保　険　料				
支　払　利　息				
未　払　利　息				

検 定 問 題

解答 ▶ p.21

26-5 次の取引の仕訳を示しなさい。
沖縄商店（個人企業）は，前期末の決算において，家賃の未収高を次のとおり未収家賃勘定に振り替えていたが，当期首にあたり，この未収高を再振替した。　（第81回）

未　収　家　賃

12/31 受 取 家 賃　*250,000*	12/31 次 期 繰 越　*250,000*
1/ 1 前 期 繰 越　*250,000*	

26-6 東北商店（決算年1回　12月31日）の決算日における次の受取地代勘定の（　①　）に入る勘定科目と（　②　）に入る金額を記入しなさい。ただし，地代は3月末と9月末に経過した6か月分¥*144,000*を受け取っている。　（第82回）

受　取　地　代

1/ 1 （　①　）　*72,000*	3/31 現　　　金（　　　）
12/31 損　　益（　②　）	9/30 現　　　金（　　　）
	12/31 未 収 地 代（　　　）
（　　　）	（　　　）

①		②	¥

27 精算表

学習のまとめ

①精算表

2級であらたに学んだ決算整理事項と，それにもとづく精算表への記入例を示すと，次のとおりである。

決算整理事項

(1)貸 倒 見 積 高　売掛金の期末残高に対し，3％と見積もり，貸倒引当金を設定する。

(2)備品減価償却高　¥20,000　(3)有価証券評価高　¥85,000　(4)地 代 前 受 高　¥10,000

(5)利 息 未 収 高　¥ 1,000　(6)保険料前払高　¥ 3,000　(7)広告料未払高　¥ 4,000

(8)消耗品未使用高　¥ 8,000

精　算　表
令和○年12月31日

	勘 定 科 目	残 高 試 算 表 借 方	残 高 試 算 表 貸 方	整 理 記 入 借 方	整 理 記 入 貸 方	損 益 計 算 書 借 方	損 益 計 算 書 貸 方	貸 借 対 照 表 借 方	貸 借 対 照 表 貸 方
	売 掛 金	800,000						800,000	
(1)	貸 倒 引 当 金		7,000		17,000				24,000
	貸倒引当金繰入			17,000		17,000			
	備 品	200,000						200,000	
(2)	備品減価償却累計額		40,000		20,000				60,000
	減 価 償 却 費			20,000		20,000			
(3)	有 価 証 券	100,000			15,000			85,000	
	有価証券評価損			15,000		15,000			
(4)	受 取 地 代		24,000	10,000			14,000		
	前 受 地 代				10,000				10,000
(5)	受 取 利 息		5,000		1,000		6,000		
	未 収 利 息			1,000				1,000	
(6)	保 険 料	9,000			3,000	6,000			
	前 払 保 険 料			3,000				3,000	
(7)	広 告 料	8,000		4,000		12,000			
	未 払 広 告 料				4,000				4,000
(8)	消 耗 品 費	10,000			8,000	2,000			
	消 耗 品			8,000				8,000	

練習問題

解答 ▶ p.22

27-1 長野商店（個人企業　決算年1回　12月31日）の総勘定元帳勘定残高と決算整理事項等は，次のとおりであった。よって，精算表を完成しなさい。ただし，繰り延べおよび見越しの勘定を用いること。

元帳勘定残高

現 金	¥ 780,000	売 掛 金	¥1,100,000	貸 倒 引 当 金	¥ 9,000
有 価 証 券	420,000	繰 越 商 品	360,000	貸 付 金	90,000
備 品	860,000	備品減価償却累計額	86,000	買 掛 金	760,000
借 入 金	370,000	資 本 金	1,800,000	売 上	2,148,000
受 取 手 数 料	19,000	受 取 利 息	18,000	仕 入	1,318,000
給 料	180,000	支 払 家 賃	19,000	保 険 料	27,000
消 耗 品 費	40,000	支 払 利 息	14,000	現 金 過 不 足 （借 方 残 高）	2,000

決算整理事項等

a. 期末商品棚卸高	¥408,000	b. 貸倒見積高	売掛金の2％
c. 備品減価償却高	¥ 86,000	d. 有価証券評価高	¥412,000
e. 保険料前払高	¥ 5,000	f. 利息未収高	¥ 2,000
g. 家賃未払高	¥ 6,000	h. 手数料前受高	¥ 3,000
i. 消耗品未使用高	¥ 4,000	j. 現金過不足勘定を整理する。	

精 算 表
令和〇年12月31日

勘定科目	残高試算表 借方	残高試算表 貸方	整理記入 借方	整理記入 貸方	損益計算書 借方	損益計算書 貸方	貸借対照表 借方	貸借対照表 貸方
現　　　金	780,000							
売　掛　金	1,100,000							
貸倒引当金		9,000						
有価証券	420,000							
繰越商品	360,000							
貸　付　金	90,000							
備　　　品	860,000							
備品減価償却累計額		86,000						
買　掛　金		760,000						
借　入　金		370,000						
資　本　金		1,800,000						
売　　　上		2,148,000						
受取手数料		19,000						
受取利息		18,000						
仕　　　入	1,318,000							
給　　　料	180,000							
支払家賃	19,000							
保　険　料	27,000							
消耗品費	40,000							
支払利息	14,000							
現金過不足	2,000							
	5,210,000	5,210,000						
貸倒引当金繰入								
減価償却費								
有価証券評価損								
前払保険料								
未収利息								
未払家賃								
前受手数料								
消　耗　品								
雑　　　損								
当期純利益								

27-2 次の精算表の（ ）内に適当な科目または金額を入れて，精算表を完成しなさい。

精 算 表
令和○年12月31日

勘定科目	残高試算表 借方	残高試算表 貸方	整理記入 借方	整理記入 貸方	損益計算書 借方	損益計算書 貸方	貸借対照表 借方	貸借対照表 貸方
現　　　金	934,000						934,000	
売　掛　金	1,900,000						1,900,000	
貸倒引当金		18,000		（　　　）				（　　　）
有価証券	390,000			（　　　）			（　　　）	
繰越商品	420,000		（　　　）	（　　　）			300,000	
貸　付　金	342,000						342,000	
備　　　品	800,000						800,000	
備品減価償却累計額		216,000		（　　　）				288,000
資　本　金		4,500,000						4,500,000
売　　　上		3,258,000				3,258,000		
受取利息		88,000	（　　　）			（　　　）		
仕　　　入	3,102,000		420,000	（　　　）	（　　　）			
給　　　料	102,000				102,000			
支払地代	90,000			30,000	60,000			
	8,080,000	8,080,000						
貸倒引当金繰入			（　　　）		20,000			
減価償却費			（　　　）		（　　　）			
有価証券評価損			60,000		（　　　）			
（　　　）地代			（　　　）				（　　　）	
（　　　）利息				6,000				6,000
当期純（　　　）					（　　　）	（　　　）	（　　　）	
			（　　　）	（　　　）	（　　　）	（　　　）	（　　　）	（　　　）

27-3 宇都宮商店（個人企業）の令和○年12月31日の総勘定元帳勘定残高と決算整理事項は次のとおりであった。よって，精算表を完成しなさい。

元帳勘定残高

現　　　　金	¥ 73,000	当 座 預 金	¥1,213,000	売　　掛　　金	¥1,240,000
貸 倒 引 当 金	9,000	繰 越 商 品	967,000	貸　　付　　金	500,000
備　　　　品	830,000	備品減価償却累計額	216,000	支 払 手 形	470,000
買　　掛　　金	765,000	資　　本　　金	3,000,000	売　　　　上	5,361,500
受 取 地 代	84,000	受 取 利 息	12,500	仕　　　　入	4,158,000
給　　　　料	542,500	支 払 家 賃	165,000	保　　険　　料	15,000
消 耗 品 費	180,500	雑　　　　費	34,000		

決算整理事項
  a. 期末商品棚卸高　￥982,000
  b. 貸 倒 見 積 高　売掛金の期末残高に対し，5％と見積もり，貸倒引当金を設定する。
  c. 備品減価償却高　￥35,000　　d. 消耗品未使用高　￥11,800
  e. 保険料前払高　￥6,000　　f. 地 代 前 受 高　￥12,000
  g. 利 息 未 収 高　￥2,500　　h. 家 賃 未 払 高　￥15,000

精　算　表
令和〇年12月31日

勘定科目	残高試算表 借方	残高試算表 貸方	整理記入 借方	整理記入 貸方	損益計算書 借方	損益計算書 貸方	貸借対照表 借方	貸借対照表 貸方
現　　金	73,000							
当 座 預 金	1,213,000							
売 掛 金								
貸倒引当金								
繰 越 商 品								
貸 付 金								
備　　品								
備品減価償却累計額								
支 払 手 形		470,000						
買 掛 金		765,000						
資 本 金								
売　　上								
受 取 地 代								
受 取 利 息								
仕　　入								
給　　料	542,500							
支 払 家 賃	165,000							
保 険 料	15,000							
消 耗 品 費	180,500							
雑　　費	34,000							

27-4 次の精算表を完成しなさい。

精　算　表
令和○年12月31日

勘定科目	残高試算表 借方	残高試算表 貸方	整理記入 借方	整理記入 貸方	損益計算書 借方	損益計算書 貸方	貸借対照表 借方	貸借対照表 貸方
現　　　金	( )						( )	
当 座 預 金	177,000						177,000	
売　掛　金	245,000						245,000	
貸倒引当金		2,800		4,550				( )
繰 越 商 品	( )		( )	( )			152,000	
備　　　品	300,000						300,000	
備品減価償却累計額		60,000		( )				90,000
買　掛　金		176,000						176,000
資　本　金		500,000						500,000
売　　　上		928,200				928,200		
仕　　　入	725,000		125,000	( )	698,000			
給　　　料	50,000				50,000			
保　険　料	9,000			( )	( )			
支 払 利 息	21,000		( )		( )			
	1,667,000	1,667,000						
貸倒引当金繰入			( )		( )			
減価償却費			( )		( )			
( )保険料			( )				3,000	
( )利息				( )				5,000
当期純( )					( )			( )
			319,550	319,550	928,200	928,200	( )	( )

27-5 鹿児島商店（個人企業　決算は年1回　12月31日）の総勘定元帳勘定残高と決算整理事項等は，次のとおりであった。よって，精算表を完成しなさい。

元帳勘定残高

現　　　　金	¥ 280,000	当 座 預 金	¥1,480,000	売　　掛　　金	¥1,560,000
貸 倒 引 当 金	13,000	有 価 証 券	750,000	繰 越 商 品	845,000
貸　付　金	1,200,000	備　　　品	900,000	備品減価償却累計額	405,000
買　掛　金	1,390,000	従業員預り金	52,000	資　　本　　金	4,100,000
引　出　金	100,000	売　　上	8,917,000	受　取　地　代	78,000
受 取 利 息	48,000	仕　　入	6,350,000	給　　　料	1,100,000
広　告　料	78,000	支 払 家 賃	240,000	保　険　料	39,000
消 耗 品 費	45,000	雑　　費	37,000	現 金 過 不 足（貸方残高）	1,000

決算整理事項等

    a．期末商品棚卸高　　¥893,000
    b．貸 倒 見 積 高　売掛金の期末残高に対し，５％と見積もり，貸倒引当金を設定する。
    c．備品減価償却高　¥ 81,000　d．有価証券評価高　　¥800,000
    e．消耗品未使用高　¥　6,000　f．保険料前払高　　¥　3,000
    g．地 代 前 受 高　¥ 13,000　h．利 息 未 収 高　¥ 48,000
    i．給 料 未 払 高　¥100,000
    j．現金過不足は雑益として処理する。
    k．引出金は整理する。

精　　算　　表
令和〇年12月31日

勘定科目	残 高 試 算 表		整 理 記 入		損 益 計 算 書		貸 借 対 照 表	
	借　方	貸　方	借　方	貸　方	借　方	貸　方	借　方	貸　方
現　　　　金								
当 座 預 金								
売　掛　金								
貸倒引当金								
有 価 証 券								
繰 越 商 品								
貸　付　金								
備　　　品								
備品減価償却累計額								
買　掛　金								
従業員預り金								
資　本　金								
引　出　金								
売　　　上								
受 取 地 代								
受 取 利 息								
仕　　　入								
給　　　料								
広　告　料								
支 払 家 賃								
保　険　料								
消 耗 品 費								
雑　　　費								
現金過不足								

27-6 九州商店（個人企業　決算年1回　12月31日）の総勘定元帳勘定残高と決算整理事項等は，次のとおりであった。よって，精算表を完成させなさい。ただし，繰り延べおよび見越しの勘定を用いること。

元帳勘定残高

現　　　　　金	¥ 843,000	当 座 預 金	¥ 2,336,000	受 取 手 形	¥ 950,000
売 　掛 　金	1,500,000	貸 倒 引 当 金	5,000	有 価 証 券	1,920,000
繰 越 商 品	790,000	備　　　　　品	1,280,000	備品減価償却累計額	560,000
支 払 手 形	1,210,000	買 　掛 　金	1,300,000	借 　入 　金	900,000
前 　受 　金	30,000	従業員預り金	230,000	資 　本 　金	5,400,000
引 　出 　金	150,000	売　　　　　上	9,186,000	受 取 地 代	196,000
受 取 手 数 料	177,000	仕　　　　　入	5,568,000	給　　　　　料	2,192,000
支 払 家 賃	836,000	保 　険 　料	504,000	消 耗 品 費	168,000
租 税 公 課	64,000	雑　　　　　費	57,000	支 払 利 息	36,000

決算整理事項等

   a. 現 金 実 際 有 高　　　¥ 841,000
　　　　　　　　　　　　　　　　差額の原因は不明のため，雑損とした。
   b. 期末商品棚卸高　　　¥ 1,070,000
   c. 貸 倒 見 積 高　　　受取手形と売掛金の期末残高に対し，それぞれ2％と見積もり，貸倒引当金を設定する。
   d. 備品減価償却高　　　定率法による。ただし，毎期の償却率は25％とする。
   e. 有価証券評価高　　　有価証券は，売買目的で保有している次の株式であり，時価によって評価する。
　　　　　　　　　　　　　　　　島原商事株式会社　300株　　時価　1株　¥6,600
   f. 消耗品未使用高　　　¥ 29,000
   g. 保険料前払高　　　保険料のうち¥312,000は，本年9月1日からの1年分を支払ったものであり，前払高を次期に繰り延べる。
   h. 地 代 前 受 高　　　¥ 28,000
   i. 手 数 料 未 収 高　　　¥ 12,000
   j. 家 賃 未 払 高　　　家賃¥76,000を当期の費用として見越し計上する。
   k. 引出金は整理する。

精 算 表

令和○年12月31日

勘定科目	残 高 試 算 表		整 理 記 入		損 益 計 算 書		貸 借 対 照 表	
	借 方	貸 方	借 方	貸 方	借 方	貸 方	借 方	貸 方
現　　　金								
当 座 預 金								
受 取 手 形								
売　掛　金								
貸倒引当金								
有 価 証 券								
繰 越 商 品								
備　　　品								
備品減価償却累計額								
支 払 手 形								
買　掛　金								
借　入　金								
前　受　金								
従業員預り金								
資　本　金								
引　出　金								
売　　　上								
受 取 地 代								
受取手数料								
仕　　　入								
給　　　料								
支 払 家 賃								
保　険　料								
消 耗 品 費								
租 税 公 課								
雑　　　費								
支 払 利 息								
雑　　　損								
貸倒引当金（　　）								
（　　　　　）								
有価証券評価（　）								
消　耗　品								
（　　）保険料								
（　　）地代								
（　　）手数料								
（　　）家賃								
当期純（　　）								

検定問題

解答 ▶ p.28

27-7 近畿商店（個人企業 決算年1回 12月31日）の総勘定元帳勘定残高と決算整理事項は，次のとおりであった。よって，精算表を完成しなさい。 （第87回一部修正）

元帳勘定残高

現 金	¥ 1,205,000	当 座 預 金	¥ 2,406,000	受 取 手 形	¥ 600,000
売 掛 金	800,000	貸 倒 引 当 金	8,000	有 価 証 券	1,300,000
繰 越 商 品	520,000	貸 付 金	1,000,000	備 品	1,600,000
備品減価償却累計額	700,000	土 地	2,000,000	支 払 手 形	659,000
買 掛 金	1,690,000	資 本 金	8,000,000	売 上	7,411,000
受 取 地 代	156,000	受 取 利 息	25,000	仕 入	5,560,000
給 料	539,000	広 告 料	349,000	支 払 家 賃	540,000
保 険 料	166,000	消 耗 品 費	28,000	雑 費	36,000

決算整理事項

　a. 期末商品棚卸高　　¥ 650,000
　b. 貸 倒 見 積 高　　受取手形と売掛金の期末残高に対し，それぞれ1％と見積もり，貸倒引当金を設定する。
　c. 備品減価償却高　　¥ 225,000
　d. 有価証券評価高　　有価証券は，売買目的で保有している次の株式であり，時価によって評価する。
　　　　　　　　　　　　株式会社北東商会　25株　　時価　1株　¥48,000
　e. 消耗品未使用高　　¥ 3,000
　f. 保険料前払高　　　保険料のうち¥96,000は，本年11月1日からの1年分を支払ったものであり，前払高を次期に繰り延べる。
　g. 地 代 前 受 高　　¥ 12,000
　h. 利 息 未 収 高　　¥ 5,000
　i. 給 料 未 払 高　　¥ 49,000

精　算　表

令和○年12月31日

勘定科目	残 高 試 算 表		整 理 記 入		損 益 計 算 書		貸 借 対 照 表	
	借 方	貸 方	借 方	貸 方	借 方	貸 方	借 方	貸 方
現　　　金	1,205,000							
当 座 預 金	2,406,000							
受 取 手 形	600,000							
売 掛 金	800,000							
貸倒引当金		8,000						
有 価 証 券	1,300,000							
繰 越 商 品	520,000							
貸 付 金	1,000,000							
備　　　品	1,600,000							
備品減価償却累計額		700,000						
土　　　地	2,000,000							
支 払 手 形		659,000						
買 掛 金		1,690,000						
資 本 金		8,000,000						
売　　　上		7,411,000						
受 取 地 代		156,000						
受 取 利 息		25,000						
仕　　　入	5,560,000							
給　　　料	539,000							
広 告 料	349,000							
支 払 家 賃	540,000							
保 険 料	166,000							
消 耗 品 費	28,000							
雑　　　費	36,000							
	18,649,000	18,649,000						
貸倒引当金繰入								
減価償却費								
有価証券評価( )								
消 耗 品								
前払保険料								
前 受 地 代								
(　)利息								
未 払 給 料								
当期純(　)								

28 帳簿決算

1 帳簿決算

帳簿決算の順序は，次のとおりである。2級は決算整理事項が多くなるので，決算整理仕訳とその総勘定元帳への転記に注意する必要がある。

(1)総勘定元帳の記録により，試算表を作成する。

(2)棚卸表および精算表を作成する。

(3)決算整理仕訳をおこない，総勘定元帳に転記する。

(借)仕　　　　入 ××× (貸)繰 越 商 品 ×××
　　繰 越 商 品 ××× 　　仕　　　　入 ×××
　　　─以下省略─

(4)収益の各勘定の残高を，損益勘定に振り替える。

(借)収益の諸勘定 ××× (貸)損　　　　益 ×××

(5)費用の各勘定の残高を，損益勘定に振り替える。

(借)損　　　　益 ××× (貸)費用の諸勘定 ×××

(6)損益勘定の残高(純損益)を，資本金勘定に振り替える。

(借)損　　　　益 ××× (貸)資　 本　 金 ×××

(注)ここでは，純利益が発生した場合を示した。

(7)収益・費用の各勘定と損益勘定を締め切る。

(8)資産・負債・純資産の各勘定に繰越記入をして締め切り，開始記入をする。

(9)資産・負債・純資産の各勘定の繰越高より，繰越試算表を作成する。

(10)仕訳帳・補助簿を締め切り，必要なものについて開始記入をする。

(11)収益・費用の見越し高・繰り延べ高を，もとの収益・費用の勘定に再振替する。

```
          資 産 の 勘 定
            ××× (8)次期繰越 ×××
(8)前期繰越 ×××

          負 債 の 勘 定
(8)次期繰越 ×××            ×××
                   (8)前期繰越 ×××

          資 本 金
(8)次期繰越 ×××            ×××
                   (6)損    益 ×××
            ×××            ×××
                   (8)前期繰越 ×××

          収 益 の 勘 定
(4)損    益 ×××            ×××

          費 用 の 勘 定
            ××× (5)損    益 ×××

          損           益
(5)費用の {  ×××  (4)収益の {  ×××
   勘 定 {  ×××     勘 定 {  ×××
           ×××
(6)資 本 金 ×××
           ×××            ×××
```

練習問題

解答 ▶ p.29

28-1 次の決算整理事項等と勘定記録によって，決算整理仕訳を示し，総勘定元帳に転記しなさい。ただし，勘定記入は，日付・相手科目・金額を示すこと（決算年1回　12月31日）。

決算整理事項等

a．期末商品棚卸高　¥2,115,000

b．貸 倒 見 積 高　売掛金の期末残高に対し，3％と見積もり，貸倒引当金を設定する。

c．備品減価償却高　¥　81,000　　d．有価証券評価高　¥　770,000

e．利 息 前 受 高　¥　　5,000　　f．消耗品未使用高　¥　　3,000

g．現金過不足残高（借方）は原因不明のため，雑損として処理する。

h．引出金は整理する。

a		
b		
c		
d		
e		
f		
g		
h		

現　　　　　金	1		当 座 預 金	2
386,000			*1,137,000*	

売　掛　金	3		貸 倒 引 当 金	4
3,600,000				*44,000*

有 価 証 券	5		繰 越 商 品	6
855,000			*2,025,000*	

貸　付　金	7		備　　　　　品	8
1,800,000			*405,000*	

備品減価償却累計額	9		支 払 手 形	10
	162,000			*900,000*

買　掛　金	11		資　本　金	12
	1,700,000			*4,800,000*

引　出　金	13		売　　　　　上	14
9,000				*18,330,000*

受 取 利 息	15		仕　　　　　入	16
	32,000		*14,100,000*	

給　　　　　料	17		支 払 家 賃	18
1,080,000			*495,000*	

保　険　料	19		消 耗 品 費	20
54,000			*21,000*	

現 金 過 不 足	21		貸 倒 引 当 金 繰 入	22
1,000				

減 価 償 却 費	23		有 価 証 券 評 価 損	24

雑　　　　　損	25		前 受 利 息	26

消　耗　品	27			

28-2 次の決算整理事項と期末の勘定記録によって，決算に必要な仕訳を示し，総勘定元帳に転記して締め切り，繰越試算表を作成しなさい（決算年1回　12月31日）。
　　ただし，勘定口座の記入は，日付・相手科目・金額を示すこと。
　　決算整理事項
　　　a．期末商品棚卸高　¥1,071,000
　　　b．貸倒見積高　売掛金の期末残高に対し，3％と見積もり，貸倒引当金を設定する。
　　　c．備品減価償却高　¥　94,500　　　d．広告料未払高　¥　27,000
　　　e．保険料前払高　¥　18,000

現　　　金		1
1,378,000	676,000	

売　　掛　　金		2
1,101,000	891,000	

貸　倒　引　当　金		3
	500	

繰　越　商　品		4
558,000		

備　　　品		5
1,050,000		

備品減価償却累計額		6
	94,500	

買　　掛　　金	7
1,084,500	1,404,000

売　　　　　上	10
9,000	1,611,000

仕　　　　　入	12
1,234,000	10,000

支　払　家　賃	15
67,500	

支　払　利　息	17
45,000	

貸 倒 引 当 金 繰 入　18

（　　）広 告 料　20

（　　）保 険 料　21

損　　　　　益　22

借　　入　　金	8
	544,000

資　　本　　金	9
	1,800,000

受　取　利　息	11
	19,500

給　　　　　料	13
382,500	

広　　告　　料	14
33,000	

保　　険　　料	16
108,000	

減 価 償 却 費　19

繰 越 試 算 表
令和○年　月　日

借　方	元丁	勘 定 科 目	貸　方

28-3 甲府商店（個人企業　決算年1回　12月31日）の次の決算整理事項等と期末の勘定記録によって，決算に必要な仕訳を示し，総勘定元帳に転記をして締め切り，繰越試算表を作成しなさい。

ただし，勘定口座の記入は，日付・相手科目・金額を示すこと。

決算整理事項等

　　a．期末商品棚卸高　¥ 1,543,000

　　b．貸 倒 見 積 高　売掛金の期末残高に対し，3％と見積もり，貸倒引当金を設定する。

　　c．備品減価償却高　¥ 36,000　　d．手数料未収高　¥ 17,000

　　e．現金過不足残高（借方）は原因不明のため，適切な勘定で処理する。

　　f．引出金は整理する。

現　　　　　金　　　　1		当 座 預 金　　　　2	
562,000	368,000	1,870,000	1,458,000

売　　掛　　金　　　　3		貸 倒 引 当 金　　　　4	
2,810,000	1,010,000		30,000

繰 越 商 品　　　　5		備　　　　品　　　　6	
1,566,000		400,000	

備品減価償却累計額	7
	180,000

買 掛 金	8
1,195,000	2,148,000

資 本 金	9
	2,500,000

引 出 金	10
150,000	

受 取 手 数 料	12
	185,000

売 上	11
252,000	8,362,000

給 料	14
1,080,000	

仕 入	13
6,066,000	144,000

現 金 過 不 足	16
2,000	

繰 越 試 算 表

令和○年 月 日

借 方	元丁	勘 定 科 目	貸 方

支 払 家 賃	15
432,000	

貸 倒 引 当 金 繰 入	17

減 価 償 却 費	18

（　　　）手 数 料	19

（　　　　　　）	20

損 益	21

㉙ 損益計算書・貸借対照表の作成

①損益計算書作成上の注意事項

仕入は売上原価，売上は売上高として表示する。なお，当期純利益（損失）は赤字*で記入する。

＊黒字で記入する場合もある。

②貸借対照表作成上の注意事項

(1)受取手形・売掛金に対する貸倒引当金は，受取手形・売掛金から差し引く形で示す。

(2)固定資産の減価償却累計額は，その固定資産の取得原価から差し引く形で示す。

損 益 計 算 書

○○商店　　令和○年1月1日から令和○年12月31日まで

費　　用	金　額	収　　益	金　額
売 上 原 価	3,300,000	売 上 高	4,500,000
給　　料	440,000	受 取 手 数 料	34,000
貸倒引当金繰入	10,000		
減 価 償 却 費	20,000		
支 払 家 賃	60,000		
保 険 料	30,000		
支 払 利 息	4,000		
有価証券評価損	30,000		
当 期 純 利 益	640,000		
	4,534,000		4,534,000

貸 借 対 照 表

○○商店　　　　令和○年12月31日

資　　産		金　額	負債および純資産	金　額
現　　金		187,000	買 掛 金	400,000
当座預金		300,000	借 入 金	50,000
売 掛 金 500,000			未 払 利 息	2,000
貸倒引当金 15,000		485,000	資 本 金	1,000,000
有価証券		190,000	当 期 純 利 益	640,000
商　　品		800,000		
前払保険料		10,000		
備　　品 200,000				
減価償却累計額 80,000		120,000		
		2,092,000		2,092,000

練習問題

解答 ▶ p.32

29-1 浦和電気器具店（個人企業　決算年1回　12月31日）の総勘定元帳勘定残高と決算整理事項は次のとおりであった。よって，

(1)決算整理仕訳を示しなさい。ただし，繰り延べおよび見越しの勘定を用いること。

(2)損益計算書と貸借対照表を完成しなさい。ただし，貸借対照表は，貸倒引当金・減価償却累計額を控除の形式で示しなさい。

元帳勘定残高

現　　　　金	¥ 834,000	当 座 預 金	¥ 615,000	売 　掛 　金	¥ 1,150,000
貸 倒 引 当 金	14,000	有 価 証 券	432,000	繰 越 商 品	939,000
備　　　　品	495,000	備品減価償却累計額	99,000	支 払 手 形	518,000
買 　掛 　金	886,000	借 入 金	723,000	資 　本 　金	2,000,000
売　　　　上	5,673,000	仕 　　　入	4,700,000	給 　　　料	540,000
支 払 家 賃	144,000	保 険 料	58,000	支 払 利 息	6,000

決算整理事項

　a．期末商品棚卸高　¥1,123,000

　b．貸 倒 見 積 高　売掛金の期末残高に対し，4％と見積もり，貸倒引当金を設定する。

　c．備品減価償却高　¥ 99,000

　d．保 険 料 前 払 高　¥ 21,000

　e．利 息 未 払 高　¥ 30,000

(1)

a	
b	
c	
d	
e	

(2)

損 益 計 算 書

浦和電気器具店　　　令和〇年1月1日から令和〇年12月31日まで

費　　　　　用	金　　額	収　　　　　益	金　　額
売 上 原 価		売 上 高	
給 料			
( )			
( )			
支 払 家 賃			
保 険 料			
支 払 利 息			
( )			

貸 借 対 照 表

浦和電気器具店　　　　　　令和〇年12月31日

資　　　　　産	金　　額	負 債 お よ び 純 資 産	金　　額
現 金		支 払 手 形	
当 座 預 金		買 掛 金	
売 掛 金( )		借 入 金	
貸 倒 引 当 金( )		( )	
有 価 証 券		資 本 金	
商 品		( )	
( )			
備 品( )			
減価償却累計額( )			

29-2 松本商店（個人企業　決算年1回　12月31日）の総勘定元帳勘定残高と決算整理事項等は, 次のとおりであった。よって,

(1)決算整理仕訳を示しなさい。

(2)有価証券勘定・備品減価償却累計額勘定・広告料勘定・保険料勘定に12月31日の記入をおこない, 締め切りなさい。

　　ただし, ⅰ　勘定記入は, 日付・相手科目・金額を示すこと。
　　　　　　ⅱ　繰り延べおよび見越しの勘定を用いて整理すること。

(3)損益計算書と貸借対照表を完成しなさい。

元帳勘定残高

現　　　　金	¥　680,000	当 座 預 金	¥2,133,000	売　掛　金	¥2,040,000
貸 倒 引 当 金	23,000	有 価 証 券	1,020,000	繰 越 商 品	777,000
備　　　　品	1,200,000	備品減価償却累計額	300,000	買　掛　金	1,027,000
借　入　金	998,000	従業員預り金	57,000	資　本　金	4,500,000
売　　　　上	9,009,000	受 取 手 数 料	69,000	仕　　　入	6,412,000
給　　　料	997,000	広　告　料	413,000	支 払 家 賃	90,000
保　険　料	63,000	消 耗 品 費	96,000	支 払 利 息	62,000

決算整理事項等

　　a．期末商品棚卸高　¥945,000
　　b．貸 倒 見 積 高　売掛金の期末残高に対し, 5％と見積もり, 貸倒引当金を設定する。
　　c．備品減価償却高　¥150,000　　　d．有価証券評価高　¥873,000
　　e．広告料未払高　¥ 38,000　　　f．保険料前払高　¥　9,000
　　g．現金の実際有高は¥681,000であり, 原因は不明のため, 差額は雑益とした。

(1)

a				
b				
c				
d				
e				
f				
g				

(2)

有　価　証　券　　5			
	1,020,000		

備品減価償却累計額　　8			
		1/ 1前期繰越	300,000

広　告　料　　17			
	413,000		

保　険　料　　19			
	63,000		

(3)

損　益　計　算　書

松本商店　　　　　令和〇年 1 月 1 日から令和〇年12月31日まで

費　　　　用	金　　額	収　　　　益	金　　額
売　上　原　価		売　　上　　高	
給　　　　料		受　取　手　数　料	
(　　　　　)		(　　　　　)	
(　　　　　)			
広　　告　　料			
(　　　　　)			
保　　険　　料			
消　耗　品　費			
(　　　　　)			
(　　　　　)			
(　　　　　)			

貸　借　対　照　表

松本商店　　　　　　　令和〇年12月31日

資　　　　　　産	金　　額	負債および純資産	金　　額
現　　　　　金		買　　掛　　金	
当　座　預　金		借　　入　　金	
売　　掛　　金(　　　)		(　　　　　)	
貸　倒　引　当　金(　　　)		(　　　　　)	
有　価　証　券		(　　　　　)	
商　　　　　品		(　　　　　)	
(　　　　　)			
備　　　　品(　　　)			
減価償却累計額(　　　)			

29-3 横浜商店（個人企業　決算年1回　12月31日）の総勘定元帳勘定残高と付記事項および決算整理事項等は，次のとおりであった。よって，

(1)付記事項の仕訳を示しなさい。

(2)決算整理仕訳を示しなさい。ただし，繰り延べおよび見越しの勘定を用いること。

(3)損益計算書と貸借対照表を完成しなさい。

元帳勘定残高

現　　　　金	¥ 333,000	当 座 預 金	¥ 1,145,000	受 取 手 形	¥ 1,200,000
売　掛　金	3,300,000	貸 倒 引 当 金	67,000	有 価 証 券	1,400,000
繰 越 商 品	820,000	貸　付　金	560,000	備　　　品	2,000,000
備品減価償却累計額	500,000	土　　　地	3,200,000	支 払 手 形	1,940,000
買　掛　金	1,830,000	資　本　金	8,580,000	引　出　金	300,000
売　　　上	8,720,000	受 取 地 代	160,000	受 取 利 息	15,000
仕　　　入	5,600,000	給　　　料	1,250,000	支 払 家 賃	460,000
保　険　料	135,000	通　信　費	78,000	雑　　　費	24,000
現金過不足（借方残高）	7,000				

付 記 事 項

　①さきに，商品¥200,000を掛けで売り渡したときに，現金で売り渡したように処理してあったので，これを訂正した。

決算整理事項等

　a．期末商品棚卸高は¥760,000である。

　b．貸倒見積高は受取手形と売掛金の期末残高に対し，それぞれ3％と見積もり，貸倒引当金を設定する。

　c．備品の減価償却は，定率法により，毎期の償却率を25％とする。

　d．有価証券は，売買目的で保有している関内商事株式会社の株式200株（1株の帳簿価額¥7,000）であるが，1株につき¥6,600に評価替えする。

　e．郵便切手の未使用分¥13,000を次期に繰り延べる。

　f．受取地代の¥90,000は，本年4月分から翌年3月分までを受け取ったものであり，前受高を次期に繰り延べる。

　g．利息の未収高が¥16,000ある。

　h．現金過不足（借方）の原因は不明のため，雑損とする。

　i．引出金は整理する。

(1)

①		

(2)

a		
b		
c		
d		
e		
f		
g		
h		
i		

(3)

損 益 計 算 書

横浜商店　　　　　　　令和〇年1月1日から令和〇年12月31日まで

費　　用	金　額	収　　益	金　額
売 上 原 価		売 上 高	
給 料		受 取 地 代	
（　　　　）		受 取 利 息	
（　　　　）			
支 払 家 賃			
保 険 料			
通 信 費			
雑 費			
（　　　　）			
（　　　　）			
（　　　　）			

貸 借 対 照 表

横浜商店　　　　　　　令和〇年12月31日

資　　産	金　額	負債および純資産	金　額
現 金		支 払 手 形	
当 座 預 金		買 掛 金	
受 取 手 形（　　　）		（　　　　　）	
貸 倒 引 当 金（　　　）		資 本 金	
売 掛 金（　　　）		（　　　　　）	
貸 倒 引 当 金（　　　）			
（　　　　　）			
商 品			
（　　　　　）			
貸 付 金			
（　　　　　）			
備 品（　　　）			
減価償却累計額（　　　）			
土 地			

29-4 帯広商店（個人企業　決算年1回　12月31日）の総勘定元帳勘定残高と付記事項および決算
◀頻出‼整理事項等は，次のとおりであった。よって，

(1)付記事項の仕訳を示しなさい。

(2)決算整理仕訳を示しなさい。ただし，繰り延べおよび見越しの勘定を用いること。

(3)損益計算書と貸借対照表を完成しなさい。

元帳勘定残高

現 金	¥ 622,000	当 座 預 金	¥ 2,870,000	受 取 手 形	¥ 1,500,000
売 掛 金	2,700,000	貸 倒 引 当 金	36,000	有 価 証 券	1,650,000
繰 越 商 品	860,000	貸 付 金	1,200,000	備 品	1,900,000
備品減価償却累計額	1,140,000	支 払 手 形	1,361,000	買 掛 金	2,800,000
前 受 金	330,000	資 本 金	7,200,000	引 出 金	200,000
売 上	9,140,000	受 取 手 数 料	189,000	仕 入	6,930,000
給 料	923,000	支 払 家 賃	434,000	保 険 料	259,000
消 耗 品 費	70,000	雑 費	78,000		

付記事項

①かねて取引銀行に取り立てを依頼していた約束手形¥500,000が，当座預金に入金されて
いたが，記帳していなかった。

決算整理事項等

a．期末商品棚卸高　¥940,000

b．貸倒見積高　受取手形と売掛金の期末残高に対し，それぞれ5％と見積もり，貸倒
引当金を設定する。

c．備品減価償却高　定額法による。ただし，残存価額は零（0）耐用年数は5年とする。

d．有価証券評価高　売買を目的として保有する次の株式について，時価によって評価する。

登別商事株式会社　300株

帳簿価額　1株　¥5,500　時　価　1株　¥5,800

e．消耗品未使用高　¥13,000

f．利息未収高　貸付金に対する1年分の利息は¥36,000で，貸し付けた日から1年後
に受け取ることになっており，9か月分の利息の未収高を次期に見越す。

g．家賃未払高　家賃¥24,000を当期の費用として見越し計上する。

h．現金の実際有高は¥620,000であり，差額は原因不明のため，雑損として処理する。

i．引出金は整理する。

(1)

①		

(2)

a		
b		
c		
d		
e		
f		
g		
h		
i		

(3)

損 益 計 算 書

帯 広 商 店　　　　　　令和○年 1 月 1 日から令和○年12月31日まで

費　　　用	金　　額	収　　益	金　　額
（　　　　　）		（　　　　　）	
給　　料		受 取 手 数 料	
（　　　　　）		（　　　　　）	
（　　　　　）		（　　　　　）	
支 払 家 賃			
保 険 料			
消 耗 品 費			
雑　　費			
（　　　　　）			
（　　　　　）			

貸 借 対 照 表

帯 広 商 店　　　　　　　令和○年12月31日

資　　産	金　　額	負 債 お よ び 純 資 産	金　　額
現　　金		（　　　　　）	
当 座 預 金		買　掛　金	
受 取 手 形（　　）		前　受　金	
（　　　）（　　）		（　　　　　）	
売　掛　金（　　）		資　本　金	
（　　　）（　　）		（　　　　　）	
有 価 証 券			
商　　品			
（　　　　　）			
貸　付　金			
（　　　　　）			
備　　品（　　）			
減価償却累計額（　　）			

検定問題

解答 ▶ p.36

29-5 大阪商店（個人企業 決算年1回 12月31日）の総勘定元帳残高と付記事項および決算整理事項は，次のとおりであった。よって，損益計算書と貸借対照表を完成しなさい。

（第84回改題）

元帳勘定残高

現 金	¥ 492,000	当座預金	¥ 1,430,000	受取手形	¥ 1,750,000
売 掛 金	2,960,000	貸倒引当金	6,000	有価証券	1,380,000
繰越商品	2,080,000	貸付金	1,400,000	備 品	2,400,000
備品減価償却累計額	1,200,000	支払手形	1,100,000	買掛金	2,143,000
仮受金	360,000	従業員預り金	159,000	資本金	8,300,000
売 上	20,700,000	受取利息	42,000	仕 入	16,370,000
給 料	2,448,000	支払家賃	876,000	保険料	259,000
消耗品費	78,000	租税公課	48,000	雑 費	39,000

付記事項

　①仮受金 ¥360,000は，和歌山商店に対する売掛金の回収額であることが判明した。

決算整理事項

　a．期末商品棚卸高　¥2,150,000
　b．貸倒見積高　受取手形と売掛金の期末残高に対し，それぞれ2％と見積もり，貸倒引当金を設定する。
　c．備品減価償却高　定額法による。ただし，残存金額は零（0）耐用年数は6年とする。
　d．有価証券評価高　有価証券は，売買目的で保有している次の株式であり，時価によって評価する。

　　　　　　南北商事株式会社　20株　　時価　1株　¥72,000

　e．消耗品未使用高　¥ 24,000
　f．保険料前払高　保険料のうち¥195,000は，本年5月1日から1年分の保険料として支払ったものであり，前払高を次期に繰り延べる。
　g．利息未収高　¥ 21,000

損　益　計　算　書

大阪商店　　　令和○年1月1日から令和○年12月31日まで

費　　用	金　　額	収　　益	金　　額
売　上　原　価		売　上　高	
給　　料		受　取　利　息	
（　　　　　）		（　　　　　）	
（　　　　　）			
支　払　家　賃			
（　　　　　）			
（　　　　　）			
租　税　公　課			
雑　　費			
（　　　　　）			

貸　借　対　照　表

大阪商店　　　令和○年12月31日

資　　産	金　　額	負債および純資産	金　　額
現　　金		支　払　手　形	
当　座　預　金		（　　　　　）	
受　取　手　形（　　　）		（　　　　　）	
貸倒引当金（　　　）		資　本　金	
売　掛　金（　　　）		（　　　　　）	
貸倒引当金（　　　）			
（　　　　　）			
（　　　　　）			
消　耗　品			
貸　付　金			
（　　　　　）			
未　収　利　息			
備　　品（　　　）			
減価償却累計額（　　　）			

29-6 山陽商店（個人企業　決算年1回　12月31日）の総勘定元帳勘定残高と付記事項および決算
◀頻出!! 整理事項は，次のとおりであった。よって，

(1)総勘定元帳の損益勘定に必要な記入をおこないなさい。

(2)貸借対照表を完成しなさい。 （第80回一部修正）

元帳勘定残高

現　　　　金	¥ 585,000	当座預金	¥ 1,780,000	受取手形	¥ 1,400,000
売　掛　金	1,760,000	貸倒引当金	19,000	有価証券	1,530,000
繰越商品	1,240,000	貸　付　金	1,500,000	備　　　品	3,600,000
備品減価償却累計額	900,000	支払手形	1,340,000	買　掛　金	1,460,000
仮　受　金	160,000	従業員預り金	187,000	資　本　金	7,900,000
売　　　　上	17,200,000	受取手数料	193,000	仕　　　入	12,540,000
給　　　　料	2,328,000	支払家賃	708,000	保　険　料	272,000
消耗品費	79,000	雑　　　費	37,000		

付記事項

①仮受金¥160,000は，尾道商店に対する売掛金の回収額であることが判明した。

決算整理事項

a．期末商品棚卸高　¥ 1,370,000

b．貸倒見積高　受取手形と売掛金の期末残高に対し，それぞれ2％と見積もり，貸倒
　引当金を設定する。

c．備品減価償却高　定率法による。ただし，毎期の償却率を25％とする。

d．有価証券評価高　売買を目的として保有する次の株式について，時価によって評価する。
　　　　福山商事株式会社　30株
　　　　　帳簿価額　1株　¥51,000　　時　価　1株　¥53,000

e．消耗品未使用高　¥　26,000

f．保険料前払高　保険料のうち¥234,000は，本年3月1日からの1年分を支払ったも
　のであり，前払高を次期に繰り延べる。

g．利息未収高　¥　14,000

(1)

総 勘 定 元 帳
損　　　　　益　　　　　　　　　　　31

12/31 仕　　　　　入		12/31 売　　　　　上	
〃 給　　　料		〃 受 取 手 数 料	
〃 （　　　　　）		〃 （　　　　　）	
〃 （　　　　　）		〃 （　　　　　）	
〃 支 払 家 賃			
〃 保 険 料			
〃 消 耗 品 費			
〃 雑　　　費			
〃 （　　　　　）			

(2)

貸 借 対 照 表

山 陽 商 店　　　　　　　　　　令和〇年12月31日

資　　　　　産	金　　額	負債および純資産	金　　額
現　　　金		支 払 手 形	
当 座 預 金		買 掛 金	
受 取 手 形（　　）		（　　　　　）	
貸 倒 引 当 金（　　）		資 本 金	
売 掛 金（　　）		（　　　　　）	
貸 倒 引 当 金（　　）			
有 価 証 券			
商　　　品			
（　　　　　）			
貸 付 金			
（　　　　　）			
（　　　　　）			
備　　品（　　）			
減価償却累計額（　　）			

29-7 岡山商店（個人企業 決算年1回 12月31日）の総勘定元帳残高と付記事項および決算整理
頻出!! 事項は，次のとおりであった。よって，

(1)損益計算書と貸借対照表を完成しなさい。

(2)売上原価の金額を求めなさい。 （第88回改題）

元帳勘定残高

現 金	¥ 198,000	当 座 預 金	¥ 3,632,000	受 取 手 形	¥ 1,800,000
売 掛 金	2,600,000	貸 倒 引 当 金	2,000	有 価 証 券	1,440,000
繰 越 商 品	2,070,000	備 品	2,300,000	備品減価償却累計額	920,000
支 払 手 形	307,000	買 掛 金	1,543,000	借 入 金	2,000,000
前 受 金	60,000	所得税預り金	90,000	資 本 金	7,451,000
売 上	21,701,000	有価証券売却益	52,000	仕 入	17,020,000
給 料	1,794,000	支 払 家 賃	822,000	保 険 料	210,000
消 耗 品 費	61,000	雑 費	80,000	支 払 利 息	99,000

付 記 事 項

①売掛金¥100,000を現金で回収していたが未処理である。

決算整理事項

a. 期末商品棚卸高 ¥1,850,000

b. 貸 倒 見 積 高 受取手形と売掛金の期末残高に対し，それぞれ1％と見積もり，貸倒
引当金を設定する。

c. 備品減価償却高 定率法による。ただし，償却率は40％とする。

d. 有価証券評価高 有価証券は，売買目的で保有している次の株式であり，時価によって
評価する。

倉敷商事株式会社 20株 時価 1株 ¥75,000

e. 消耗品未使用高 未使用分¥45,000を消耗品勘定により繰り延べること。

f. 保険料前払高 保険料のうち¥138,000は，本年7月1日から1年分の保険料として
支払ったものであり，前払高を次期に繰り延べる。

g. 利 息 未 払 高 ¥ 9,000

(1)

損 益 計 算 書

岡山商店　令和○年1月1日から令和○年12月31日まで　　　（単位：円）

費　　　　用	金　　　額	収　　　　益	金　　　額
売 上 原 価		売 上 高	
給　　　料		有 価 証 券 売 却 益	
（　　　　　）		（　　　　　）	
（　　　　　）			
支 払 家 賃			
保 険 料			
（　　　　　）			
雑　　　費			
（　　　　　）			
（　　　　　）			

貸 借 対 照 表

岡山商店　令和○年12月31日　　　（単位：円）

資　　　　産	金　　　額	負 債 お よ び 純 資 産	金　　　額
現　　　金		支 払 手 形	
当 座 預 金		（　　　　　）	
受 取 手 形（　　　）		借 入 金	
貸 倒 引 当 金（　　　）		（　　　　　）	
売 掛 金（　　　）		（　　　　　）	
貸 倒 引 当 金（　　　）		（　　　　　）	
（　　　　　）		資 本 金	
（　　　　　）		（　　　　　）	
消 耗 品			
（　　　　　）			
備 品（　　　）			
減価償却累計額（　　　）			

(2)

売 上 原 価　¥

総合問題Ⅱ

解答 ▶ p.38

1 次の取引の仕訳を示しなさい。ただし，商品に関する勘定は3分法によること。

(1)さきに，富山商店に対する買掛金の支払いのために振り出した約束手形￥750,000について，支払期日の延期を申し出て，同店の承諾を得た。よって，新しい約束手形を振り出して旧手形と交換した。なお，支払期日の延期にともなう利息￥1,500は現金で支払った。

(2)さきに，鹿児島商店から商品代金として受け取っていた同店振り出し，当店あての約束手形について，支払期日の延期の申し出があり，これを承諾した。よって，支払期日の延期にともなう利息￥3,500を加えた新しい手形￥823,500を受け取り，旧手形と交換した。

(3)さきに，取引銀行あてに約束手形を振り出して借り入れた￥2,000,000について，支払期日の延期を申し込み，承諾を得た。よって，新しい約束手形を振り出して旧手形と交換した。なお，支払期日の延期にともなう利息￥21,000は小切手を振り出して支払った。

(4)東西銀行から売掛金の回収として受け取っていた約束手形￥540,000が不渡りになったので，同店に償還請求した。なお，償還請求に要した費用￥3,000を現金で支払った。

(5)前期に商品代金として受け取っていた岐阜商店振り出し，当店あての約束手形￥420,000が不渡りとなり，償還請求の諸費用￥8,000とあわせて岐阜商店に支払請求していたが，本日，全額回収不能となったので，貸し倒れとして処理した。ただし，貸倒引当金勘定の残高が￥360,000ある。

(6)群馬商店は，備品￥380,000を購入し，代金は約束手形を振り出して支払った。

(7)相模商店は，取得原価￥300,000の商品陳列用ケースを￥80,000で売却し，代金は現金で受け取った。なお，この商品陳列用ケースに対する減価償却累計額は￥187,500であり，これまでの減価償却高は間接法で記帳している。

(8)山梨商店は，期首に取得原価￥4,700,000の建物を￥1,200,000で売却し，代金は小切手で受け取り，ただちに当座預金に預け入れた。なお，この建物の売却時における帳簿価額は￥940,000で，減価償却高は間接法で記帳している。

(9)決算にさいし，売買目的で保有している奈良物産株式会社の株式100株（1株あたりの帳簿価額￥5,500）について，時価が1株につき￥4,900に下落したので評価替えした。

(10)現金の実際有高を調べたところ，帳簿残高よりも￥2,000少なかった。よって，帳簿残高を修正して，その原因を調査することにした。

(11)かねて，現金の実際有高を調べていたところ￥61,000であり，帳簿残高は￥56,000であったので，帳簿残高を修正して現金を調査していたが，決算日に，受取利息￥8,000と通信費￥3,000の記入もれであることが判明した。

(12)さきに，東京運送店に発送費￥57,000を支払ったさいに次のような仕訳をしていたが，そのうち￥27,000は，栃木商店から商品を仕入れたさいの引取費用であることがわかったので，これを訂正した。
（借）発　送　費　57,000　　（貸）現　　　金　57,000

(13)神奈川商店から，掛けで売り上げた商品の一部￥35,000が返品されたとき，誤って商品￥35,000を掛けで仕入れたように処理していたことがわかったので，本日，これを訂正した。

(14)決算（年1回　12月31日）にさいし，保険料￥180,000は，本年7月1日からの1年分の保険料であり，前払高を次期に繰り延べる。

(15)決算（年1回　12月31日）にさいし，受取手数料のうち￥72,000は，本年5月から翌年4月分まで受け取ったものであり，前受分を次期に繰り延べる。

(16)期首にあたり，前期から繰り越された未払家賃￥75,000を支払家賃勘定に振り替えた。

(17)埼玉商店（個人企業）は，前期末の決算において，利息の未収高を次のとおり未収利息勘定に振り替えていたが，当期首にあたり，この未収高を再振替した。

	未　収　利　息		
12/31　受取利息	15,000	12/31　次期繰越	15,000
1/ 1　前期繰越	15,000		

2 香川商店の11月20日の略式の伝票から，仕訳集計表を作成して，総勘定元帳の受取手形勘定に転記しなさい。ただし，総勘定元帳の記入は，日付と金額を示せばよい。

入 金 伝 票	
売 掛 金	300,000
受 取 家 賃	53,000
当 座 預 金	180,000
売 上	152,000
売 掛 金	320,000
売 上	265,000
売 掛 金	130,000

振 替 伝 票（借方）		振 替 伝 票（貸方）	
当 座 預 金	321,000	受 取 手 形	321,000
消 耗 品 費	27,000	当 座 預 金	27,000
売 上	20,000	売 掛 金	20,000
受 取 手 形	250,000	売 掛 金	250,000
買 掛 金	18,000	仕 入	18,000
仕 入	360,000	支 払 手 形	360,000
受 取 手 形	350,000	売 上	350,000
支 払 手 形	290,000	当 座 預 金	290,000
当 座 預 金	60,000	受 取 家 賃	60,000
売 掛 金	210,000	売 上	210,000
仕 入	240,000	買 掛 金	240,000
買 掛 金	330,000	支 払 手 形	330,000
売 掛 金	340,000	売 上	340,000
受 取 手 形	408,000	売 上	408,000

出 金 伝 票	
当 座 預 金	270,000
仕 入	140,000
買 掛 金	190,000
仕 入	218,000
買 掛 金	200,000
消 耗 品 費	59,000
消 耗 品 費	37,000
当 座 預 金	225,000

仕 訳 集 計 表
令和○年11月20日

借 方	元丁	勘 定 科 目	元丁	貸 方
		現　　　　　金		
		当 座 預 金		
		受 取 手 形		
		売　　掛　　金		
		支 払 手 形		
		買　　掛　　金		
		売　　　　　上		
		受 取 家 賃		
		仕　　　　　入		
		消 耗 品 費		

総 勘 定 元 帳
受 取 手 形　　　3

1,023,000	420,000

3 徳島商店では3伝票制を採用し，仕入・売上の各取引については，代金の決済条件にかかわらず，すべて，いったん掛け取引として処理する方法によっている。よって，3月4日の略式の伝票を集計し，仕訳集計表を作成しなさい。ただし，下記の取引について，必要な伝票に記入したうえで集計すること。

取　　引
　3月4日　愛媛商店へ商品￥405,000を売り上げ，代金はさきに受け取っていた内金￥85,000を差し引き，残額は小切手で受け取った。

入　金　伝　票	
売掛金(愛媛商店)	130,000
受　取　利　息	20,000
当　座　預　金	80,000
売掛金(高知商店)	177,000
(　　　　)	(　　　)

出　金　伝　票	
消　耗　品　費	16,000
買掛金(広島商店)	210,000
買掛金(岡山商店)	147,000
当　座　預　金	65,000
(　　　　)	(　　　)

振　替　伝　票（借方）		振　替　伝　票（貸方）	
仕　　　入	284,000	買掛金（岡山商店）	284,000
買掛金（岡山商店）	(　　　)	前　払　金	(　　　)
売掛金（愛媛商店）	378,000	売　　　上	378,000
売　　　上	24,000	売掛金（愛媛商店）	24,000
支　払　家　賃	55,000	当　座　預　金	55,000
当　座　預　金	89,000	売掛金（高知商店）	89,000
売掛金（高知商店）	326,000	売　　　上	326,000
受　取　手　形	200,000	売掛金（高知商店）	200,000
買掛金（広島商店）	280,000	支　払　手　形	280,000
仕　　　入	393,000	買掛金（広島商店）	393,000
当　座　預　金	160,000	受　取　手　形	160,000
(　　　)	(　　　)	(　　　)	(　　　)
(　　　)	(　　　)	(　　　)	(　　　)

仕　訳　集　計　表
令和○年3月4日

借　　　方	元丁	勘　定　科　目	元丁	貸　　　方
		現　　　　　金		
		当　座　預　金		
		受　取　手　形		
		売　　掛　　金		
		前　　払　　金		
		支　払　手　形		
657,000		買　　掛　　金		
		前　　受　　金		
		売　　　　　上		
		受　取　利　息		
		仕　　　　　入		
		支　払　家　賃		
		消　耗　品　費		

4 秋田商店（個人企業 決算年1回 12月31日）の総勘定元帳勘定残高と付記事項および決算整理事項は，次のとおりであった。よって，

(1) 付記事項の仕訳と決算整理仕訳を示しなさい。ただし，繰り延べおよび見越しの勘定を用いること。

(2) 損益計算書と貸借対照表を完成しなさい。

元帳勘定残高

現 金	¥ 1,105,200	当 座 預 金	¥ 1,926,200	受 取 手 形	¥ 1,500,000
売 掛 金	2,837,000	貸 倒 引 当 金	7,000	有 価 証 券	1,890,000
繰 越 商 品	333,000	備 品	1,400,000	備品減価償却累計額	700,000
支 払 手 形	852,000	買 掛 金	1,262,900	借 入 金	800,000
資 本 金	7,000,000	売 上	8,949,000	有価証券売却益	100,000
仕 入	5,469,200	給 料	2,340,000	発 送 費	90,400
支 払 家 賃	408,000	保 険 料	238,000	租 税 公 課	102,400
雑 費	13,500	支 払 利 息	18,000		

付記事項

①高知商店に対する売掛金¥137,000が，当店の当座預金口座に振り込まれていたが，記帳していなかった。

決算整理事項

a．期末商品棚卸高 ¥321,000

b．貸倒見積高 受取手形と売掛金の期末残高に対し，それぞれ1％と見積もり，貸倒引当金を設定する。

c．備品減価償却高 定額法による。ただし，残存価額は零（0） 耐用年数は5年である。

d．有価証券評価高 有価証券は，売買目的で保有している次の株式であり，時価によって評価する。

　　　　沖縄産業株式会社 600株 時価 1株 ¥3,300

e．保険料前払高 保険料のうち¥168,000は，本年6月1日から1年分の保険料として支払ったものであり，前払高を次期に繰り延べる。

f．利息未払高 ¥ 7,000

(1)

付記事項の仕訳

①		

決算整理仕訳

a		
b		
c		
d		
e		
f		

損 益 計 算 書

秋田商店　　　令和○年1月1日から令和○年12月31日まで　　　（単位：円）

費　　　用	金　　額	収　　　益	金　　額
売 上 原 価		売 上 高	
給　　　料		（　　　　　）	
（　　　　　）		（　　　　　）	
（　　　　　）			
発 送 費			
支 払 家 賃			
保 険 料			
租 税 公 課			
雑 費			
（　　　　）			
（　　　　）			

貸 借 対 照 表

秋田商店　　　令和○年12月31日　　　（単位：円）

資　　　産	金　　額	負債および純資産	金　　額
現　　　金		支 払 手 形	
当 座 預 金		買 掛 金	
受 取 手 形（　　）		（　　　　）	
貸倒引当金（　　）		借 入 金	
売 掛 金（　　）		資 本 金	
貸倒引当金（　　）		当 期 純 利 益	
有 価 証 券			
（　　　　）			
（　　　　）			
備 品（　　）			
減価償却累計額（　　）			

5 島根商店（個人企業　決算年1回　12月31日）の総勘定元帳勘定残高と決算整理事項等は，次のとおりであった。よって，精算表を完成させなさい。ただし，繰り延べおよび見越しの勘定を用いること。

元帳勘定残高

現　　　　金	¥ 1,219,600	当 座 預 金	¥ 2,588,000	受 取 手 形	¥ 842,000
売　掛　金	1,968,000	貸倒引当金	6,000	有 価 証 券	1,590,000
繰 越 商 品	408,000	備　　　品	2,650,000	備品減価償却累計額	954,000
支 払 手 形	760,000	買　掛　金	1,492,000	借　入　金	870,000
資　本　金	7,028,000	引　出　金	342,000	売　　　上	8,570,000
受 取 地 代	180,000	有価証券売却益	255,000	仕　　　入	5,988,000
給　　　料	1,412,000	発　送　費	173,500	支 払 家 賃	504,000
保　険　料	318,000	租 税 公 課	79,000	雑　　　費	24,400
支 払 利 息	17,500	現 金 過 不 足	9,000		

決算整理事項等

a．期末商品棚卸高　¥392,000
b．貸倒見積高　受取手形と売掛金の期末残高に対し，それぞれ2％と見積もり，貸倒引当金を設定する。
c．備品減価償却高　定率法による。ただし，毎期の償却率は20％とする。
d．有価証券評価高　有価証券は，売買目的で保有している次の株式であり，時価によって評価する。
　　　　広島産業株式会社　100株　時価　1株　¥16,200
e．保険料前払高　保険料のうち¥126,000は，本年9月1日から1年分の保険料として支払ったものであり，前払高を次期に繰り延べる。
f．地代前受高　¥36,000
g．利息未払高　¥12,500
h．現金過不足は雑益として処理する。
i．引出金は整理する。

精　算　表

令和〇年12月31日

勘定科目	残高試算表		整理記入		損益計算書		貸借対照表	
	借　方	貸　方	借　方	貸　方	借　方	貸　方	借　方	貸　方
現　　　金								
当 座 預 金								
受 取 手 形								
売 　掛 　金								
貸倒引当金								
有 価 証 券								
繰 越 商 品								
備　　　品								
備品減価償却累計額								
支 払 手 形								
買 　掛 　金								
借 　入 　金								
資 　本 　金								
引 　出 　金								
売　　　上								
受 取 地 代								
有価証券売却益								
仕　　　入								
給　　　料								
発 　送 　費								
支 払 家 賃								
保 　険 　料								
租 税 公 課								
雑　　　費								
支 払 利 息								
現金過不足								
貸倒引当金繰入								
減価償却費								
有価証券評価（　）								
（　　）保険料								
（　　）地代								
（　　）利息								
（　　　　）								
当期純（　　）								

第5章　本支店間の取引

30 本店・支店間の取引

①支店会計の独立

本店と支店のある企業で，支店が独立の会計組織をもち，独自に記帳して決算をおこなうことを**支店会計の独立**という。支店会計が独立している場合には，本支店間または支店相互間に貸借関係が生じるため，この貸借関係は，本店では**支店勘定**，支店では**本店勘定**を設けて記帳する。

本支店間の取引では，本店における支店勘定と支店における本店勘定には同一金額で貸借反対に記入されるので，それぞれの勘定残高は貸借反対で一致する。

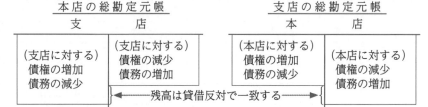

②本支店間の取引の記帳

本店が支店に商品を送付したときは，次のように仕訳する。

［本店の仕訳］（借）支　　　店　×××　　　（貸）仕　　　入　×××
［支店の仕訳］（借）仕　　　入　×××　　　（貸）本　　　店　×××

なお，支店が二つ以上あるときの支店勘定は，A支店勘定，B支店勘定などとする。

このほかにも，本支店間の取引には次のようなものがある。

●送金取引
●商品の発送取引
●債権および債務の決済取引
●費用の立て替え，収益の受領取引
●支店の当期純損益　　　など

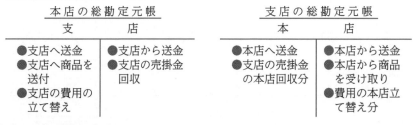

③支店の純損益の記帳

支店が決算にさいして純損益を計上したときは，次のように仕訳する。ここでは，純利益を計上した場合を示す。

［支店の仕訳］（借）損　　　益　×××　　　（貸）本　　　店　×××
［本店の仕訳］（借）支　　　店　×××　　　（貸）損　　　益　×××

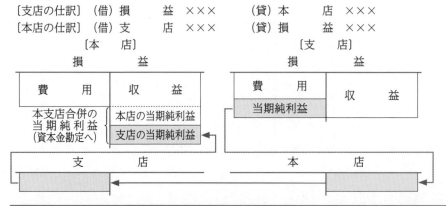

練習問題

解答 ▶ p.41

30-1　支店会計が独立している場合の次の各取引について，本店および支店のおこなう仕訳を示しなさい。ただし，商品に関する勘定は3分法によること。

(1)本店は現金￥480,000を支店の当座預金口座に振り込み，支店はこの通知を受けた。

本店		
支店		

(2)本店は支店に商品￥350,000（原価）を送付し，支店はこれを受け取った。

本店		
支店		

(3)支店は本店の仕入先に対する買掛金￥270,000を小切手を振り出して支払い，本店はこの通知を受けた。

本店		
支店		

(4)本店は支店の売掛金￥540,000を現金で受け取り，支店はこの通知を受けた。

本店		
支店		

(5)支店は本店の広告料￥63,000を現金で立て替え払いし，本店はこの通知を受けた。

本店		
支店		

30-2　支店会計が独立している大宮商会（個人企業）の次の取引について，本店と支店のおこなう仕訳を示しなさい。ただし，商品に関する勘定は3分法によること。

(1)本店は支店に現金￥120,000と商品￥180,000（原価）を送付し，支店はこれを受け取った。
(2)支店は現金￥430,000を本店の当座預金口座に振り込み，本店はこの通知を受けた。
(3)本店は支店振り出しの約束手形の代金￥650,000を小切手を振り出して支払い，支店はこの通知を受けた。

(1)	本店		
	支店		
(2)	本店		
	支店		
(3)	本店		
	支店		

30-3　支店会計が独立している深谷商会（個人企業）の次の取引について，本店と支店のおこなう仕訳を示しなさい。
(1)支店は本店の買掛金¥280,000を小切手を振り出して支払い，本店はこの通知を受けた。
(2)支店は本店従業員の旅費¥190,000を現金で立て替え払いし，本店はこの通知を受けた。
(3)支店は決算の結果，当期純利益¥770,000を計上し，本店はこの通知を受けた。

(1)	本店		
	支店		
(2)	本店		
	支店		
(3)	本店		
	支店		

検 定 問 題

解答 ▶ p.41

30-4　次の取引の仕訳を示しなさい。ただし，商品に関する勘定は3分法によること。
(1)茨城商店の本店は，通信費¥18,000を現金で支払った。ただし，このうち¥6,000は支店の負担分である。（本店の仕訳）　（第86回）

(2)秋田商会の本店は，広告料¥300,000を現金で支払った。ただし，このうち¥120,000は支店の負担分である。（本店の仕訳）　（第91回）

(3)関西商会の本店は，支店の得意先に対する売掛金¥280,000を現金で回収し，支店にこの通知をした。（本店の仕訳）　（第84回）

(4)埼玉商会の本店は，支店に送付した商品のうちに品違いがあったので，原価¥21,000の商品の返送を受けた。（本店の仕訳）　（第82回，類題第77回）

(5)富山商店の本店は，決算の結果，支店が当期純利益¥240,000を計上したとの通知を受けた。（本店の仕訳）　（第90回）

(6)東西商店の本店は，決算の結果，支店が当期純損失¥90,000を計上したとの通知を受けた。（本店の仕訳）　（第93回，類題第88回）

31 支店相互間の取引

1 本店集中計算制度

支店が2店舗以上設けられている場合，支店相互間の取引も，すべて本店との取引と考えて記帳する方法を，**本店集中計算制度**という。この方法によれば，すべての支店相互間の取引を本店で知ることができる。

2 支店間取引の記帳

A支店は，B支店に現金を送金し，B支店はこれを受け取り，本店はこの通知を受けた。このときは，次のように仕訳する。

〔A支店の仕訳〕（借）本　店　××　　　（貸）現　金　××
〔B支店の仕訳〕（借）現　金　××　　　（貸）本　店　××
〔本店の仕訳〕（借）B支店　××　　←　（貸）A支店　××

```
現　金　××  A支店　××
B支店　××  現　金　××
```

```
           報告          本　店          報告
          ◀──────────            ──────────▶

              B支店　××／A支店　××
              支店相互間の取引を把握できる。

   A支店 ──────────── 実際の取引 ────────────▶ B支店
```

本　店　××／現　金　××　　　　　　　　　現　金　××／本　店　××
本店に現金を送金したと考える。　　　　　　本店から現金を受け取ったと考える。

```
──────────── 本店の総勘定元帳 ────────────
        A 支 店                    B 支 店
          │ B支店 ××          A支店 ×× │

 ── A支店の総勘定元帳 ──        ── B支店の総勘定元帳 ──
        本　　店                    本　　店
   現　金 ×× │                         │ 現　金 ××
```

練習問題

解答 ▶ p.42

31-1 次の取引について，東京本店および各支店の仕訳を示しなさい。
ただし，ⅰ　本店集中計算制度をとっている。
　　　　ⅱ　支店間の取引について，本店は通知を受けたものとする。
　　　　ⅲ　商品に関する勘定は3分法によること。
(1)水戸支店は小山支店に商品¥680,000（原価）を送付し，小山支店はこれを受け取った。

水戸支店		
小山支店		
本　店		

(2)前橋支店は現金￥*600,000*を浦和支店に送付し，浦和支店はこれを受け取った。

前橋支店		
浦和支店		
本　　店		

(3)厚木支店は千葉支店の買掛代金￥*340,000*を現金で支払い，千葉支店はこの通知を受けた。

厚木支店		
千葉支店		
本　　店		

(4)甲府支店は静岡支店の売掛代金￥*700,000*を現金で回収し，静岡支店はこの通知を受けた。

甲府支店		
静岡支店		
本　　店		

(5)新潟支店は富山支店従業員の旅費￥*80,000*を現金で立て替え払いした。富山支店はこの通知を受けた。

新潟支店		
富山支店		
本　　店		

(6)金沢支店は福井支店振り出しの約束手形の代金￥*490,000*を小切手を振り出して支払い，福井支店はこの通知を受けた。

金沢支店		
福井支店		
本　　店		

(7)秋田支店は，青森支店から送付された商品￥*700,000*（原価）のうちに，不良品￥*50,000*があったので，青森支店に返品した。

秋田支店		
青森支店		
本　　店		

検定問題

解答 ▶ p.42

31-2 次の取引の仕訳を示しなさい。

◀頻出!!(1)宮城商会の本店は，白石支店が仙台支店に現金￥180,000を送付したとの通知を受けた。ただし，本店集中計算制度を採用している。（本店の仕訳）　　　　　　　　　　　（第85回）

(2)愛媛商店の松山支店は，現金￥500,000を宇和島支店の当座預金口座に振り込んだ。ただし，本店集中計算制度を採用している。（松山支店の仕訳）　　　　　　　　　　　（第81回）

(3)北海道商店の旭川支店は，日高支店に商品￥90,000（原価）を発送した。ただし，本店集中計算制度を採用している。（旭川支店の仕訳）　　　　　　　　　　　（第78回）

(4)長崎商店の佐世保支店は，島原支店が発送した商品￥390,000（原価）を受け取った。ただし，本店集中計算制度を採用している。（佐世保支店の仕訳）　　　　　　　（第94回，類題第87回）

(5)島根商会の本店は，米子支店が支払った旅費￥90,000のうち，半額は松江支店の負担分であるとの通知を受けた。ただし，本店集中計算制度を採用している。（本店の仕訳）
　　　　　　　　　　　　　　　　　　　　　　　　　　　　　　　　　　（第60回，類題第56回）

(6)石川商店の本店は，高岡支店から，黒部支店の得意先福井商店に対する売掛金￥760,000を，同店振り出しの小切手で回収したとの通知を受けた。ただし，本店集中計算制度を採用している。（本店の仕訳）　　　　　　　　　　　（第83回一部修正）

(7)岐阜商会の本店は，高山支店が大垣支店の仕入先に対する買掛金￥530,000を現金で支払ったとの通知を受けた。ただし，本店集中計算制度を採用している（本店の仕訳）　（第89回）

(8)和歌山商会の本店は，白浜支店の売掛金￥260,000と勝浦支店の売掛金￥150,000を小切手で回収し，ただちに当座預金としたときに，誤って，次のような仕訳をしていたので，本日，これを訂正した。ただし，本店集中計算制度を採用している。（本店の仕訳）　（第45回）
（借）当　座　預　金　410,000　　　　（貸）売　　掛　　金　410,000

第6章　本支店財務諸表の合併

㉜ 本支店の貸借対照表・損益計算書の合併

①未達取引の整理と本支店勘定残高の一致

本店・支店の一方が他方に現金・商品などを送付し，決算日までに他方に到着していないときや，一方の立て替えや預かりの通知が，決算日までに他方に到着していないときは，支店勘定の残高と本店勘定の残高が一致しないことになる。この場合には，その原因を調査して，未記帳になっている側が，未達事項が到達したものとして，該当する勘定の金額を加減する。

未達事項

例1　支店から本店に送付した現金¥50,000が本店に未達である。*

〔本店側の整理〕　（借）現　　　金 50,000　（貸）支　　店 50,000

支	店
850,000	50,000 ◀

例2　本店で立て替え払いした支店負担の広告料が¥30,000ある。

〔支店側の整理〕　（借）広 告 料 30,000　（貸）本　　店 30,000

本	店
	770,000
	▶ 30,000

これらの整理の結果，支店勘定の借方残高と本店勘定の貸方残高は，ともに¥800,000となり，貸借反対に一致した。

（注）ここでは，未達取引の整理を，仕訳と総勘定元帳への転記の形で示したが，未達取引がわかるのは，帳簿を締め切った後になるので，実際には，貸借対照表・損益計算書の金額を直接訂正する。

＊未達取引の仕訳では，手元の現金や商品と区別するために，未達現金勘定・未達商品勘定を用いて処理する場合もある。

②本支店合併後の貸借対照表・損益計算書の作成

本支店合併後の貸借対照表・損益計算書を作成するときは，次のことに注意する。

(1)未達取引の整理で仕訳した仕入は，貸借対照表では商品に，損益計算書では仕入高・期末商品棚卸高に加えて表示する。

(2)支店勘定と本店勘定は，残高が貸借反対に一致しており，また，企業内部の貸借関係を示すものなので，表示しない。

練 習 問 題

解答 ▶ p.43

32-1 米原商会本店の支店勘定残高と，支店の本店勘定残高は，次のように不一致であった。
その不一致の原因は，次のような未達事項にもとづくものであることがわかった。よって，
(1)本店または支店が総勘定元帳の勘定残高を修正するためにおこなう整理を，仕訳の形で示しなさい。

◀頻出!!(2)支店勘定残高と本店勘定残高は，いくらで一致するかを答えなさい。

支	店		本	店
3,560,000				3,090,000

未 達 事 項

a．本店から支店に送付した現金¥150,000が未達である。

b．本店から支店に発送した原価¥250,000の商品が未達である。

c．支店で本店の従業員の旅費¥70,000を立て替え払いしたが，この通知が本店に未達である。

(1)

a	（　　）店		
b	（　　）店		
c	（　　）店		

(2)支店・本店勘定残高は　¥ [　　　　　　　]　で一致する。

32-2 川崎商店の本店および支店の貸借対照表と未達事項は次のとおりであった。よって，

(1)未達事項の整理を仕訳の形式で示しなさい。

(2)支店勘定と本店勘定に記入し，支店勘定残高と本店勘定残高の一致額を求めなさい。なお，各勘定には金額のみ記入すればよい。

(3)本支店合併後の貸借対照表を作成しなさい。

本店 貸借対照表

現　　金	426,000	支払手形	738,000
受取手形	624,000	買掛金	812,000
売掛金	1,096,000	資本金	4,080,000
商　　品	513,000	当期純利益	393,000
建　　物	1,524,000		
備　　品	408,000		
支　　店	1,432,000		
	6,023,000		6,023,000

支店 貸借対照表

現　　金	224,000	支払手形	471,000
受取手形	469,000	買掛金	493,000
売掛金	399,000	本　　店	878,000
商　　品	362,000		
備　　品	252,000		
当期純損失	136,000		
	1,842,000		1,842,000

未達事項

a．本店から支店に送った現金￥132,000が，支店に未達である。

b．本店から支店に送った商品￥210,000（原価）が，支店に未達である。

c．支店において本店の買掛金￥158,000を支払ったが，この通知が本店に未達である。

d．支店において本店従業員の出張旅費￥54,000を立て替え払いしたが，この通知が本店に未達である。

(1)

a	（　　）店		
b	（　　）店		
c	（　　）店		
d	（　　）店		

(2)

支　　　　店		本　　　　店	
1,432,000			878,000

￥　　　　　　で一致

(3)

貸　借　対　照　表

川崎商店　　　　　　　令和○年12月31日

資　　　産	金　　額	負債および純資産	金　　額

32-3 船橋商店の本店と支店の貸借対照表および未達事項は次のとおりである。
　　(1)未達事項の整理を仕訳の形で示しなさい。
　　(2)未達事項の整理によって支店勘定残高と本店勘定残高の一致する金額を示しなさい。
　　(3)本支店合併後の貸借対照表を作成しなさい。

本店　貸借対照表

資産	金額	負債・純資産	金額
現　　　金	726,000	支 払 手 形	1,290,000
当 座 預 金	1,845,000	買　掛　金	2,968,000
受 取 手 形	1,092,000	資　本　金	9,000,000
売　掛　金	3,075,000	当期純利益	631,000
商　　　品	1,084,000		
建　　　物	2,940,000		
備　　　品	600,000		
支　　　店	2,527,000		
	13,889,000		13,889,000

支店　貸借対照表

資産	金額	負債・純資産	金額
現　　　金	121,000	買　掛　金	1,130,000
当 座 預 金	1,134,000	本　　　店	1,932,000
売　掛　金	1,348,000	当期純利益	261,000
商　　　品	504,000		
備　　　品	216,000		
	3,323,000		3,323,000

未 達 事 項

　　a．本店から支店に送った商品¥400,000（原価）が，支店に未達である。
　　b．支店から本店に送った現金¥289,000が，本店に未達である。
　　c．本店で支店の売掛金¥165,000を回収していたが，この通知が支店に未達である。
　　d．支店で本店の旅費¥71,000を立て替え払いしたが，この通知が本店に未達である。

(1)

		借方	貸方
a	(支)店	商　品 400,000	本　店 400,000
b	(本)店	現　金 289,000	支　店 289,000
c	(支)店	本　店 165,000	売掛金 165,000
d	(本)店	旅　費 71,000	支　店 71,000

(2)支店勘定残高と本店勘定残高の一致する額　　¥ 2,167,000

(3)
貸 借 対 照 表
船 橋 商 店　　　　　令和○年12月31日

資　　産	金　　額	負債および純資産	金　　額
現　　　金	1,136,000	支 払 手 形	1,290,000
当 座 預 金	2,979,000	買　掛　金	4,098,000
受 取 手 形	1,092,000	資　本　金	9,000,000
売　掛　金	4,258,000	当期純利益	821,000
商　　　品	1,988,000		
建　　　物	2,940,000		
備　　　品	816,000		
	15,209,000		15,209,000

32-4 高崎商店の本店と支店の損益計算書および未達事項は次のとおりである。よって，同商店の本支店合併後の損益計算書を作成しなさい。

本 店 損 益 計 算 書

売上原価	4,483,000	売 上 高	7,067,000
給 料	873,000		
旅 費	403,000		
広 告 料	174,000		
貸倒引当金繰入	63,000		
減価償却費	183,000		
保 険 料	82,000		
通 信 費	129,000		
雑 費	45,000		
当期純利益	632,000		
	7,067,000		7,067,000

支 店 損 益 計 算 書

売上原価	2,427,000	売 上 高	2,740,000
給 料	277,000	当期純損失	126,000
広 告 料	52,000		
貸倒引当金繰入	46,000		
減価償却費	36,000		
通 信 費	19,000		
雑 費	9,000		
	2,866,000		2,866,000

未 達 事 項
 a．本店から支店に発送した商品¥297,000（原価）が支店に未達である。
 b．支店で立て替え払いした本店従業員の旅費¥78,000の通知が本店に未達である。
 c．本店で立て替え払いした支店負担の広告料¥33,000の通知が支店に未達である。

損 益 計 算 書

高 崎 商 店　　令和○年1月1日から令和○年12月31日まで

費　用	金　額	収　益	金　額
売 上 原 価	6,613,000	売 上 高	9,807,000
給 料	1,150,000		
旅 費	481,000		
広 告 料	259,000		
貸倒引当金繰入	109,000		
減価償却費	219,000		
保 険 料	82,000		
通 信 費	148,000		
雑 費	54,000		
当期純利益	692,000		
	9,807,000		9,807,000

検定問題

解答 ▶ p.45

32-5 山形商店（個人企業）における本店・支店の損益計算書と未達事項および本支店合併後の損
頻出‼ 益計算書によって，次の金額を計算しなさい。ただし，未達事項整理前の本店における支店勘
定の残高は￥971,000（借方），支店における本店勘定の残高は￥675,000（貸方）である。

(第82回一部修正)

a．支店勘定残高と本店勘定残高の一致額　　b．本店損益計算書の受取手数料（アの金額）
c．本支店合併後の当期純利益（イの金額）

本店　損益計算書
令和○年1月1日から令和○年12月31日まで

費　用	金　額	収　益	金　額
売上原価	3,026,000	売上高	（　　　）
給　料	684,000	受取手数料	（　ア　）
旅　費	148,000		
減価償却費	120,000		
雑　費	12,000		
当期純利益	490,000		
	4,480,000		4,480,000

支店　損益計算書
令和○年1月1日から令和○年12月31日まで

費　用	金　額	収　益	金　額
売上原価	1,700,000	売上高	2,500,000
給　料	342,000	受取手数料	18,000
旅　費	114,000		
減価償却費	80,000		
雑　費	8,000		
当期純利益	274,000		
	2,518,000		2,518,000

未達事項

①本店から支店に発送した商品￥217,000（原価）が，支店に未達である。

②支店で本店の買掛金￥95,000を支払ったが，この通知が本店に未達である。

③支店で本店の旅費￥35,000を立て替え払いしたが，この通知が本店に未達である。

④本店で支店受取分の手数料￥51,000を受け取ったが，この通知が支店に未達である。

［本支店合併後の損益計算書］
損益計算書
山形商店　令和○年1月1日から令和○年12月31日まで

費　用	金　額	収　益	金　額
売上原価	（　　　）	売上高	（　　　）
給　料	1,026,000	受取手数料	99,000
旅　費	（　　　）		
減価償却費	200,000		
雑　費	20,000		
当期純利益	（　イ　）		
	（　　　）		（　　　）

a	支店勘定残高と本店勘定残高の一致額	￥	b	本店損益計算書の受取手数料（アの金額）　￥
c	本支店合併後の当期純利益（イの金額）　￥			

32-6 島根商店（個人企業　決算年1回　12月31日）の下記の資料によって，次の金額を計算しなさい。　　　　　　　　　　　　　　　　　　　　　　　　　　　　　　　　（第88回）

　　　　　　　a．支店勘定残高と本店勘定残高の一致額　　　　b．本支店合併後の仕入高

資　　料
　i　元帳勘定残高（一部）

	本　店	支　店
繰 越 商 品	¥ 916,000	¥ 523,000
支　　　店	570,000（借方）	———
本　　　店	———	476,000（貸方）
売　　　上	6,520,000	3,240,000
仕　　　入	4,742,000	2,273,000

　ii　付記事項
　　①本店から支店に発送した商品A¥65,000（原価）がまだ支店に到着しておらず，支店側で未処理であった。
　　②支店から本店に発送した商品B¥29,000（原価）がまだ本店に到着しておらず，本店側で未処理であった。
　iii　決算整理事項（一部）
　　期末商品棚卸高　　本店　¥837,000（付記事項の商品は含まれていない。）
　　　　　　　　　　　支店　¥512,000（付記事項の商品は含まれていない。）

a	支店勘定残高と本店勘定残高の一致額	¥	b	本支店合併後の仕入高	¥

32-7 支店会計が独立している難波商店（個人企業　決算年1回　12月31日）に関する下記の資料によって，次の金額を計算しなさい。　　　　　　　　　　　　　　　　（第87回）

　　　　　　　a．支店勘定残高と本店勘定残高の一致額　　　　b．本支店合併後の買掛金

資　　料
　i　12月30日における元帳勘定残高（一部）

	本　店	支　店
買　掛　金	¥ 621,000	¥ 517,000
支　　　店	903,000（借方）	———
本　　　店	———	816,000（貸方）

　ii　12月31日における本支店間の取引
　　①本店は，支店の広告料¥24,000を現金で立て替え払いした。
　　　支店は，その報告を受けた。
　　②本店は，支店の買掛金¥59,000を現金で支払った。
　　　支店は，その報告を受けた。
　　③支店は，本店が12月29日に支店へ送付していた商品¥87,000を受け取った。
　iii　12月31日における本支店間以外の取引
　　①支店は，支店の仕入先，吹田商店から商品¥195,000を仕入れ，代金は1月31日に支払うこととした。

a	支店勘定残高と本店勘定残高の一致額	¥	b	本支店合併後の買掛金	¥

総合問題Ⅲ

解答 ▶ p.46

1 　長野商店（個人企業　決算年1回　12月31日）の総勘定元帳勘定残高と付記事項および決算整理事項は，次のとおりであった。よって，

(1)付記事項の仕訳を示しなさい。

(2)決算整理仕訳を示しなさい。ただし，繰り延べおよび見越しの勘定を用いること。

(3)総勘定元帳の損益勘定に必要な記入をおこないなさい。

(4)貸借対照表を完成しなさい。

元帳勘定残高

現　　　　金	¥　792,000	当 座 預 金	¥ 2,540,000	電子記録債権	¥ 2,000,000
売　 掛　 金	2,400,000	貸 倒 引 当 金	42,000	有 価 証 券	1,640,000
繰 越 商 品	1,840,000	備　　　　品	2,000,000	備品減価償却累計額	500,000
電子記録債務	860,000	買　 掛　 金	1,190,000	借　 入　 金	1,400,000
従業員預り金	300,000	資　 本　 金	8,000,000	売　　　　上	9,940,000
受 取 手 数 料	291,000	仕　　　　入	5,530,000	給　　　　料	2,580,000
支 払 家 賃	770,000	保　 険　 料	221,000	租 税 公 課	75,000
雑　　　　費	79,000	支 払 利 息	56,000		

付 記 事 項

①甲府商店に対する売掛金¥300,000が当店の当座預金口座に振り込まれていたが，記帳していなかった。

決算整理事項

　a．期末商品棚卸高　¥1,920,000

　b．貸 倒 見 積 高　電子記録債権と売掛金の期末残高に対し，それぞれ3％と見積もり，貸倒引当金を設定する。

　c．備品減価償却高　定率法により，毎期の償却率を25％とする。

　d．有価証券評価高　有価証券は，売買を目的として保有する大月商事株式会社の株式200株（帳簿価額　1株　¥8,200）であり，1株につき¥8,600に評価替えする。

　e．収入印紙未使用高　未使用分¥28,000を次期に繰り延べる。

　f．保険料前払高　保険料のうち¥156,000は，本年6月1日に1年分を支払ったものであり，前払高を次期に繰り延べる。

　g．家 賃 未 払 高　家賃¥70,000を当期の費用として見越し計上する。

(1)

①		

(2)

a		
b		
c		
d		
e		
f		
g		

(3)

総 勘 定 元 帳
損　　　　　益
24

12/31	仕　　　　入		12/31	売　　　　　　　上	
〃	給　　　　料		〃	受 取 手 数 料	
〃	（　　　　　）		〃	（　　　　　　　　）	
〃	（　　　　　）				
〃	支 払 家 賃				
〃	保　険　料				
〃	租 税 公 課				
〃	雑　　　　費				
〃	支 払 利 息				
〃	（　　　　　）				

(4)

貸 借 対 照 表
長野商店　　　　　　令和○年12月31日

資　　　　　産	金　　額	負債および純資産	金　　額
現　　　　金		電 子 記 録 債 務	
当 座 預 金		買　掛　金	
電 子 記 録 債 権（　　）		借　入　金	
貸 倒 引 当 金（　　）		従 業 員 預 り 金	
売　掛　金（　　）		（　　　　　）	
貸 倒 引 当 金（　　）		資　本　金	
有 価 証 券		（　　　　　）	
商　　　品			
（　　　　）			
（　　　　）			
備　　　品（　　）			
減価償却累計額（　　）			

2 北陸商店（個人企業　決算年1回　12月31日）の総勘定元帳勘定残高と付記事項および決算整
◀頻出‼理事項は，次のとおりであった。よって，

(1)付記事項の仕訳を示しなさい。

(2)決算整理仕訳を示しなさい。ただし，繰り延べおよび見越しの勘定を用いること。

(3)損益計算書および貸借対照表を完成しなさい。　　　　　　　　　　（第73回一部修正）

元帳勘定残高

現　　　金	¥ 894,000	当 座 預 金	¥ 2,850,000	受 取 手 形	¥ 1,650,000
売 掛 金	3,050,000	貸 倒 引 当 金	16,000	有 価 証 券	936,000
繰 越 商 品	1,170,000	備　　　品	2,700,000	備品減価償却累計額	900,000
支 払 手 形	1,300,000	買 掛 金	1,261,000	借 入 金	800,000
従業員預り金	230,000	資 本 金	8,000,000	売　　　上	17,340,000
受 取 手 数 料	154,000	仕　　　入	12,630,000	給　　　料	2,550,000
支 払 家 賃	948,000	保 険 料	149,000	消 耗 品 費	430,000
雑　　　費	35,000	支 払 利 息	9,000		

付 記 事 項

①当期首に購入した備品B ¥300,000を消耗品費勘定で処理していたので，これを修正する。

決算整理事項

a．期末商品棚卸高　¥1,280,000

b．貸 倒 見 積 高　受取手形と売掛金の期末残高に対し，それぞれ2％と見積もり，貸倒引
当金を設定する。

c．備品減価償却高　備品について，次のとおり定額法によって，減価償却をおこなう。

備品A　取得原価 ¥2,700,000　残存価額 零 (0)　耐用年数　6年

備品B　取得原価 ¥ 300,000　残存価額 零 (0)　耐用年数　4年

d．有価証券評価高　有価証券は，売買目的で保有している次の株式であり，時価によって評
価する。

金沢商事株式会社　12株　　時 価　1株　¥72,000

e．保険料前払高　保険料のうち¥87,000は，本年9月からの1年分を支払ったものであり，
前払高を次期に繰り延べる。

f．手数料未収高　¥ 10,000

g．利 息 未 払 高　¥ 2,000

(1)

①	

(2)

a	
b	
c	
d	
e	
f	
g	

(3)

損 益 計 算 書

北 陸 商 店　　令和○年1月1日から令和○年12月31日まで

費　　　　用	金　　　額	収　　　　益	金　　　額
売 上 原 価		売 上 高	
給　　　料		受 取 手 数 料	
（　　　　　）			
（　　　　　）			
支 払 家 賃			
保 険 料			
消 耗 品 費			
雑　　　費			
支 払 利 息			
（　　　　）			
（　　　　）			

貸 借 対 照 表

北 陸 商 店　　令和○年12月31日

資　　　　　　産	金　　　額	負債および純資産	金　　　額
現　　　金		支 払 手 形	
当 座 預 金		買 掛 金	
受 取 手 形（　　）		借 入 金	
貸倒引当金（　　）		従 業 員 預 り 金	
売 掛 金（　　）		（　　　　　）	
貸倒引当金（　　）		（　　　　　）	
有 価 証 券		（　　　　　）	
商　　　品			
（　　　　）			
（　　　　）			
備　　品（　　）			
減価償却累計額（　　）			

第7章　株式会社の設立・開業と株式の発行

33 株式会社の資本金

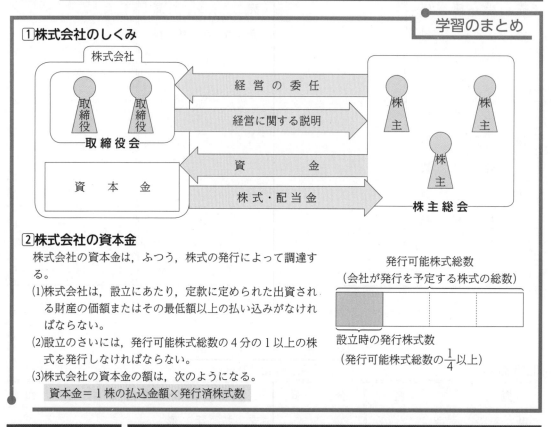

学習のまとめ

①株式会社のしくみ

②株式会社の資本金

株式会社の資本金は，ふつう，株式の発行によって調達する。

(1)株式会社は，設立にあたり，定款に定められた出資される財産の価額またはその最低額以上の払い込みがなければならない。

(2)設立のさいには，発行可能株式総数の4分の1以上の株式を発行しなければならない。

(3)株式会社の資本金の額は，次のようになる。

資本金＝1株の払込金額×発行済株式数

練 習 問 題

解答 ▶ p.48

33-1 次の取引の仕訳を示しなさい。

(1)定款に，発行可能株式総数を株式4,000株と定めた株式会社山形商会は，設立にさいし1,000株を1株あたり¥50,000で発行し，全額の引き受け・払い込みを受けて，払込金は当座預金とした。

(2)定款に，発行可能株式総数を株式10,000株と定めた熊本産業株式会社は，設立にあたり，4,000株を1株¥50,000で発行し，全額の引き受け・払い込みを受けて出島銀行の当座預金とした。

(3)定款に，発行可能株式総数を株式2,000株と定めた平戸工業株式会社は，設立にあたり，発行可能株式総数の4分の1の株式を1株につき¥50,000で発行し，全額の引き受け・払い込みを受けて佐世保銀行の当座預金とした。

34 資本準備金

学習のまとめ

1 資本準備金

株式の払込金額のうち，2分の1を最高限度額とし，**資本準備金勘定**（純資産）で処理し，資本金に計上しないことができる。

例1 会社設立にさいし，株式200株を1株¥60,000で発行し，全額の引き受け・払い込みを受け，払込金は当座預金とした。ただし，1株の払込金額のうち¥10,000を資本金に計上しないことにした。

（借）当 座 預 金 12,000,000 （貸）資 本 金 10,000,000
資 本 準 備 金 2,000,000

例2 新株の発行にあたり，株式100株を1株¥50,000で発行し，全額の引き受け・払い込みを受け，払込金は当座預金とした。ただし，1株の払込金額のうち2分の1を資本金に計上しないことにした。

（借）当 座 預 金 5,000,000 （貸）資 本 金 2,500,000
資 本 準 備 金 2,500,000

練習問題

解答 ▶ p.48

34-1 次の取引の仕訳を示しなさい。

(1)福岡商事株式会社は，新株の発行にあたり，株式1,000株を1株¥80,000で発行し，全額の引き受け・払い込みを受け，払込金は当座預金とした。ただし，1株の払込金額のうち¥40,000は資本金に計上しないことにした。

(2)岡山商事株式会社は，設立にさいし株式300株を1株につき¥60,000で発行し，全額の引き受け・払い込みを受け，払込金は当座預金とした。ただし，1株の払込金額のうち¥10,000は資本金に計上しないことにした。

検定問題

解答 ▶ p.48

34-2 次の取引の仕訳を示しなさい。

千葉商事株式会社は，あらたに株式100株を1株につき¥100,000で発行し，全額の引き受け・払い込みを受け，払込金は当座預金とした。ただし，1株の払込金額のうち¥50,000は資本金に計上しないことにした。 （第39回一部修正）

35 創立費・開業費・株式交付費

学習のまとめ

①創立費
発起人が立て替え払いした会社設立のための諸費用（設立のさいの株式発行費用も含む）や発起人の報酬などを，会社設立後に発起人に支払ったときは，**創立費勘定**（費用）の借方に記入する。
（借）創　立　費　×××　（貸）当座預金など　×××

②開業費
会社設立後，実際の営業を開始するまでに，広告宣伝費・通信費・交通費などを支払ったときは，**開業費勘定**（費用）の借方に記入する。
（借）開　業　費　×××　（貸）当座預金など　×××

③株式交付費
あらたに株式を発行するときに，通信費・株式募集費などを支払ったときは，**株式交付費勘定**（費用）の借方に記入する。
（借）株式交付費　×××　（貸）当座預金など　×××

練習問題

解答 ▶ p.48

35-1 次の取引の仕訳を示しなさい。
(1)岡山商事株式会社は会社設立の手続きが完了し，発起人が立て替えていた諸費用¥740,000を，小切手を振り出して支払った。

(2)南平台商事株式会社は会社設立にさいし，株式の発行に要した諸費用¥900,000を小切手を振り出して支払った。

35-2 次の取引の仕訳を示しなさい。
(1)沖縄工業株式会社は会社設立後，開業までの給料や広告料などの諸費用¥400,000を小切手を振り出して支払った。

(2)株式会社都城商会では，開業事務が終わって本日から営業を開始した。よって，本日までの開業準備のための諸費用¥350,000を小切手を振り出して支払った。

35-3 次の取引の仕訳を示しなさい。
(1)笹塚商事株式会社は事業拡張のために，株式を発行し，そのための諸費用¥300,000を小切手を振り出して支払った。

(2)日南物産株式会社はあらたに株式800株を発行するにあたって，株式の発行に要した費用¥480,000を小切手を振り出して支払った。

35-4 次の取引の仕訳は誤っている。正しい仕訳を示しなさい。

(1)株式会社長野産業は，設立手続きが完了し，準備のために発起人が立て替えていた諸費用¥380,000を小切手を振り出して支払った。

（借）開　業　費　　380,000　　（貸）当　座　預　金　　380,000

(2)日向商事株式会社は，会社設立にあたり株式900株を1株¥80,000で発行し，全額の払い込みを受け，西都銀行の当座預金とした。ただし，払込金額のうち，1株につき¥30,000は，資本金に計上しないことにした。また，株式の発行のために要した諸費用¥510,000は現金で支払った。

（借）当　座　預　金　72,000,000　　（貸）資　　本　　金　54,000,000
　　　　　　　　　　　　　　　　　　　　資　本　準　備　金　18,000,000
　　　株　式　交　付　費　　510,000　　　　現　　　　金　　510,000

検 定 問 題　　　　　　　　　　　　　　　　　　　　　　　解答 ▶ p.48

35-5 次の取引の仕訳を示しなさい。

(1)静岡商事株式会社は，会社設立後，開業準備のために事務所を借り，その諸費用¥200,000を現金で支払った。
（第59回一部修正，類題第55回）

◀頻出!!(2)高知産業株式会社は，設立にさいし，株式500株を1株につき¥80,000で発行し，全額の引き受け・払い込みを受け，払込金は当座預金とした。ただし，1株の払込金額のうち¥40,000は資本金に計上しないことにした。なお，設立に要した諸費用¥530,000は小切手を振り出して支払った。
（第93回，類題第81・85回）

◀頻出!!(3)京都商事株式会社は，事業拡張のため，あらたに株式800株を1株につき¥29,000で発行し，全額の引き受け・払い込みを受け，払込金は当座預金とした。ただし，1株の払込金額のうち¥14,500は資本金に計上しないことにした。なお，この株式の発行に要した諸費用¥360,000は小切手を振り出して支払った。
（第95回，類題第79・83回）

(4)新潟商事株式会社は，企業規模拡大のために発行した株式の発行費用¥760,000を小切手を振り出して支払った。
（第87回）

第8章　当期純損益の計上と剰余金の配当・処分

36 当期純利益の計上と剰余金の配当および処分

①決算のときの記帳

株式会社では，決算の結果，損益勘定で算出された純利益を**繰越利益剰余金勘定**（純資産）の貸方に振り替える（個人企業では，資本金勘定の貸方に振り替える）。

　　（借）損　　　　益　×××　　　　（貸）繰越利益剰余金　×××

②株主総会のときの記帳

株主総会で，この繰り越された剰余金の配当および処分が決議されたときは，繰越利益剰余金勘定の残高を，諸項目の勘定の貸方に振り替える。

　　（借）繰越利益剰余金　×××　　　　（貸）利 益 準 備 金*×××
　　　　　　　　　　　　　　　　　　　　未 払 配 当 金　×××…負債勘定

　　　　　　　　　　　　　　　　　　　　配当金＝1株あたり配当金×発行済株式数

　　　　　　　　　　　　　　　　　　　　新 築 積 立 金　×××
　　　　　　　　　　　　　　　　　　　　配当平均積立金　×××
　　　　　　　　　　　　　　　　　　　　別 途 積 立 金　×××

＊繰越利益剰余金から配当する場合，配当金の10分の1を，資本準備金と利益準備金の合計額が資本金の4分の1に達するまで計上しなければならない。

練習問題

解答 ▶ p.49

36-1　次の一連の取引の仕訳を示しなさい。ただし，決算は年1回　3月31日とする。

3/31　博多商事株式会社（発行済株式数 200株）は第1期決算の結果，当期純利益¥2,000,000を計上した。

5/28　上記剰余金¥2,000,000を次のように配当および処分することが株主総会で決議された。

　　　利益準備金　　¥80,000　　　　　　　　配　当　金　　¥800,000
　　　新築積立金　　¥200,000　　　　　　　　別途積立金　　¥230,000

5/30　配当金の支払いを，小切手を振り出して取引銀行に依頼した。

3/31　第2期決算の結果，当期純利益¥2,300,000を計上した。

3/31		
5/28		
5/30		
3/31		

36-2 次の取引の仕訳を示しなさい。
(1)小倉産業株式会社は，第1期決算の結果，当期純利益¥2,890,000を計上した。
(2)上記について，株主総会で次のとおり繰越利益剰余金を配当および処分することを決議した。
ただし，繰越利益剰余金勘定の貸方残高が¥2,890,000ある。

利益準備金 ¥ 150,000　　　配 当 金 ¥1,500,000
新築積立金 ¥ 630,000

(1)		
(2)		

36-3 次の取引の仕訳を示しなさい。
株式会社豊前商会では，昨日の株主総会で決議した配当金¥4,000,000の支払いを，取引銀行に依頼し，同額の小切手を振り出した。

36-4 次の一連の取引の仕訳を示しなさい。ただし，決算は年1回　3月31日とする。
3/31　筑後工業株式会社〔発行済株式数8,000株　決算年1回　中間配当なし〕は，第3期決算の結果，当期純利益¥63,500,000を計上した。なお，繰越利益剰余金勘定の貸方残高が¥1,620,000ある。
5/25　上記について，株主総会において，繰越利益剰余金を，次のとおり配当および処分することを決議した。ただし，繰越利益剰余金勘定の貸方残高が¥65,120,000ある。

利益準備金（配当金の10分の1）　　配当金1株につき¥6,000
新築積立金　¥4,000,000　　　　　配当平均積立金　¥1,500,000
別途積立金　¥2,300,000

5/30　配当金の支払いを，小切手を振り出して鳥栖銀行に依頼した。
3/31　第4期決算の結果，当期純利益¥46,000,000を計上した。

3/31		
5/25		
5/30		
3/31		

検定問題

解答 ▶ p.49

36-5 次の取引の仕訳を示しなさい。

◀頻出‼(1)宮崎物産株式会社は，株主総会において，繰越利益剰余金を次のとおり配当および処分することを決議した。ただし，繰越利益剰余金勘定の貸方残高は¥4,890,000である。　　(第77回)

利 益 準 備 金	¥420,000	配 当 金	¥4,200,000
別 途 積 立 金	¥190,000		

◀頻出‼(2)宮崎商事株式会社は，決算の結果，当期純利益¥1,720,000を計上した。

(第94回，類題第84・85回)

◀頻出‼(3)東海物産株式会社（発行済株式数2,900株）は，株主総会において，繰越利益剰余金を次のとおり配当および処分することを決議した。ただし，繰越利益剰余金勘定の貸方残高は¥3,045,000である。　　(第83回)

利益準備金　¥203,000　　配当金　1株につき¥700　　新築積立金　¥400,000

(4)福島商事株式会社は，株主総会で決議された配当金¥4,300,000の支払いを全商銀行に委託し，小切手を振り出して支払った。　　(第85回)

(5)北西商事株式会社は，決算の結果，当期純損失¥837,000を計上した。　　(第87回)

◀頻出‼(6)徳島商事株式会社（発行済株式総数7,500株）は，株主総会において，繰越利益剰余金を次のとおり配当および処分することを決議した。ただし，繰越利益剰余金勘定の貸方残高は¥3,000,000である。　　(第93回，類題第86回・88回)

利益準備金　¥150,000　　配当金　1株につき¥200　　別途積立金　¥1,250,000

③⑦ 当期純損失の計上と損失の処理

① 決算のときの記帳

株式会社では，決算の結果，損益勘定で算出された純損失を**繰越利益剰余金勘定**の借方に振り替える（個人企業では，資本金勘定の借方に振り替える）。

(借) 繰越利益剰余金　×××　　　　(貸) 損　　　　　益　×××

② 株主総会のときの記帳

株主総会で，繰越利益剰余金勘定の処理が決議されたときは，繰越利益剰余金勘定の借方残高を，損失処理の諸項目の勘定の借方に振り替える。

繰越利益剰余金勘定の借方残高は，①任意積立金，②利益準備金，③その他資本剰余金，④資本準備金を取り崩しててん補する。

(借) 配 当 平 均 積 立 金　×××　　　(貸) 繰越利益剰余金　×××
　　　別 途 積 立 金　×××

練習問題

解答 ▶ p.49

37-1 次の取引の仕訳を示しなさい。

(1)熊本海運株式会社は，決算の結果，当期純損失￥3,210,000を計上した。

(2)久留米産業株式会社は，株主総会で繰越利益剰余金勘定の借方残高￥1,750,000を，次のように処理することを決議した。
　別途積立金￥990,000を取り崩し，残額は次期に繰り越す。

(3)①山梨商会株式会社は，第5期決算の結果，当期純損失￥700,000を計上した。
　　ただし，繰越利益剰余金勘定の貸方残高が￥300,000ある。

　②山梨商会株式会社は株主総会において，繰越利益剰余金勘定の借方残高￥400,000を処理するため，新築積立金￥200,000を取り崩しててん補することを決議した。なお，残額は次期に繰り越した。

　③山梨商会株式会社は，第6期決算の結果，当期純損失￥600,000を計上した。

(4)千葉産業株式会社は，株主総会において，繰越利益剰余金勘定の借方残高￥1,800,000を処理するため，別途積立金￥1,500,000を取り崩しててん補することを決議した。なお，残額は次期へ繰り越す。

37-2 次の一連の取引の仕訳を示し，繰越利益剰余金勘定に転記して締め切りなさい。ただし，勘定には，日付・相手科目・金額を記入すること。なお，決算は年1回　6月30日とする。

6/30　秋田物産株式会社では，決算の結果，当期純損失￥1,210,000を計上した。

8/23　株主総会で繰越利益剰余金勘定の残高を，次の積立金で処理することを決議した。

　　　配当平均積立金　￥650,000　　　別途積立金　￥350,000

6/30　決算の結果，当期純損失￥1,400,000を計上した。

6/30	
8/23	
6/30	

繰 越 利 益 剰 余 金

			7/ 1 前 期 繰 越	210,000

検定問題

解答 ▶ p.49

37-3 次の取引の仕訳を示しなさい。

(1)熊本商事株式会社は，第22期決算の結果，当期純損失￥1,780,000を計上した。

（第33回一部修正）

◀頻出!!(2)北西物産株式会社は，決算の結果，当期純損失￥520,000を計上した。　（第82回）

(3)西南物産株式会社は，株主総会において，繰越利益剰余金勘定の借方残高￥1,900,000を処理するため，別途積立金￥1,730,000を取り崩しててん補することを決議した。なお，残額は次期に繰り越す。　（第58回一部修正）

◀頻出!!(4)北東商事株式会社は，決算の結果，当期純損失￥417,000を計上した。　（第78回）

第9章 株式会社の税務

38 株式会社の税金

学習のまとめ

①株式会社に関する税金の種類

株式会社が支払う税金は，次のように，個人企業の「所得税」に代わって，「法人税」が入るだけで，そのほかは個人企業の場合と同じである。

(1)税法上，費用と認められない税金……法人税・住民税・事業税（所得課税分）

(2)税法上，費用と認められる税金……事業税(外形標準課税分)・固定資産税・自動車税・印紙税など

((2)に属する税金の記帳は，事業税を除いて3級で学んだ個人企業の場合と同じである。)

②年1回決算の会社の法人税・住民税の記帳

(1)事業年度開始6か月後から2か月以内に，税務署長などに法人税・住民税の中間申告をし，6か月の仮決算の結果である純利益をもとにして計算した法人税・住民税額，または前事業年度の法人税・住民税額の2分の1を納付する。このときは，**仮払法人税等勘定**（資産）に記入する。

（借）仮 払 法 人 税 等　　4,000　　　　（貸）現 金 な ど　　4,000

(2)決算日に，純利益をもとにして法人税・住民税の納付額を計上する。このときは，その額を**法人税等勘定**に記入するとともに，その計上額から仮払法人税等額を差し引いた残額を，**未払法人税等勘定**（負債）に記入する。

（借）法 人 税 等　　10,000　　　　（貸）仮 払 法 人 税 等　　4,000
　　　　　　　　　　　　　　　　　　　　　　未 払 法 人 税 等　　6,000

(3)事業年度終了後2か月以内に，税務署長などに法人税・住民税の確定申告をし，中間申告のさい納付した税額を差し引いた金額を納付する。この納付額は未払法人税等勘定の減少となる。

（借）未 払 法 人 税 等　　6,000　　　　（貸）現 金 な ど　　6,000

③事業税の記帳

所得に課税される事業税は，上記②のように法人税・住民税とあわせて**仮払法人税等・法人税等・未払法人税等勘定**で処理する。

練習問題

解答 ▶ p.50

38-1 次の一連の取引の仕訳を示しなさい。

3/31 東京物産株式会社（決算年1回）は，決算日にあたり，当期の法人税額を¥1,650,000と見積もった。ただし，中間申告で法人税額¥800,000を納付している。

5/25 渋谷税務署に法人税の確定申告をし，小切手¥850,000を振り出して納付した。

3/31		
5/25		

38-2 次の取引の仕訳を示しなさい。

横浜産業株式会社（決算年1回）は，法人税・住民税及び事業税の中間申告をおこない，次の合計額を現金で納付した。　法人税・住民税合計額　¥535,000　事業税額　¥165,000

38-3 次の一連の取引の仕訳を示しなさい。

11/25　佐世保商事株式会社（決算年1回　3月末）は，中間申告をおこない，前年度の法人
税・住民税及び事業税の合計額¥1,600,000の2分の1を小切手を振り出して納付した。

3/31　決算にあたり，当期の法人税・住民税及び事業税の合計額¥1,750,000を計上した。

5/22　法人税・住民税及び事業税の確定申告をおこない，中間申告のさいの納付額を差し引
いた¥950,000を，小切手を振り出して納付した。

11/25		
3/31		
5/22		

38-4 次の一連の取引の仕訳を示しなさい。

(1)決算年1回の津久見工業株式会社は，法人税・住民税の中間申告をおこない，法人税額
¥465,000　住民税額¥102,000を現金で納付した。

(2)決算にあたり，当期の法人税¥950,000　住民税¥170,000を計上した。

(3)確定申告をおこない，中間申告のさいの納付額を差し引き，未払額を現金で支払った。

(1)		
(2)		
(3)		

検定問題

解答 ▶ p.50

38-5 次の取引の仕訳を示しなさい。

◀頻出‼(1)福岡商事株式会社（決算年1回）は，中間申告をおこない，前年度の法人税・住民税及び事業
税の合計額¥980,000の2分の1を小切手を振り出して納付した。　（第94回，類題第81回・88回）

◀頻出‼(2)和歌山物産株式会社は，法人税・住民税及び事業税の確定申告をおこない，決算で計上した
法人税等¥1,048,000から中間申告のさいに納付した¥425,000を差し引いた額を，本日，現
金で納付した。　（第95回，類題第84回・87回）

◀頻出‼(3)群馬商事株式会社（決算年1回）は，決算にあたり，当期の法人税・住民税及び事業税の合
計額¥2,600,000を計上した。ただし，中間申告のさい¥1,400,000を納付しており，仮払法人
税等勘定で処理している。　（第93回，類題第86回）

総合問題IV

解答 ▶ p.50

1 次の各文の（　）にあてはまるもっとも適当な語を，下記の語群のなかから選び，その番号を（　）のなかに記入しなさい。

(1)株式会社は，設立にあたり発行可能株式総数の（　　）以上の株式を発行しなくてはならない。

(2)株式会社の設立時に要した株式の発行費用は（　　）勘定で処理し，設立後あらたに発行した株式の発行費用は（　　）勘定で処理する。

(3)株式会社が株式を発行する場合，発行価額の（　　）以内で，（　　）として資本金に計上しないことができる。

(4)株主総会の決議により，（　　）勘定が貸方残高の場合は（　　）・（　　）などに配当および処分することができる。

(5)株式会社に関する税金のうち，税法上，費用と認められない税金には（　　）・（　　）がある。

語群							
1	10分の1	2	4分の1	3	3分の1	4	2分の1
5	配当金	6	資本準備金	7	利益準備金	8	創立費
9	開業費	10	法人税	11	住民税	12	印紙税
13	株式交付費	14	社債発行費	15	雑費	16	繰越利益剰余金

2 次の取引のそれぞれの場合の仕訳を示しなさい。

(1)福江商事株式会社は決算の結果，当期純利益¥1,200,000を計上した。

　a．ただし，繰越利益剰余金勘定の貸方残高が¥250,000ある。

　b．ただし，繰越利益剰余金勘定の借方残高が¥200,000ある。

(2)松浦産業株式会社は決算の結果，当期純損失¥1,700,000を計上した。

　a．ただし，繰越利益剰余金勘定の貸方残高が¥500,000ある。

　b．ただし，繰越利益剰余金勘定の借方残高が¥900,000ある。

(1)	a		
	b		
(2)	a		
	b		

3 次の取引の仕訳を示しなさい。

(1)北海道商事株式会社は事業拡張のため，株式100株を1株につき¥120,000で発行し，全額の引き受け・払い込みを受け，払込金は当座預金とした。ただし，1株の発行価額のうち2分の1は資本金に計上しないことにした。なお，この株式の発行に要した諸費用¥400,000は小切手を振り出して支払った。

(2)山形産業株式会社は，設立にさいし，株式600株を 1 株につき¥*70,000*で発行し，全額の引き受け・払い込みを受け，払込金は当座預金とした。ただし， 1 株の払込金額のうち¥*30,000*は資本金に計上しないことにした。なお，設立に要した諸費用¥*280,000*は小切手を振り出して支払った。

(3)秋田商事株式会社は，会社設立後，開業準備のための諸費用¥*310,000*を小切手を振り出して支払った。

(4)青森商事株式会社は，事業規模拡大のため，あらたに株式500株を 1 株につき¥*80,000*で発行し，全額の引き受け・払い込みを受け，払込金は当座預金とした。ただし， 1 株の払込金額のうち¥*25,000*は資本金に計上しないことにした。なお，この株式の発行に要した諸費用¥*330,000*は小切手を振り出して支払った。

(5)資本金¥*10,000,000*（発行済株式数200株）の株式会社東海商会は，株主総会で繰越利益剰余金について，次のとおり配当および処分することを決議した。ただし，繰越利益剰余金勘定の貸方残高が¥*1,850,000*ある。

    利益準備金　配当金の10分の 1 　　　　　配　当　金　 1 株につき¥*3,500*
    別途積立金　¥*500,000*

(6)茨城産業株式会社（決算年 1 回）は，中間申告をおこない，前年度の法人税・住民税及び事業税の合計額¥*1,480,000*の 2 分の 1 を小切手を振り出して納付した。

(7)群馬産業株式会社は，決算にあたり，当期の法人税と住民税の合計額¥*1,070,000*を計上した。ただし，中間申告のさい¥*570,000*を納付している。

(8)栃木商事株式会社は，法人税・住民税及び事業税の確定申告をおこない，決算で計上した法人税等の額から中間申告のさいに納付した額を差し引いた¥*960,000*を現金で納付した。

第10章　形式別復習問題

39 仕訳の問題

解答 ▶ p.51

39-1 次の取引の仕訳を示しなさい。ただし，商品に関する勘定は3分法によること。

(1)茨城商店は，取得原価￥600,000の商品陳列用ケースを￥200,000で売却し，代金は現金で受け取り，ただちに当座預金に預け入れた。なお，この商品陳列用ケースに対する減価償却累計額は￥360,000であり，これまでの減価償却高は間接法で記帳している。

(2)かねて商品代金として受け取っていた長崎商店振り出し，当店あての約束手形￥450,000について，同店からの支払延期の申し出を受け，これを承諾して新しい約束手形と交換した。なお，支払延期に伴う利息￥9,000は現金で受け取った。

(3)約束手形を振り出して延岡商店から￥500,000を借り入れていたが，返済期日となったので，利息￥4,000とともに小切手を振り出して返済し，手形を受け取った。

(4)電子記録債権￥780,000を取引銀行で割り引くために電子債権記録機関に譲渡記録の請求を行い，割引料を差し引かれた手取金￥764,400が当社の当座預金口座に振り込まれた。

(5)群馬商店（個人企業）は，店舗兼住宅の土地・建物に対する固定資産税￥540,000の納税通知書を受け取り，ただちに店の現金で納付した。ただし，この税金のうち3分の1は家計の負担分である。

(6)福岡百貨店は，商品￥600,000をクレジットカード払いの条件で販売した。なお，クレジット会社への手数料（販売代金の4％）を計上した。

(1)		
(2)		
(3)		
(4)		
(5)		
(6)		

39-2 次の取引の仕訳を示しなさい。ただし，商品に関する勘定は3分法によること。

(1)所有する土地700㎡（帳簿価額￥87,500,000）を1㎡あたり￥130,000で売却し，代金は約束手形で受け取った。

形式別復習問題

(2)古河商店は商品￥412,500（消費税￥37,500を含む）を売り渡し，代金は掛けとした。ただし，消費税の処理方法は税抜方式により，仮受消費税勘定を用いている。

(3)売買目的で保有している中津商事株式会社の株式300株（1株の帳簿価額　￥6,000）を1株につき￥6,700で売却し，代金は現金で受け取り，ただちに当座預金とした。

(4)かねて，現金の実際有高を調べたところ￥24,000であり，帳簿残高が￥21,000であったので，帳簿残高を修正して不一致の原因を調査していたが，決算日に，受取手数料￥6,000と通信費￥4,000の記入漏れであることが判明した。なお，残額については，原因が判明しないので雑益とした。

(5)取得原価￥4,600,000の土地を￥5,300,000で売却し，代金のうち￥3,000,000は小切手で受け取り，残額は月末に受け取ることにした。

(6)水戸商店は，商品￥69,000を売り渡し，代金のうち￥40,000は，東西百貨店が発行した商品券で受け取り，残額は現金で受け取った。

(7)さきに，国分商店に対する買掛金のために振り出した約束手形￥750,000について，支払期日の延期を申し出て，同店の承諾を得た。よって，支払期日の延期にともなう利息￥9,000を加えた新しい手形を振り出し，旧手形と交換した。

(8)かねて，取引銀行で割り引いた大口商店振り出し，当店あての約束手形￥600,000が不渡りとなり，銀行から償還請求を受けた。よって，手形代金と期日以後の利息および償還請求費用￥2,000をともに小切手を振り出して支払い，ただちに大口商店に償還請求をおこなった。

(9)かねて受け取っていた国見商店振り出しの約束手形￥800,000を，取引銀行で割り引き，割引料￥8,000を差し引かれた手取金は，当座預金とした。

39-3 次の一連の取引の仕訳を示しなさい。ただし，商品に関する勘定は 3 分法によること。

(1)石垣商店は，那覇商店から売掛金の回収として同店振り出し石垣商店あて額面￥350,000の約束手形を受け取った。

(2)沖縄商店は，石垣商店に商品￥750,000を売り渡し，代金の一部として上記手形の裏書譲渡を受け，すでに受け取ってある内金￥100,000を差し引いた残額は掛けとした。

(3)沖縄商店は，満期に，上記手形の取り立てを取引銀行に委託していたが，不渡りとなったので，石垣商店に償還の請求をした。なお，償還請求のための諸費用￥2,650を現金で支払った。

(4)沖縄商店は，上記の請求金額および満期日以後の利息￥3,350を石垣商店から小切手で支払いを受け，ただちに当座預金とした。

形式別復習問題

(1)	石 垣 商 店		
(2)	沖 縄 商 店		
(3)	沖 縄 商 店		
(4)	沖 縄 商 店		

39-4 本店集中計算制度をとっている株式会社九州商店の，次の取引について，本店および支店の仕訳を示しなさい。ただし，支店勘定は支店名をつけて個別に設けること。

(1)本店は糸満支店に商品￥250,000（原価）を送付し，糸満支店は，これを受け取った。

(2)宮古支店は決算の結果，当期純利益￥195,000を計上したので，これを本店に通知し，本店はこの通知を受け取った。

(3)鹿児島支店は，指宿支店の買掛代金￥165,000を現金で支払い，本店および指宿支店はこの通知を受けた。

(1)	糸 満 支 店		
	本 　 店		
(2)	宮 古 支 店		
	本 　 店		
(3)	鹿児島支店		
	指 宿 支 店		
	本 　 店		

39-5 次の関連する取引の仕訳を示しなさい。
(1)営業用の金庫¥700,000を買い入れ，代金は小切手を振り出して支払った。
(2)第1年目の決算にあたり，減価償却費を定額法によって計上した。ただし，この営業用の金庫の耐用年数は10年，残存価額は零（0）とし，間接法によっている。
(3)第8年目の初頭に，上記の営業用金庫を¥200,000で売却し，代金のうち半額は先方振り出しの小切手で受け取り，残額は月末に受け取ることにした。

(1)		
(2)		
(3)		

39-6 次の取引の仕訳を示しなさい。ただし，商品に関する勘定は3分法によること。
(1)事務用帳簿¥10,000を現金で買い入れたさい，備品勘定で処理していたので，これを訂正した。
(2)阿波商店に掛けで売り渡した商品の一部¥50,000が返品されてきたとき，商品¥50,000を掛けで仕入れたように誤って記帳していたことがわかったので，本日これを訂正した。

(1)		
(2)		

39-7 次の一連の取引の仕訳を示しなさい。
(1)売買目的で青森産業株式会社の株式200株を1株¥6,500で買い入れ，代金は買入手数料¥20,000とともに小切手を振り出して支払った。
(2)上記の青森産業株式会社の株式100株を1株¥6,300で売却し，代金は現金で受け取った。

(1)		
(2)		

39-8 次の一連の取引の仕訳を示しなさい。
(1)海部工業株式会社の株式700株を，1株につき¥6,400で買い入れ，代金は，小切手を振り出して支払った。
(2)決算にあたり，上記の株式を1株につき¥6,100に評価替えした。

(1)		
(2)		

39-9 下記の取引の仕訳を示しなさい。ただし、勘定科目は、次のなかからもっとも適当なものを使用すること。

形式別復習問題

現　　　　　金	当　座　預　金	受　取　手　形	電 子 記 録 債 権
売　　掛　　金	有　価　証　券	未　　収　　金	仮 払 消 費 税
不　渡　手　形	備　　　　　品	備品減価償却累計額	支　払　手　形
電 子 記 録 債 務	買　　掛　　金	未　　払　　金	仮 受 消 費 税
売　　　　　上	受　取　利　息	有価証券売却益	固 定 資 産 売 却 益
仕　　　　　入	電子記録債権売却損	有価証券売却損	固 定 資 産 売 却 損
本　　　　　店	支　　　　　店	富　山　支　店	石　川　支　店

(1)売買目的で高知物産株式会社の額面￥1,600,000の社債を額面￥100につき￥98で買い入れ、代金は買入手数料￥16,000とともに現金で支払った。

(2)秋田商店は、取得原価￥3,000,000の備品を￥1,360,000で売却し、代金は月末に受け取ることにした。なお、この備品の売却時における帳簿価額は￥1,500,000であり、これまでの減価償却高は間接法で記帳している。

(3)長野商会の本店は、石川支店が富山支店の従業員の旅費￥80,000を現金で立て替え払いしたとの通知を受けた。ただし、本店集中計算制度を採用している。（本店の仕訳）

(4)売買目的で保有している福井商事株式会社の株式100株（1株の帳簿価額￥7,000）を1株につき￥8,000で売却し、代金は当店の当座預金口座に振り込まれた。

(3級 第88回、類題3級 第84・86回)

(5)かねて、商品代金として山梨商店から裏書譲渡されていた約束手形が不渡りとなり、手形金額￥800,000と償還請求費用￥4,000をあわせて償還請求していたが、本日、請求金額と期日以後の利息￥5,000を現金で受け取った。

(6)電子記録債権のうち￥137,000を譲渡記録により、仕入先に譲渡し、買掛金と相殺した。

(7)群馬商店は商品￥506,000（消費税￥46,000を含む）を仕入れ、代金は掛けとした。ただし、消費税の処理方法は税抜き方式により、仮払消費税勘定を用いている。

(1)		
(2)		
(3)		
(4)		
(5)		
(6)		
(7)		

39-10 次の取引の仕訳を示しなさい。

(1)高松工業株式会社の創立総会で，設立に関する費用¥5,000,000が承認されたので，小切手を振り出して発起人に支払った。

(2)a．株式会社宇和島商会は，第2期決算の結果¥5,700,000の当期純利益を計上した。なお，繰越利益剰余金勘定の貸方残高が¥300,000ある。
　b．株主総会において，繰越利益剰余金を次のとおり配当および処分することを決議した。ただし，繰越利益剰余金勘定の貸方残高は¥6,000,000である。
　　利益準備金　¥280,000　　配　当　金　¥2,800,000　　別途積立金　¥850,000
　c．配当金¥2,800,000の支払いを銀行に委託し，小切手を振り出した。
　d．第3期決算の結果¥3,500,000の当期純損失を計上した。
　e．株主総会で繰越利益剰余金勘定の借方残高¥1,430,000について次のように決定した。
　　別途積立金¥850,000　利益準備金¥410,000でてん補し，残額は次期に繰り越す。

a		
b		
c		
d		
e		

(3)土佐商事株式会社は，設立にさいし，株式1,000株を1株につき¥70,000で発行し，全額の引き受け・払い込みを受け，払込金は当座預金とした。ただし，1株の払込金額のうち¥20,000は資本金に計上しないことにした。なお，この株式発行のために直接支出した費用¥580,000は，小切手を振り出して支払った。

(4)株式会社丸亀商店は，会社設立後，開業準備のための諸費用¥600,000を小切手を振り出して支払った。

(5)あらたに株式100株を1株につき¥100,000で発行し，払込金は当座預金とした。ただし，1株の払込金額のうち2分の1は資本金に計上しないことにした。

(6)土浦商事株式会社は，事業規模拡大のため，あらたに株式600株を1株につき¥40,000で発行し，全額の引き受け・払い込みを受け，払込金は当座預金とした。なお，この株式の発行に要した諸費用¥470,000は小切手を振り出して支払った。

| | |
| | |

(7)常総フードサービス株式会社は，法人税・住民税及び事業税の確定申告をおこない，決算で計上した法人税等¥5,000,000から中間申告のさいに納付した¥2,800,000を差し引いた額を現金で納付した。

| | |
| | |

(8)株式会社西条商店は，事業規模拡大のため，あらたに発行した株式の，発行に要した諸費用¥450,000を小切手を振り出して支払った。

| | |
| | |

(9)結城観光株式会社（発行済株式総数6,300株）は，株主総会において，繰越利益剰余金を次のとおり配当および処分することを決議した。ただし，繰越利益剰余金の貸方残高は，¥8,000,000である。

利益準備金　¥378,000　　　配　当　金　1株につき¥600　　　別途積立金　¥3,400,000

| | |
| | |

(10)a．決算の結果，法人税¥700,000・住民税¥140,000・事業税¥160,000を計上した。ただし，中間申告で納付した分は，法人税¥280,000・住民税¥56,000・事業税¥64,000である。

　　b．確定申告をおこない，法人税¥420,000・住民税¥84,000・事業税¥96,000を小切手を振り出して納付した。

| a | | |
| b | | |

(11)牛久商事株式会社（決算年1回）は，中間申告をおこない，前年度の法人税・住民税及び事業税の合計額¥850,000の2分の1を小切手を振り出して納付した。

| | |
| | |

形式別復習問題

39-11 下記の取引の仕訳を示しなさい。ただし，勘定科目は，次のなかからもっとも適当なものを使用すること。

現　　　　　金	当　座　預　金	受　取　手　形	売　　掛　　金
仮　　払　　金	仮払法人税等	支　払　手　形	未　　払　　金
未払法人税等	未払配当金	資　　本　　金	資　本　準　備　金
利　益　準　備　金	新　築　積　立　金	別　途　積　立　金	繰越利益剰余金
受　取　利　息	有価証券評価損	創　　立　　費	開　　業　　費
株　式　交　付　費	法　人　税　等	損　　　　　益	

(1)奈良商事株式会社は，事業拡張のため，あらたに株式200株を1株につき¥120,000で発行し，全額の引き受け・払い込みを受け，払込金は当座預金とした。ただし，1株の払込金額のうち，¥60,000は資本金に計上しないこととした。なお，この株式の発行に要した諸費用¥350,000は小切手を振り出して支払った。

(2)水海道商事株式会社は会社設立にさいし，株式の発行に要した諸費用¥1,800,000を小切手を振り出して支払った。

(3)下妻工業株式会社は会社設立後，開業までの給料や広告料などの諸費用¥800,000を小切手を振り出して支払った。

(4)筑西商事株式会社は事業拡張のため株式を発行し，そのための諸費用¥600,000を小切手を振り出して支払った。

(5)福島産業株式会社は，決算の結果，当期純利益¥1,620,000を計上した。

(6)山口物産株式会社は，株主総会において，繰越利益剰余金を次のとおり配当および処分することを決議した。ただし，繰越利益剰余金勘定の貸方残高は¥3,950,000である。
　　利益準備金　¥290,000　　　配当金　¥2,900,000　　　別途積立金　¥380,000

(7)長岡商事株式会社は，法人税・住民税及び事業税の確定申告をおこない¥430,000を現金で納付した。ただし，未払法人税等勘定の残高が¥430,000ある。

(1)	
(2)	
(3)	
(4)	
(5)	
(6)	
(7)	

39-12　下記の取引の仕訳を示しなさい。ただし，勘定科目は，次のなかからもっとも適当なものを使用すること。

現　　　　　金	当 座 預 金	受 取 手 形	売　　掛　　金
仮 払 法 人 税 等	未 払 法 人 税 等	未 払 配 当 金	資　　本　　金
資 本 準 備 金	利 益 準 備 金	別 途 積 立 金	繰 越 利 益 剰 余 金
創　　立　　費	開　　業　　費	株 式 交 付 費	法 人 税 等
損　　　　　益			

(1)定款に，発行可能株式総数8,000株と定めた株式会社桜川商会は，設立にさいし2,000株を1株あたり¥50,000で発行し，全額の引き受け・払い込みを受け，払込金は当座預金とした。

(2)笠間商事株式会社は，新株の発行にあたり，株式2,000株を1株¥40,000で発行し，全額の引き受け・払い込みを受け，払込金は当座預金とした。ただし，1株の払込金額のうち¥20,000は資本金に計上しないことにした。

(3)那珂湊商事株式会社（決算年1回）は，中間申告をおこない，前年度の法人税・住民税及び事業税の合計額¥960,000の2分の1を小切手を振り出して納付した。

(4)秋田商事株式会社（発行済株式総数5,000株）は，株主総会において，繰越利益剰余金を次のとおり配当および処分することを決議した。ただし，繰越利益剰余金勘定の貸方残高は¥5,000,000である。

　　利益準備金　¥200,000　　　配　当　金　1株につき¥400　　　別途積立金　¥1,000,000

(5)北海道産業株式会社は，決算の結果，当期純損失¥5,400,000を計上した。

(6)青森商事株式会社は，株主総会で決議された配当金¥8,600,000の支払いをとうほう銀行に委託し，小切手を振り出して支払った。

(7)岩手商事株式会社（決算年1回）は，決算にあたり，当期の法人税・住民税及び事業税の合計額¥3,140,000を計上した。ただし，中間申告のさい¥1,500,000を納付しており，仮払法人税等で処理している。

(1)		
(2)		
(3)		
(4)		
(5)		
(6)		
(7)		

40 計算問題

解答 ▶ p.53

解答 ▶ p.53

学習のまとめ

1 財産法による純損益計算

財産法によって純損益を計算する場合の基本的な等式は，次のとおりである。

（期末資産－期末負債）－期首純資産＝純利益

この式を書き替えると，次の等式が得られる。

期首純資産＋純利益＝期末純資産

この等式は，追加元入や引出金があるときには，次のようになる。

期首純資産＋追加元入－引出金＋純利益＝期末純資産

2 損益法による純損益計算

損益法によって純損益を計算する場合の基本的な等式は，次のとおりである。

総収益－総費用＝純利益

損益法による純損益計算の過程をくわしく示すと，次のようになる。

(1) 総売上高－（売上返品高＋売上値引高）＝純売上高
(2) 総仕入高－（仕入返品高＋仕入値引高）＝純仕入高
(3) 期首商品棚卸高＋純仕入高－期末商品棚卸高＝売上原価
(4) 純売上高－売上原価＝売上総利益
(5) 売上総利益＋その他の収益－売上原価以外の費用＝純利益

40-1 次の表の空欄に，適当な金額を記入しなさい。（純利益，純損失は一方に記入すること。）

	期首純資産	期末資産	期末負債	期末純資産	総 収 益	総 費 用	純 利 益	純 損 失
(1)	70,000	174,000	90,000		74,000	60,000		
(2)	300,000		400,000	280,000	630,000			
(3)		950,000		357,000		830,000	74,000	

40-2 次の表の空欄に適当な金額を記入しなさい。（当期純損失の場合は－の符号を記入すること。）

	期首商品棚卸高	純仕入高	期末商品棚卸高	売上原価	純売上高	売上総利益	その他の収益	その他の費用	当期純損益
(1)	20,000	70,000	30,000		85,000		10,000	20,000	
(2)	15,000		25,000	35,000	100,000			95,000	−14,000

40-3 姫路商店（個人企業）の下記の資料によって，次の金額を計算しなさい。

a．売上原価　　　b．期末の売掛金

資料

i 資産および負債

	（期首）	（期末）
現　　金	¥ 530,000	¥ 500,000
売 掛 金	720,000	
商　　品	280,000	370,000
買 掛 金	550,000	490,000

ii 期間中の収益および費用

売 上 高　¥5,100,000　　仕 入 高　¥3,600,000　　給　料　¥ 800,000
支 払 家 賃　　500,000　　消耗品費　　80,000　　雑　費　　20,000

iii 期間中の追加元入額　¥ 220,000

iv 期間中の引出金　¥ 50,000

a	売 上 原 価　¥	b	期 末 の 売 掛 金　¥

40-4 中国商店（個人企業）の下記の繰越試算表と資料によって，次の金額を計算しなさい。

（第80回一部修正）

a．期首の負債総額　　b．期末の売掛金

繰　越　試　算　表
令和○年12月31日

借　　　方	勘定科目	貸　　　方
1,415,000	現　　　　金	
（　　　）	売　　掛　　金	
（　　　）	繰　越　商　品	
600,000	備　　　　品	
	買　　掛　　金	832,000
	借　　入　　金	700,000
	資　　本　　金	1,802,000
3,334,000		3,334,000

資　　　　料

i	期　首　の　資　産		
	現　　　金	¥	1,078,000
	売　　掛　　金		892,000
	商　　　品		540,000
	備　　　品		750,000
ii	期間中の掛売上高	¥	8,760,000
iii	期間中の売掛金回収額	¥	8,913,000
iv	期間中の追加元入額	¥	70,000
v	期間中の引出金	¥	190,000
vi	当　期　純　利　益	¥	405,000

a	期首の負債総額　¥	b	期末の売掛金　¥

40-5 山口商店（個人企業）の下記の資料によって，次の金額を計算しなさい。　　（第71回）

a．売　上　原　価　　b．売掛金の貸し倒れ高

資　　　　料

i　売掛金および商品

		（期　首）	（期　末）
売　掛　金	¥	450,000	¥ 409,000
商　　　品		280,000	290,000

ii　売掛金の回収高　¥3,950,000（現　金　¥3,140,000　　約束手形　¥ 810,000）

iii　売掛金の貸し倒れ高　¥☐

iv　期間中の売上高　¥5,030,000（掛　け　¥3,930,000　　現　金　¥1,100,000）

v　期間中の仕入高　¥3,900,000（掛　け　¥2,270,000　　現　金　¥1,630,000）

a	売　上　原　価　¥	b	売掛金の貸し倒れ高　¥

40-6 北陸商店（個人企業）の下記の勘定と資料によって，次の金額を計算しなさい。　　（第76回）

a．期末商品棚卸高　　b．9月27日の引出金（アの金額）

引　　　出　　　金

5/12現　金	90,000	12/31資本金（　　）
9/27現　金（　ア　）		
11/ 8現　金	40,000	
（　　）		（　　）

仕　　　入

	6,700,000	12/31繰越商品（　　）
12/31繰越商品（　　）		〃　損　益（　　）
（　　）		（　　）

資　　　　料

i	期首の資産総額	¥	6,340,000
	（うち商品　¥437,000）		
ii	期首の負債総額	¥	1,800,000
iii	期間中の収益総額	¥	8,870,000
iv	期間中の費用総額	¥	8,605,000
	（うち売上原価　¥6,752,000）		
v	期間中の追加元入額	¥	520,000
vi	期末の資産総額	¥	7,280,000
vii	期末の負債総額	¥	2,130,000

a	期末商品棚卸高　¥	b	9月27日の引出金(アの金額)　¥

40-7 四国商店（個人企業）の下記の損益勘定と資料によって，次の金額を計算しなさい。

a. 仕　入　高　　　b. 期首の資産総額

損		益	
12/31仕　　入	2,100,000	12/31売　　上	3,160,000
〃 給　料	450,000		
〃 減価償却費	130,000		
〃 雑　　費	17,000		
〃 資 本 金	463,000		
	3,160,000		3,160,000

資　料

i　期首の資産総額　¥ ☐
　　　　（うち商品　¥450,000）
ii　期首の負債総額　¥　860,000
iii　期末の資産総額　¥ 2,830,000
　　　　（うち商品　¥420,000）
iv　期末の負債総額　¥　970,000
v　期間中の追加元入額　¥　120,000

a	仕　入　高　¥	b	期首の資産総額　¥

40-8 那珂湊商店（個人企業）の下記の勘定と資料によって，次の金額を計算しなさい。

a. 期首商品棚卸高　　　b. 期間中の給料

引		出	金	
9/30現　　金	65,000	12/31資 本 金	65,000

仕		入	
	7,200,000	12/31繰越商品	(　　)
12/31繰越商品	(　　)	〃 損　益	(　　)
	(　　)		(　　)

資　料

i　期首の資産総額　¥ 7,250,000
ii　期首の負債総額　¥ 2,900,000
iii　期間中の収益および費用
　　売　上　高　¥ 9,710,000
　　受 取 手 数 料　　30,000
　　売 上 原 価　7,305,000
　　給　　料　☐
　　支 払 家 賃　672,000
　　固定資産売却損　98,000
iv　期末の資産総額　¥ 8,160,000
　　　　（うち商品　¥468,000）
v　期末の負債総額　¥ 3,240,000
vi　期間中の追加元入額　¥　200,000

a	期首商品棚卸高　¥
b	期間中の給料　¥

40-9 長野商店（個人企業）の下記の資本金勘定と資料によって，次の金額を計算しなさい。

a. 仕　入　高　　　b. 6月30日の追加元入額（アの金額）

資		本	金	
12/31引 出 金	20,000	1/ 1前期繰越	(　　)
〃 次期繰越	(　　)	6/30現　　金	(　ア　)
		12/31損　益	580,000
	(　　)		(　　)

資　料

i　期首の資産総額　¥ 2,920,000
　　　　（うち商品　¥570,000）
ii　期首の負債総額　¥ 1,400,000
iii　期末の資産総額　¥ 3,780,000
　　　　（うち商品　¥530,000）
iv　期末の負債総額　¥ 1,560,000
v　期間中の収益および費用
　　売　上　高　¥ 9,350,000
　　受 取 手 数 料　　40,000
　　売 上 原 価　☐
　　給　　料　1,294,000
　　支 払 利 息　36,000

a	仕　入　高　¥
b	6月30日の追加元入額 （ ア の 金 額 ）　¥

40-10 千葉商店（決算年1回 12月31日）の決算日における次の受取利息勘定の（ ① ）と（ ② ）に入る金額を求めなさい。ただし，受取利息勘定の記録は，前期の10月1日に貸し付けた¥*2,000,000*に対するものである。なお，この貸付金の利息は，利率年3％で，3月末と9月末に経過した6か月分を受け取る契約となっている。 　　　　　　　（第75回）

<table>
<tr><td colspan="4" align="center">受 取 利 息</td></tr>
<tr><td>1/ 1未収利息</td><td>（　　　）</td><td>3/31現　　金</td><td>（ ① ）</td></tr>
<tr><td>12/31損　　益</td><td>60,000</td><td>9/30現　　金</td><td>30,000</td></tr>
<tr><td></td><td></td><td>12/31未収利息</td><td>（ ② ）</td></tr>
<tr><td></td><td>（　　　）</td><td></td><td>（　　　）</td></tr>
</table>

①	¥
②	¥

40-11 島根商店（個人企業　決算年1回　12月31日）における，下記の勘定と資料によって，次の金額を計算しなさい。 　　　　　　　（第85回）

a. 仕　入　高　　　b. 期末の負債総額

<table>
<tr><td colspan="4" align="center">繰 越 商 品</td></tr>
<tr><td>1/ 1 前期繰越</td><td>1,640,000</td><td>12/31 仕　　入</td><td>1,640,000</td></tr>
<tr><td>12/31 仕　　入</td><td>1,580,000</td><td>〃 次期繰越</td><td>1,580,000</td></tr>
<tr><td></td><td>3,220,000</td><td></td><td>3,220,000</td></tr>
</table>

<table>
<tr><td colspan="4" align="center">資 本 金</td></tr>
<tr><td>12/31 引 出 金</td><td>180,000</td><td>1/ 1 前期繰越</td><td>3,820,000</td></tr>
<tr><td>〃 次期繰越</td><td>（　　　）</td><td>7/ 1 現　　金</td><td>140,000</td></tr>
<tr><td></td><td></td><td>12/31 損　　益</td><td>（　　　）</td></tr>
<tr><td></td><td>（　　　）</td><td></td><td>（　　　）</td></tr>
</table>

資　　料
i　期間中の収益および費用
　売　上　高　　¥*7,420,000*
　受取手数料　　　*36,000*
　売上原価　　*4,950,000*
　給　　料　　*2,130,000*
　減価償却費　　　*183,000*
ii　期末の資産総額　¥*6,722,000*

a	仕　　入　　高	¥	b	期 末 の 負 債 総 額	¥

40-12 神戸商店（個人企業　決算年1回　12月31日）における，下記の各勘定の（ ① ）と（ ② ）に入る金額と，（ ③ ）に入る勘定科目を記入しなさい。 　　　　　　　（第87回）

ただし，備品および建物の減価償却は次のとおりである。
　i　備品　取得原価　¥ *800,000*　償却率 25%　定率法による。
　ii　建物　取得原価　¥*5,250,000*　残存価額　零（*0*）　耐用年数 30年　定額法による。
なお，備品は期首にすべて売却し，代金¥*420,000*を全額，現金で受け取っている。

<table>
<tr><td colspan="2" align="center">備　　　品</td><td colspan="2" align="center">備品減価償却累計額</td></tr>
<tr><td>1/ 1前期繰越　800,000</td><td>1/ 1諸　　口　800,000</td><td>1/ 1備　　品　350,000</td><td>1/ 1前期繰越　350,000</td></tr>
<tr><td colspan="2" align="center">建　　　物</td><td colspan="2" align="center">建物減価償却累計額</td></tr>
<tr><td>1/ 1前期繰越 5,250,000</td><td>12/31次期繰越 5,250,000</td><td>12/31次期繰越（　　　）</td><td>1/ 1前期繰越 1,400,000</td></tr>
<tr><td colspan="2" align="center">固 定 資 産 売 却（　）</td><td></td><td>12/31減価償却費（ ① ）</td></tr>
<tr><td>1/ 1備　　品（ ② ）</td><td>12/31（ ③ ）（　　　）</td><td>（　　　）</td><td>（　　　）</td></tr>
</table>

①	¥	②	¥	③	

40-13 支店会計が独立している唐津商店（個人企業　決算年1回　12月31日）に関する下記の資料によって，次の金額を計算しなさい。

　　　　　　a．支店勘定残高と本店勘定残高の一致額　　　　b．本支店合併後の買掛金

資　　　料

　i　12月30日における元帳勘定残高（一部）

	本　店	支　店
買　掛　金	¥　850,000	¥　570,000
支　　　店	920,000（借　方）	———
本　　　店	———	670,000（貸　方）

　ii　12月31日における本支店間の取引

　　①本店は，支店の広告料¥19,000を現金で立て替え払いした。
　　　支店は，その報告を受けた。
　　②本店は，支店の買掛金¥220,000を現金で支払った。
　　　支店は，その報告を受けた。
　　③支店は，本店が12月29日に支店へ送付していた商品¥250,000を受け取った。

　iii　12月31日における本支店間以外の取引

　　①支店は，支店の仕入先，別府商店から商品¥143,000を仕入れ，代金は1月31日に支払うこととした。

a	支店勘定残高と本店勘定残高の一致額	¥	b	本支店合併後の買掛金	¥

40-14 奈良商店（個人企業）の期末における本店および支店の下記の資料によって，次の金額を計算しなさい。 　　　　　　　　　　　　　　　　　　　　　　　　　　　　　　　　　　　　　（第74回）

　　　　　　a．支店勘定残高と本店勘定残高の一致額　　　　b．本支店合併後の買掛金
　　　　　　c．本支店合併後の売上総利益

資　　　料

　i　元帳勘定残高（一部）

	本　店	支　店
繰　越　商　品	¥　624,000	¥　391,000
買　掛　金	813,000	417,000
支　　　店	1,095,000（借　方）	———
本　　　店	———	838,000（貸　方）
売　　　上	8,465,000	4,591,000
仕　　　入	5,617,000	3,276,000

　ii　決算整理事項（一部）

　　　期末商品棚卸高　本店　¥　589,000
　　　　　　　　　　　支店　¥　324,000（未達商品は含まれていない。）

　iii　未達事項

　　①本店から支店に発送した商品¥65,000（原価）が，支店に未達である。
　　②支店で本店の買掛金¥[　　　　]を支払ったが，この通知が本店に未達である。
　　③本店で支店受取分の手数料¥8,000を受け取ったが，この通知が支店に未達である。

a	支店勘定残高と本店勘定残高の一致額	¥	b	本支店合併後の買掛金	¥	c	本支店合併後の売上総利益	¥

(41) 文章・用語に関する問題

解答 ▶ p.56

41-1 次の簿記に関する用語を英語にしなさい。ただし，もっとも適当な語を下記の語群のなかから選び，その番号を記入すること。

　　ア．貸 借 対 照 表　　　　イ．現 金 勘 定　　　　ウ．損 益 計 算 書

語群

| 1．balance sheet | 2．profit and loss statement | 3．cash account |
| 4．bookkeeping | 5．closing books | 6．loan account |

ア	イ	ウ

41-2 次の簿記に関する英語を日本語にしなさい。ただし，もっとも適当な語を下記の語群のなかから選び，その番号を記入すること。

　　ア．debit　　　　　イ．assets　　　　ウ．expenses

語群

| 1．資　　産 | 2．負　　債 | 3．借　　方 |
| 4．貸　　方 | 5．収　　益 | 6．費　　用 |

ア	イ	ウ

41-3 次の簿記に関する用語を英語にした場合，もっとも適当な語を下記の語群から選び，その番号を記入しなさい。

　　ア．簿　　　　記　　イ．負　　　債　　ウ．収　　　益　　エ．勘　　　定
　　オ．仕　訳　帳　　カ．総勘定元帳　　キ．決　　　算　　ク．当 座 預 金

語群

| 1．income | 2．bookkeeping | 3．checking account | 4．general ledger |
| 5．liabilities | 6．account | 7．journal | 8．closing books |

ア	イ	ウ	エ	オ	カ	キ	ク

41-4 次の簿記に関する用語を英語にした場合，もっとも適当な語を下記の語群から選び，その番号を記入しなさい。

　　ア．当座預金出納帳　　イ．仕　入　帳　　ウ．商品有高帳　　エ．定額資金前渡法
　　オ．売　掛　金　　カ．約 束 手 形　　キ．買 掛 金 元 帳　　ク．支払手形記入帳
　　ケ．有 価 証 券　　コ．固 定 資 産　　サ．振 替 伝 票　　シ．引 き 出 し

語群

1．securities	2．capital drawing	3．notes payable book
4．journal slip	5．bankbook	6．promissory note
7．accounts payable ledger	8．fixed assets	9．inventory book
10．imprest system	11．accounts receivable	12．purchases book

ア	イ	ウ	エ	オ	カ	キ	ク	ケ	コ	サ	シ

42 伝票の問題

解答 ▶ p.56

42-1 九州商店の下記の伝票を集計し，6月13日の仕訳集計表を作成して，総勘定元帳の各勘定に転記しなさい。

ただし，ⅰ　次の取引について，必要な伝票に記入したうえで集計すること。なお，仕入・売上の各取引については，代金の決済条件にかかわらず，すべて，いったん掛け取引として処理する方法によっている。

ⅱ　総勘定元帳の記入は，日付・金額を示せばよい。

取　　　引

6月13日　宮崎商店へ商品¥946,000を売り渡し，代金は同店振り出しの約束手形#6 ¥385,000を受け取り，残額は掛けとした。

〃　　　福岡商店に商品¥500,000を注文し，内金として¥150,000を現金で支払った。

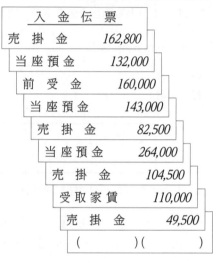

入　金　伝　票	
売　掛　金	162,800
当　座　預　金	132,000
前　受　金	160,000
当　座　預　金	143,000
売　掛　金	82,500
当　座　預　金	264,000
売　掛　金	104,500
受　取　家　賃	110,000
売　掛　金	49,500
(　　　　)	(　　　　)

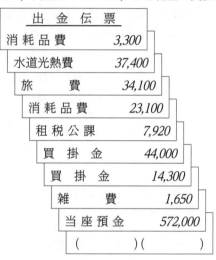

出　金　伝　票	
消　耗　品　費	3,300
水　道　光　熱　費	37,400
旅　　費	34,100
消　耗　品　費	23,100
租　税　公　課	7,920
買　掛　金	44,000
買　掛　金	14,300
雑　　費	1,650
当　座　預　金	572,000
(　　　　)	(　　　　)

振　替　伝　票（借方）		振　替　伝　票（貸方）	
仕　　入	185,900	買　掛　金	185,900
当　座　預　金	379,500	売　掛　金	379,500
買　掛　金	58,300	仕　　入	58,300
広　告　料	73,700	当　座　預　金	73,700
売　　上	61,600	売　掛　金	61,600
仕　　入	258,500	買　掛　金	258,500
支　払　利　息	550	当　座　預　金	550
売　掛　金	418,000	売　　上	418,000
仕　　入	495,000	買　掛　金	495,000
(　　　)	(　　　)	(　　　)	(　　　)
(　　　)	(　　　)	(　　　)	(　　　)

仕 訳 集 計 表
令和○年6月13日

借　　方	元丁	勘 定 科 目	元丁	貸　　方
		現　　　　　金		
		当 座 預 金		
		受 取 手 形		
		売 　 掛 　 金		
		前 　 払 　 金		
		買 　 掛 　 金		
		前 　 受 　 金		
		売　　　　　上		
		受 取 家 賃		
		仕　　　　　入		
		広 　 告 　 料		
		旅　　　　　費		
		租 税 公 課		
		消 耗 品 費		
		水 道 光 熱 費		
		雑　　　　　費		
		支 払 利 息		

総 勘 定 元 帳

現 金 1			受 取 手 形 3	
6,920,000	5,784,250		1,925,000	1,540,000

売 掛 金 4			消 耗 品 費 25	
6,820,000	6,127,000		132,000	

42-2 茨城商店の下記の伝票を集計し，1月15日の仕訳集計表を作成して，総勘定元帳の現金勘定
に転記しなさい。

　　　ただし，ⅰ　次の取引について，必要な伝票に記入したうえで集計すること。

　　　　　　　ⅱ　総勘定元帳の記入は，日付・金額を示せばよい。

　取　　　引

　　1月15日　千葉商店へ商品￥100,000を売り渡し，代金は掛けとした。

　　　〃　　　埼玉商店から商品￥300,000の注文を受け，内金として￥150,000を同店振り出
　　　　　　しの小切手で受け取った。

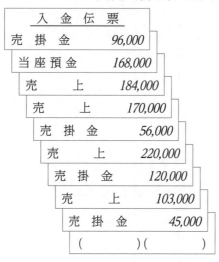

入　金　伝　票	
売　掛　金	96,000
当　座　預　金	168,000
売　　　上	184,000
売　　　上	170,000
売　掛　金	56,000
売　　　上	220,000
売　掛　金	120,000
売　　　上	103,000
売　掛　金	45,000
（　　　）	（　　　）

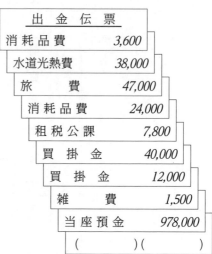

出　金　伝　票	
消　耗　品　費	3,600
水　道　光　熱　費	38,000
旅　　　費	47,000
消　耗　品　費	24,000
租　税　公　課	7,800
買　掛　金	40,000
買　掛　金	12,000
雑　　　費	1,500
当　座　預　金	978,000
（　　　）	（　　　）

振　替　伝　票（借方）		振　替　伝　票（貸方）	
仕　　　入	186,000	買　掛　金	186,000
広　告　料	25,000	当　座　預　金	25,000
買　掛　金	230,000	当　座　預　金	230,000
広　告　料	67,000	当　座　預　金	67,000
買　掛　金	56,000	当　座　預　金	56,000
仕　　　入	235,000	買　掛　金	235,000
支　払　利　息	400	当　座　預　金	400
買　掛　金	115,000	当　座　預　金	115,000
仕　　　入	167,000	買　掛　金	167,000
（　　　）	（　　　）	（　　　）	（　　　）

仕 訳 集 計 表
令和〇年 1 月15日

借　　方	元丁	勘 定 科 目	元丁	貸　　方
		現　　　　　金		
		当 座 預 金		
		売　　掛　　金		
		買　　掛　　金		
		前　　受　　金		
		売　　　　　上		
		仕　　　　　入		
		広　　告　　料		
		旅　　　　　費		
		租 税 公 課		
		消 耗 品 費		
		水 道 光 熱 費		
		雑　　　　　費		
		支 払 利 息		

総 勘 定 元 帳
現　　　金　　　1

10,062,930	8,814,210

43 記帳に関する問題

解答 ▶ p.57

43-1 （p.162～p.165）

茨城商店の下記の取引について，

(1)総勘定元帳に記入しなさい。

(2)補助簿である当座預金出納帳，仕入帳，売掛金元帳，買掛金元帳，商品有高帳に記入しなさい。

ただし， i 　総勘定元帳の記入は，日付と金額を示せばよい。

ii 　商品有高帳は，先入先出法により記帳している。

iii 　当座預金出納帳・仕入帳・売掛金元帳・買掛金元帳・商品有高帳は月末に締め切るものとする。

取　　　引

1月12日　東京商店から次の商品を仕入れ，代金は掛けとした。

　　　　　　　A 品　　　70枚　　　　@¥10,300
　　　　　　　B 品　　　70〃　　　　〃〃6,800

13日　東京商店から12日に仕入れた商品について，次のとおり返品した。なお，この代金は買掛金から差し引くことにした。

　　　　　　　B 品　　　10枚　　　　@¥6,800

14日　千葉商店に次の商品を売り渡し，代金は掛けとした。

　　　　　　　A 品　　　80枚　　　　@¥15,400
　　　　　　　B 品　　　35〃　　　　〃〃8,400

18日　埼玉商店に次の商品を売り渡し，代金はさきに受け取っていた内金¥150,000を差し引き，残額は掛けとした。

　　　　　　　C 品　　　110枚　　　@¥13,400

21日　東京商店に対する買掛金¥378,200の支払いとして，小切手#17を振り出した。

23日　千葉商店に対する売掛金¥918,000が当店の当座預金に振り込まれたとの連絡を取引銀行から受けた。

25日　神奈川商店に対する買掛金¥657,600の支払いとして，約束手形を振り出して支払った。

27日　埼玉商店に対する売掛金¥867,500を，同店振り出しの約束手形で受け取った。

29日　東京商店あてに振り出していた約束手形¥1,324,000が期日になり，当店の当座預金口座から支払われたとの連絡を取引銀行から受けた。

(1)

総 勘 定 元 帳

現 金 1			当 座 預 金 2		
1/ 1	350,600		1/ 1	3,305,200	

受 取 手 形 5			売 掛 金 6		
			1/ 1	2,332,000	

支 払 手 形 17			買 掛 金 18		
	1/ 1	1,324,000		1/ 1	1,760,900
				10	657,600

前 受 金 19			売 上 24		
	1/ 1	180,000			

仕 入 30		
1/10	657,600	

(2)（注意）各帳簿は締め切ること。

当　座　預　金　出　納　帳　　　　　　　　　1

令和 ○年		摘　　　　　　　要	預　　入	引　　出	借また は　貸	残　　高
1	1	前月繰越	3,305,200		借	3,305,200

仕　　　　　入　　　　　帳　　　　　　　　　1

令和 ○年		摘　　　　　　要	内　　訳	金　　額
1	10	神奈川商店　　　　　　　　　　　　掛け		
		B　品　　50枚　　　　　　@¥ 6,600	330,000	
		C　品　　30〃　　　　　　〃〃10,920	327,600	657,600

売 掛 金 元 帳
埼 玉 商 店　　　　　　　　　　　1

令和○年		摘　　要	借　方	貸　方	借または貸	残　高
1	1	前 月 繰 越	875,600		借	875,600

買 掛 金 元 帳
東 京 商 店　　　　　　　　　　　2

令和○年		摘　　要	借　方	貸　方	借または貸	残　高
1	1	前 月 繰 越		691,300	貸	691,300

商 品 有 高 帳
品名　A　品

(先入先出法)　　　　　　　　　　　　　　　　　　　　　　　　単位：枚

令和○年		摘　要	受　入			払　出			残　高		
			数量	単価	金　額	数量	単価	金　額	数量	単価	金　額
1	1	前 月 繰 越	60	10,430	625,800				60	10,430	625,800

43-2 (p.166〜p.169)

岐阜商店の下記の取引について,

(1)総勘定元帳に記入しなさい。

(2)補助簿である当座預金出納帳, 売上帳, 売掛金元帳, 買掛金元帳, 商品有高帳に記入しなさい。

　　ただし, ⅰ　総勘定元帳の記入は, 日付と金額を示せばよい。

　　　　　　ⅱ　商品有高帳は, 移動平均法により記帳している。

　　　　　　ⅲ　当座預金出納帳・売上帳・売掛金元帳・買掛金元帳・商品有高帳は月末に締め切るものとする。

取　　引

　　1月8日　石川商店に7日に売り渡した商品について, 次のとおり返品された。なお, この代金は売掛金から差し引くことにした。

　　　　　　　　　　B　品　　　　10個　　　@¥ 6,700

　　　9日　静岡商店から次の商品を仕入れ, 代金は掛けとした。

　　　　　　　　　　A　品　　　　130個　　　@¥ 2,300

　　　　　　　　　　B　品　　　　50〃　　　〃〃 4,000

　　　12日　福井商店から次の商品を仕入れ, 代金はさきに支払ってある内金¥230,000を差し引き, 残額は掛けとした。

　　　　　　　　　　A　品　　　　110個　　　@¥ 2,540

　　　15日　愛知商店に次の商品を売り渡し, 代金は掛けとした。

　　　　　　　　　　A　品　　　　90個　　　@¥ 5,000

　　　　　　　　　　B　品　　　　30〃　　　〃〃 6,800

　　　16日　静岡商店に対する買掛金¥280,000の支払いとして, 小切手#11を振り出した。

　　　21日　愛知商店に対する売掛金¥650,000が当店の当座預金に振り込まれたとの連絡を取引銀行から受けた。

　　　25日　石川商店に対する売掛金¥720,000を, 同店振り出しの約束手形で受け取った。

　　　28日　福井商店に対する買掛金¥430,000の支払いとして, 約束手形を振り出して支払った。

　　　29日　静岡商店あてに振り出していた約束手形¥1,240,000が期日になり, 当店の当座預金口座から支払われたとの連絡を取引銀行から受けた。

(1)

総 勘 定 元 帳

	現　　金		1
1/ 1	320,000		

	当 座 預 金		2
1/ 1	3,550,000		

	受 取 手 形		5

	売 掛 金		6
1/ 1	2,200,000		
7	1,426,000		

	前 払 金		8
1/ 1	230,000		

	支 払 手 形		17
		1/ 5	1,240,000

	買 掛 金		18
		1/ 1	1,700,000

	売　　上		24
		1/ 7	1,426,000

	仕　　入		30
1/ 5	1,240,000		

(2)　（注意）各帳簿は締め切ること。

当 座 預 金 出 納 帳　　　　　　1

令和○年		摘　　　　要	預　入	引　出	借または貸	残　高
1	1	前月繰越	3,550,000		借	3,550,000

売 上 帳　　　　　　1

令和○年		摘　　　　　要	内　訳	金　額
1	7	石川商店　　　　　　　　　　掛け		
		B　品　　100個　　　@¥ 6,700	670,000	
		C　品　　 70〃　　　〃〃10,800	756,000	1,426,000

売　掛　金　元　帳
石　川　商　店　　　　　　　　　　　　　　　　2

令和○年		摘　　　要	借　　方	貸　　方	借または貸	残　　高
1	1	前　月　繰　越	860,000		借	860,000
	7	売　　　　　上	1,426,000		〃	2,286,000

買　掛　金　元　帳
静　岡　商　店　　　　　　　　　　　　　　　　1

令和○年		摘　　　要	借　　方	貸　　方	借または貸	残　　高
1	1	前　月　繰　越		790,000	貸	790,000

商　品　有　高　帳
品名　　A　　品

(移動平均法)　　　　　　　　　　　　　　　　　　　　　　単位：個

令和○年		摘　要	受　入 数量	単価	金　額	払　出 数量	単価	金　額	残　高 数量	単価	金　額
1	1	前　月　繰　越	120	2,800	336,000				120	2,800	336,000

43-3 (p.170~p.173)

大阪商店の下記の取引について,

(1)総勘定元帳に記入しなさい。

(2)補助簿である当座預金出納帳, 受取手形記入帳, 支払手形記入帳, 売掛金元帳, 買掛金元帳, 商品有高帳に記入しなさい。

　　ただし, ⅰ　総勘定元帳の記入は, 日付と金額を示せばよい。

　　　　　　 ⅱ　商品有高帳は, 先入先出法により記帳している。

　　　　　　 ⅲ　当座預金出納帳・売掛金元帳・買掛金元帳・商品有高帳は月末に締め切るものとする。

形式別復習問題

取　　　引

　1月11日　兵庫商店から次の商品を仕入れ, 代金は掛けとした。

　　　　　　　　　A　品　　　　150枚　　　　@¥ *4,000*

　　　　　　　　　B　品　　　　 80〃　　　　〃〃 *5,000*

　　　13日　京都商店に次の商品を売り渡し, 代金は掛けとした。

　　　　　　　　　A　品　　　　130枚　　　　@¥ *6,000*

　　　　　　　　　B　品　　　　 20〃　　　　〃〃 *7,000*

　　　15日　滋賀商店から次の商品を仕入れ, 代金はさきに支払ってある内金¥*300,000*を差し引き, 残額は掛けとした。

　　　　　　　　　A　品　　　　120枚　　　　@¥ *4,500*

　　　17日　三重商店に次の商品を売り渡し, 代金は掛けとした。

　　　　　　　　　C　品　　　　 80枚　　　　@¥*12,000*

　　　20日　兵庫商店に対する買掛金¥*320,000*の支払いとして, 小切手#15を振り出した。

　　　21日　京都商店に対する売掛金¥*900,000*が当店の当座預金に振り込まれたとの連絡を取引銀行から受けた。

　　　24日　滋賀商店に対する買掛金の支払いとして, 次の約束手形を振り出した。

　　　　　　　　　金　　　額　　¥ *670,000*　　手形番号　22

　　　　　　　　　振 出 日　　　1月24日　　支払期日　 2月24日

　　　　　　　　　支払場所　　　南銀行本店

　　　26日　三重商店から売掛金の一部について, 次の同店振り出しの約束手形を受け取った。

　　　　　　　　　金　　　額　　¥ *800,000*　　手形番号　 7

　　　　　　　　　振 出 日　　　1月26日　　支払期日　 4月26日

　　　　　　　　　支払場所　　　東銀行本店

　　　28日　兵庫商店あてに振り出していた約束手形¥*1,256,000*（#18）が期日になり, 当店の当座預金口座から支払われたとの連絡を取引銀行から受けた。

総　勘　定　元　帳

現	金	1
1/ 1　　430,000	1/ 7　　110,000	

当　座　預　金	2
1/ 1　　3,250,000	

受　取　手　形	5

売　掛　金	6
1/ 1　　2,180,000	

前　払　金	8
1/ 1　　300,000	

支　払　手　形	17
	1/ 8　　1,256,000

買　掛　金	18
	1/ 1　　1,540,000

売	上	24

仕　入	30
1/ 8　　1,256,000	

形式別復習問題

当 座 預 金 出 納 帳　　　　　　　　　　1

令和○年		摘　　　要	預　　入	引　　出	借または貸	残　　高
1	1	前月繰越	3,250,000		借	3,250,000

（注意）当座預金出納帳は締め切ること。

受 取 手 形 記 入 帳

令和○年		摘　要	金　額	手形種類	手形番号	支払人	振出人または裏書人	振出日	満期日	支払場所	てん末		
											月	日	摘　要

支 払 手 形 記 入 帳

令和○年		摘　要	金　額	手形種類	手形番号	受取人	振出人	振出日	満期日	支払場所	てん末		
											月	日	摘　要
1	8	仕　入	1,256,000	約手	18	兵庫商店	当　店	1 8	1 28	南銀行本店			

売　掛　金　元　帳
三　重　商　店　　　　　　　　　　1

令和○年	摘　　要	借　　方	貸　　方	借または貸	残　　高
1　1	前　月　繰　越	923,000		借	923,000

買　掛　金　元　帳
兵　庫　商　店　　　　　　　　　　2

令和○年	摘　　要	借　　方	貸　　方	借または貸	残　　高
1　1	前　月　繰　越		810,000	貸	810,000

（注意）売掛金元帳・買掛金元帳は締め切ること。

商　品　有　高　帳

(先入先出法)　　　　品名　　A　　品　　　　　　単位：枚

令和○年	摘　要	受入 数量	受入 単価	受入 金額	払出 数量	払出 単価	払出 金額	残高 数量	残高 単価	残高 金額
1　1	前月繰越	100	3,800	380,000				100	3,800	380,000

（注意）商品有高帳は締め切ること。

 決算の問題

解答 ▶ p.62

44-1 関東商店（個人企業　決算年1回　12月31日）の総勘定元帳勘定残高と決算整理事項は，次のとおりであった。よって，

(1)決算整理仕訳を示しなさい。ただし，繰り延べおよび見越しの勘定を用いること。

(2)備品減価償却累計額勘定・受取利息勘定に必要な記入をおこない，締め切りなさい。ただし，勘定記入は，日付・相手科目・金額を示すこと。

(3)精算表を完成しなさい。

元帳勘定残高

現　　　　金	¥ 177,000	当 座 預 金	¥ 160,000	売 掛 金	¥ 300,000
貸 倒 引 当 金	3,000	有 価 証 券	560,000	繰 越 商 品	175,000
貸 付 金	200,000	備　　　品	500,000	備品減価償却累計額	250,000
買 掛 金	200,000	資 本 金	1,440,000	売　　　上	1,050,000
受 取 手 数 料	29,000	仕　　　入	730,000	給　　　料	135,000
支 払 家 賃	17,000	保 険 料	18,000		

決算整理事項

a．期末商品棚卸高　¥156,000

b．貸倒見積高　売掛金の期末残高に対し，3％と見積もり，貸倒引当金を設定する。

c．備品減価償却高　定額法による。ただし，残存価額は零（0）耐用年数は8年とする。

d．有価証券評価高　有価証券は，売買目的で保有している次の株式であり，時価によって評価する。

　　　　　　茨城商事株式会社　100株　　時価　1株　¥5,680

e．手数料前受高　¥ 5,000

f．利息未収高　¥ 7,500

g．保険料前払高　保険料のうち¥12,000は，本年7月1日から1年分の保険料として支払ったものであり，前払高を次期に繰り延べる。

h．家賃未払高　家賃¥3,000を当期の費用として見越し計上する。

(1)

a		
b		
c		
d		
e		
f		
g		
h		

(2)　　　　　備品減価償却累計額　　　8　　　　　　　受　取　利　息　　　13

　　　　　　　　　　　　　　　　　250,000

(3)

精　算　表

令和〇年12月31日

勘定科目	残 高 試 算 表		整 理 記 入		損 益 計 算 書		貸 借 対 照 表	
	借 方	貸 方	借 方	貸 方	借 方	貸 方	借 方	貸 方
現　　　金								
当 座 預 金								
売 　掛　 金								
貸倒引当金								
有 価 証 券								
繰 越 商 品								
貸 　付　 金								
備　　　品								
備品減価償却累 計 額								
買 　掛　 金								
資 　本　 金								
売　　　上								
受 取 手 数 料								
仕　　　入								
給　　　料								
支 払 家 賃								
保 　険　 料								

形式別復習問題

44-2 東海商店（個人企業 決算年1回 12月31日）の総勘定元帳勘定残高と付記事項および決算整理事項等は，次のとおりであった。よって，

(1)有価証券勘定・広告料勘定に必要な記入をおこない，締め切りなさい。ただし，勘定記入は，日付・相手科目・金額を示すこと。

(2)損益計算書と貸借対照表を完成しなさい。

(3)繰越試算表に記載する資本金の額を求めなさい。

元帳勘定残高

現　　　　金	¥ 770,000	当 座 預 金	¥ 150,000	売　掛　金 ¥ 600,000
貸 倒 引 当 金	3,000	有 価 証 券	600,000	繰 越 商 品 890,000
備　　　　品	640,000	備品減価償却累計額	160,000	買　掛　金 1,000,000
資　本　金	2,500,000	引　出　金	400,000	売　　　上 3,715,000
受 取 手 数 料	22,000	仕　　　入	2,550,000	給　　　料 585,000
支 払 家 賃	210,000	現 金 過 不 足	5,000	
			(借方残高)	

付 記 事 項

　①仕入先静岡商店に対する買掛金¥50,000を小切手を振り出して支払っていたが，未処理であった。

決算整理事項等

　a．期末商品棚卸高　　¥900,000

　b．貸 倒 見 積 高　売掛金の期末残高に対し，5％と見積もり，貸倒引当金を設定する。

　c．備品減価償却高　定率法による。ただし，毎期の償却率を25％とする。

　d．有価証券評価高　有価証券¥600,000は，売買を目的として保有する四国商事株式会社の株式100株であり，1株につき¥5,350に評価替えする。

　e．手 数 料 前 受 高　¥　5,000

　f．広 告 料 未 払 高　¥200,000

　g．現金過不足勘定は全額雑損とする。

　h．引出金勘定は整理する。

(1)

有　価　証　券　　5		広　告　料　　18	
600,000			

(2)

損　益　計　算　書

東 海 商 店　　　　　令和○年1月1日から令和○年12月31日まで

費　　　　　用	金　　　額	収　　　　　益	金　　　額
売　上　原　価		売　上　高	
給　　　料		受　取　手　数　料	
（　　　　　）		（　　　　　）	
（　　　　　）			
支　払　家　賃			
広　告　料			
有価証券評価損			
（　　　　　）			

貸　借　対　照　表

東 海 商 店　　　　　　　令和○年12月31日

資　　　　　産	金　　　額	負債および純資産	金　　　額
現　　　金		買　掛　金	
当　座　預　金		（　　　　　）	
売　掛　金（　　　）		（　　　　　）	
貸倒引当金（　　　）		資　本　金	
有　価　証　券			
商　　　品			
備　　品（　　　）			
減価償却累計額（　　　）			
（　　　　　）			

(3)繰越試算表に記載する資本金の額　　¥

44-3 中国商会（個人企業　決算年1回　12月31日）の総勘定元帳勘定残高と付記事項および決算整理事項は，次のとおりであった。よって，

(1)付記事項の仕訳を示しなさい。

(2)決算整理仕訳を示しなさい。ただし，繰り延べおよび見越しの勘定を用いること。

(3)貸倒引当金勘定・保険料勘定に必要な記入をおこない，締め切りなさい。ただし，勘定記入は，日付・相手科目・金額を示すこと。

(4)総勘定元帳の損益勘定に必要な記入をおこないなさい。

(5)貸借対照表を完成しなさい。

元帳勘定残高

現　　　　金	¥ 1,304,000	当 座 預 金	¥ 1,090,000	受 取 手 形	¥ 400,000
売　　掛　　金	1,400,000	貸 倒 引 当 金	16,000	有 価 証 券	800,000
繰 越 商 品	1,200,000	貸　付　金	800,000	備　　　　品	2,500,000
備品減価償却累計額	1,000,000	支 払 手 形	700,000	買　掛　金	656,000
資　本　金	5,800,000	売　　　上	5,620,000	受 取 手 数 料	256,000
仕　　　　入	3,840,000	給　　料	280,000	保　険　料	80,000
消 耗 品 費	354,000				

付 記 事 項

①得意先広島商店の売掛金¥100,000を同店振り出しの約束手形で回収したが，未処理であった。

決算整理事項

a. 期末商品棚卸高　¥1,250,000

b. 貸 倒 見 積 高　受取手形と売掛金の期末残高に対し，それぞれ3％と見積もり，貸倒引当金を設定する。

c. 備品減価償却　取得原価¥2,500,000　残存価額は零（0）　耐用年数は10年とし，定額法による。

d. 有価証券評価高　有価証券は，売買目的で保有している次の株式であり，時価によって評価する。

　　　　　　　岡山商事株式会社　　　100株　　時　価　1株　¥5,000

e. 消耗品未使用高　¥ 154,000

f. 保険料前払高　¥ 24,000

g. 利 息 未 収 高　¥ 36,000

(1)

①		

(2)

a		
b		
c		
d		
e		
f		
g		

(3)

貸 倒 引 当 金　　　5		保 険 料　　　18	
	16,000	80,000	

(4)

総 勘 定 元 帳

損　　　　　益　　　　　27

12/31 （　　　　　　　）		12/31 売　　　　　　　上	
〃　給　　　　　料		〃　受 取 手 数 料	
〃　（　　　　　　　）		〃　受 取 利 息	
〃　（　　　　　　　）			
〃　保　　険　　料			
〃　消　耗　品　費			
〃　有 価 証 券 評 価 損			
〃　（　　　　　　　）			

(5)

貸 借 対 照 表

中 国 商 会　　　　　令和○年12月31日

資　　　　　産	金　額	負 債 および 純 資 産	金　額
現　　　　　金		（　　　　　　　）	
当　座　預　金		買　　掛　　金	
受 取 手 形（　　　）		資　　本　　金	
貸 倒 引 当 金（　　　）		（　　　　　　　）	
売　掛　金（　　　）			
貸 倒 引 当 金（　　　）			
有　価　証　券			
商　　　　　品			
（　　　　　　　）			
貸　付　金			
前　払　保　険　料			
未　収　利　息			
備　　　品（　　　）			
（　　　　）（　　　）			

44-4 北海道商会（個人企業　決算年1回　12月31日）の総勘定元帳勘定残高と付記事項および決算整理事項は，次のとおりであった。よって，
(1)総勘定元帳の損益勘定に必要な記入をおこないなさい。
(2)貸借対照表を完成しなさい。

元帳勘定残高

現　　　金	¥ 656,200	当 座 預 金	¥ 2,654,300	電子記録債権	¥ 1,700,000
売　掛　金	3,900,000	貸 倒 引 当 金	24,000	有 価 証 券	1,620,000
繰 越 商 品	1,230,000	備　　　品	3,200,000	備品減価償却累計額	1,400,000
支 払 手 形	1,850,000	買　掛　金	2,261,500	従業員預り金	350,000
資　本　金	8,400,000	売　　　上	9,760,000	受 取 手 数 料	146,300
仕　　　入	6,580,000	給　　　料	1,668,000	支 払 家 賃	660,000
保　険　料	224,000	通　信　費	54,600	雑　　　費	44,700

付 記 事 項

①売買目的で札幌物産株式会社の株式100株を1株につき¥4,600で買い入れ，代金は買入手数料¥10,000とともに小切手を振り出して支払っていたが，記帳していなかった。

決算整理事項

a．期末商品棚卸高　¥1,320,000
b．貸 倒 見 積 高　電子記録債権と売掛金の期末残高に対し，それぞれ3％と見積もり，貸倒引当金を設定する。
c．備品減価償却高　定率法による。ただし，償却率は25％とする。
d．有価証券評価高　売買を目的として保有する次の株式について，時価によって評価する。
　　　　旭川商事株式会社　300株
　　　　　帳簿価額　1株　¥5,400　時　価　1株　¥5,800
　　　　札幌物産株式会社　100株
　　　　　帳簿価額　1株　¥4,700　時　価　1株　¥4,700
e．郵便切手未使用高　¥ 24,000
f．保険料前払高　保険料のうち¥84,000は，本年11月1日からの6か月分を支払ったものであり，前払高を次期に繰り延べる。
g．家 賃 未 払 高　¥ 50,000

(1)

総 勘 定 元 帳

損　　　　益　　　　　　　　　　　　29

12/31 （　　　　　　）		12/31 売　　　　　　上	
〃 給　　　料		〃 受 取 手 数 料	
〃 （　　　　　　　）		〃 （　　　　　　　）	
〃 （　　　　　　　）			
〃 支 払 家 賃			
〃 保　険　料			
〃 通　信　費			
〃 雑　　　費			
〃 （　　　　　　　）			

(2)

貸 借 対 照 表

北海道商会　　　　　　　　令和○年12月31日

資　　　　　　産	金　額	負債および純資産	金　額
現　　　金		支 払 手 形	
当 座 預 金		買　掛　金	
電 子 記 録 債 権（　　）		（　　　　　　　）	
貸 倒 引 当 金（　　）		未 払 家 賃	
売　掛　金（　　）		資　本　金	
貸 倒 引 当 金（　　）		（　　　　　　　）	
（　　　　　　　）			
商　　　品			
（　　　　　　）			
（　　　　　　）			
備　　　品（　　）			
減価償却累計額（　　）			

44-5 北陸商店（個人企業　決算年1回　12月31日）の総勘定元帳勘定残高と付記事項および決算整理事項は，次のとおりであった。よって，

(1)付記事項の仕訳を示しなさい。

(2)決算整理仕訳を示しなさい。ただし，繰り延べおよび見越しの勘定を用いること。

(3)繰越試算表を完成しなさい。

(4)損益計算書を完成しなさい。

元帳勘定残高

現　　　　金	¥ 675,000	当 座 預 金	¥ 2,994,000	受 取 手 形	¥ 2,600,000
売 　掛　 金	900,000	貸 倒 引 当 金	90,000	有 価 証 券	1,550,000
繰 越 商 品	469,000	備　　　　品	1,800,000	備品減価償却累計額	720,000
支 払 手 形	490,000	買 　掛　 金	1,570,000	所得税預り金	300,000
資 　本　 金	7,000,000	売　　　　上	9,300,000	受 取 手 数 料	186,000
仕　　　　入	6,920,000	給　　　　料	1,024,000	支 払 家 賃	435,000
保 　険　 料	62,000	消 耗 品 費	139,000	雑　　　　費	88,000

付記事項

①仕入先石川商店から商品¥200,000を仕入れ，代金は福井商店振り出しの約束手形を裏書譲渡していたが，記帳していなかった。

決算整理事項

a. 期末商品棚卸高　¥519,000

b. 貸 倒 見 積 高　受取手形と売掛金の期末残高に対し，それぞれ5％と見積もり，貸倒引当金を設定する。

c. 備品減価償却高　定額法による。ただし，残存価額は零（0）　耐用年数は5年とする。

d. 有価証券評価高　売買を目的として保有する次の株式について，時価によって評価する。

佐賀商事株式会社　200株

帳簿価額　1株　¥3,900　　時　価　1株　¥3,550

長崎物産株式会社　100株

帳簿価額　1株　¥7,700　　時　価　1株　¥7,200

e. 消耗品未使用高　¥ 23,000

f. 保険料前払高　保険料のうち¥48,000は，本年5月から12か月分を支払ったものであり，前払高を次期に繰り延べる。

g. 家 賃 未 払 高　¥ 42,000

(1)

①		

(2)

a		
b		
c		
d		
e		
f		
g		

(3)

繰 越 試 算 表
令和○年12月31日

借 方	元丁	勘 定 科 目	貸 方
		現　　　　　金	
		（　　　　　　）	
		受　取　手　形	
	省	売　　掛　　金	
		貸　倒　引　当　金	
		有　価　証　券	
		繰　越　商　品	
		（　　　　　　）	
		（　　　　　　）	
	略	備　　　　　品	
		備品減価償却累計額	
		支　払　手　形	
		買　　掛　　金	
		所　得　税　預　り　金	
		（　　　　　　）	
		資　　本　　金	

(4)

損 益 計 算 書
北陸商店　　　令和○年1月1日から令和○年12月31日まで

費　　用	金　額	収　益	金　額
売　上　原　価		売　上　高	
給　　　料		受　取　手　数　料	
（　　　　　）			
（　　　　　）			
支　払　家　賃			
保　険　料			
消　耗　品　費			
雑　　　費			
有価証券評価損			
（　　　　　）			

第11章 進んだ学習 全商検定1級会計

45 棚卸減耗損と商品評価損

学習のまとめ

①棚卸減耗損

商品や製品などの棚卸資産は，保管中に破損・紛失・盗難などによって減少することがある。これによって，実地棚卸数量が帳簿棚卸数量より少なくなった場合には**棚卸減耗損勘定**（費用）で処理する。

②商品評価損

棚卸資産の評価は，原則として取得原価（買入価額＋引取費など付随費用）によるが，品質の低下，陳腐化，市場の需給変化などによって正味売却価額が取得原価よりも下落した場合には，その差額を**商品評価損勘定**（費用）で処理する。

③棚卸減耗損・商品評価損の求め方と決算整理仕訳

例　期首商品棚卸高　¥950　期末商品棚卸高 { 帳簿棚卸数量 100個　原　　　　価　@¥10
実地棚卸数量 90個　正味売却価額　@¥8

棚卸減耗損＝原価×（帳簿棚卸数量－実地棚卸数量）
→@¥10×（100個－90個）＝¥100

商品評価損＝（原価－正味売却価額）×実地棚卸数量
→（@¥10－@¥8）×90個＝¥180

決算整理仕訳

（借）	仕　　　　入	950	（貸）	繰 越 商 品	950	
（借）	繰 越 商 品	1,000	（貸）	仕　　　　入	1,000	
（借）	棚 卸 減 耗 損	100	（貸）	繰 越 商 品	280	
	商 品 評 価 損	180				
（借）	仕　　　　入	280	（貸）	棚 卸 減 耗 損	100	}*
				商 品 評 価 損	180	

＊棚卸減耗損・商品評価損は売上原価の内訳項目とし，売上原価を仕入勘定で計算する場合

なお，商品評価損は売上原価の内訳項目か特別損失とする。また，棚卸減耗損は，原価性のある場合には売上原価の内訳項目か販売費，原価性のない場合には営業外費用か特別損失とする。

原価 @¥10

@¥2　商品評価損

正味売却価額 @¥8

実地棚卸数量 90個

棚卸減耗損

10個

100個
帳簿棚卸数量

練習問題

解答 ▶ p.66

45-1 次の商品に関する資料から，(1)棚卸減耗損，(2)商品評価損を求めなさい。

資　料
　　期末商品棚卸高
　　　　帳簿棚卸数量　3,000個　原　　　　価　@¥250
　　　　実地棚卸数量　2,950個　正味売却価額　@¥240

(1)	棚 卸 減 耗 損　¥	(2)	商 品 評 価 損　¥

45-2 次の商品に関する資料から，(1)A品の棚卸減耗損，(2)B品の商品評価損を求めなさい。

資　料
　　期末商品棚卸高
　　　　帳簿棚卸数量　A品　4,500個　原　　　　価　@¥520
　　　　　　　　　　　B品　2,000個　原　　　　価　@¥480
　　　　実地棚卸数量　A品　4,350個　正味売却価額　@¥520
　　　　　　　　　　　B品　2,000個　正味売却価額　@¥465

(1)	A品の棚卸減耗損　¥	(2)	B品の商品評価損　¥

進んだ学習

46 建設仮勘定

①建設仮勘定

建物や機械装置などの建設が長期にわたる場合，その建設に要した支出額を一時的に記録しておく勘定である。建設が完了し，引き渡しを受けたとき，この勘定から建物や機械装置などの勘定に振り替える。

例1　建物の建築代金の一部として¥2,000,000を小切手を振り出して支払った。

　　　（借）建 設 仮 勘 定　2,000,000　　　　（貸）当 座 預 金　2,000,000

例2　建物が完成し引き渡しを受け，代金¥30,000,000のうちすでに支払った¥2,000,000を差し引き，残額は小切手を振り出して支払った。

　　　（借）建　　　　　物　30,000,000　　　（貸）建 設 仮 勘 定　2,000,000
　　　　　　　　　　　　　　　　　　　　　　　　当 座 預 金　28,000,000

進んだ学習

練習問題

解答 ▶ p.66

46-1　次の取引の仕訳を示しなさい。

(1)日高建設株式会社に営業用の建物の建設を依頼し，請負代金¥40,000,000のうち第1回分¥15,000,000を小切手を振り出して支払った。

(2)上記の建物が完成し，引き渡しを受けたので，すでに支払ってある2回分¥30,000,000を差し引いて，残額は小切手を振り出して支払った。

(1)	
(2)	

46-2　次の取引の仕訳を示しなさい。

(1)営業用倉庫が完成し，その引き渡しを受けた。代金¥8,700,000のうち，前渡しした¥5,000,000を差し引いた残額を小切手を振り出して支払った。

(2)事務所の建物が完成したので，引き渡しを受け，契約代金¥10,000,000のうち¥2,000,000を小切手を振り出して支払った。なお，契約代金のうち，すでに¥7,000,000は支払済みであり，残額は来月末に支払うことにした。

(3)かねて建設を依頼していた本社社屋が完成し，引き渡しを受けたので，建設請負金額¥50,000,000のうち未払分¥15,000,000を小切手を振り出して支払った。なお，支払額全額を建物勘定に振り替えた。

47 固定資産の売却・買い換え・除却

学習のまとめ

1 固定資産の売却・買い換え

固定資産を売却したときは，すでに学んだように帳簿価額と売却価額との差額を**固定資産売却益勘定**または**固定資産売却損勘定**で処理したが，使用してきた固定資産を引き取らせ，新しい固定資産を買い入れた場合（買い換え）は，古い固定資産の下取価額と帳簿価額との差額を固定資産売却益勘定・固定資産売却損勘定で処理する。

2 固定資産の除却

固定資産が使用できなくなるなどして，これらを帳簿上から取り除くことを**除却**という。固定資産を除却したときには，帳簿価額を**固定資産除却損勘定**（費用）に振り替える。

練習問題

解答 ▶ p.66

47-1 北陸機械販売株式会社（決算年1回）の車両運搬具について，次の各問いに答えなさい。

(1)第3期初頭に，営業用トラックを¥4,000,000で買い入れ，代金は付属品の費用¥200,000とともに小切手を振り出して支払った。仕訳を示しなさい。

(2)(1)の営業用トラックについて，次のそれぞれの取引の仕訳を示しなさい。また，b・cは各勘定の（　）に金額を記入し，転記しなさい（勘定記入は，金額のみを示せばよい）。

a．第7期初頭に，これまでに使用していた営業用トラックを¥940,000で売却し，代金は小切手で受け取り，ただちに当座預金とした。なお，この車両運搬具の減価償却累計額は¥3,360,000である。

b．第7期初頭に，営業用自動車を¥4,500,000で買い入れ，この代金はこれまで使用してきた営業用トラックを¥630,000で引き取らせ，新しい営業用自動車の代金との差額は月末に支払うことにした。ただし，この古い営業用トラックは，耐用年数5年，残存価額は零（0）とし，定額法によって毎期の減価償却費を計算している。

車　両　運　搬　具		車両運搬具減価償却累計額	
4/ 1前期繰越（　　　）			4/ 1前期繰越（　　　　）

c．第5期初頭に，営業用トラックを除却し，廃棄処分した。ただし，この車両運搬具は，定率法により，毎期の償却率を40％として，減価償却費を計算し，記帳してきた。なお，この車両運搬具の評価額は零（0）である。

車　両　運　搬　具		車両運搬具減価償却累計額	
4/ 1前期繰越（　　　）			4/ 1前期繰越（　　　　）
		固　定　資　産　除　却　損	

48 資本金の増加・資本金の減少

1 資本金の増加

株式会社は，設立後，あらたに資本金を増やすことができる。株式を発行して資本金を増加する場合，払込金額の総額を資本金とするのが原則であるが，会社法の規定により，払込金額の2分の1をこえない額を資本準備金として資本金に計上しないことができる。また，資本準備金やその他資本剰余金を減少して資本金を増加することもできる。

2 資本金の減少

株式会社は株主総会の決議により，資本金を減少することができる。資本金を減少することによって，資本準備金やその他資本剰余金が増加する。また，この資本金の減少によって増加した，その他資本剰余金を減少することにより，欠損のてん補をおこなうこともできる。

進んだ学習

練習問題

解答 ▶ p.67

48-1 次の取引の仕訳を示しなさい。
(1)取締役会の決議によって，あらたに株式100株を1株¥50,000で公募し，全額現金で払い込みを完了し，払込金は当座預金とした。
(2)株主総会で，資本準備金¥2,500,000を減少して資本金を増加することを決議した。
(3)株主総会の決議にもとづき，資本金¥10,000,000を減少して資本準備金を増加した。
(4)株主総会の決議によって，資本金¥4,000,000を減少して繰越利益剰余金勘定の借方残高¥4,000,000をてん補した。

(1)	
(2)	
(3)	
(4)	

48-2 次の取引の仕訳を示しなさい。
(1)茨城物産株式会社は，事業拡張のため，株式100株を1株につき¥70,000で発行し，全額の引き受け・払い込みを受け，払込金は当座預金とした。ただし，払込金額のうち，資本金に計上しない金額は，会社法に規定する最高限度額とした。

(2)栃木物産株式会社は，事業拡大のため，株式50株を1株につき¥80,000で発行し，全額の引き受け・払い込みを受け，払込金は当座預金とした。ただし，払込金額のうち，資本金に計上しない金額は，会社法に規定する最高限度額とした。なお，この株式の発行に要した諸費用¥480,000は小切手を振り出して支払った。

49 仕訳の問題―株式の発行・剰余金の配当― 解答 ▶ p.67

49-1　次の取引の仕訳を示しなさい。

(1)秋田物産株式会社は，事業規模拡大のため，あらたに株式150株を1株につき¥80,000で発行し，全額の引き受け・払い込みを受け，払込金を当座預金とした。ただし，1株の払込金額のうち¥20,000は資本金に計上しないことにした。なお，この株式の発行に要した諸費用¥680,000は小切手を振り出して支払った。

(2)宮城商事株式会社は，事業拡張のため，株式600株を1株につき¥10,000で発行し，全額の引き受け・払い込みを受け，払込金を当座預金とした。ただし，払込金額のうち，資本金に計上しない金額は，会社法に規定する最高限度額とした。

(3)岩手産業株式会社は，株主総会の決議によって，繰越利益剰余金勘定の借方残高¥15,300,000をてん補するため，資本金¥17,200,000を減少した。

(4)神奈川商事株式会社は，株主総会において，繰越利益剰余金を次のとおり配当および処分することを決議した。なお，当社の純資産は，資本金¥5,000,000　利益準備金¥400,000　繰越利益剰余金¥1,200,000（貸方）である。

　　　利益準備金　会社法による額　　　配　当　金　¥900,000
　　　別途積立金　¥160,000

(5)栃木商事株式会社は，株主総会において，繰越利益剰余金を次のとおり配当および処分することを決議した。ただし，繰越利益剰余金勘定の貸方残高は¥600,000である。なお，同社の資本金は¥2,500,000であり，資本準備金は¥400,000　利益準備金は¥200,000である。

　　　利益準備金　会社法による額　　　配　当　金　¥400,000
　　　別途積立金　¥80,000

進んだ学習

簿記実務検定第2級模擬試験問題

商業簿記（制限時間　1時間30分）

1 下記の取引の仕訳を示しなさい。ただし，勘定科目は，次のなかからもっとも適当なものを使用すること。

現　　　　　金	当　座　預　金	受　取　手　形	売　　掛　　金
未　　収　　金	仮　払　消　費　税	建　　　　　物	建物減価償却累計額
支　払　手　形	仮　受　消　費　税	未　払　消　費　税	売　　　　　上
固定資産売却益	発　　送　　費	支　払　手　数　料	固定資産売却損

a．岩手商店に商品¥630,000を売り渡し，代金のうち¥400,000は同店振り出しの約束手形で受け取り，残額は掛けとした。なお，発送費¥20,000は現金で支払った。

b．愛知商店は，期首に取得原価¥5,000,000の倉庫用建物を¥1,100,000で売却し，代金のうち¥700,000は現金で受け取り，残額は後日受け取ることにした。なお，この建物の売却時における帳簿価額は¥1,250,000であり，これまでの減価償却高は間接法で記帳している。

c．佐賀商店は消費税の納付額を計上した。ただし，仮払消費税勘定の残高が¥785,000　仮受消費税勘定の残高が¥982,000ある。

	借　　　　　方	貸　　　　　方
a		
b		
c		

2　次の各問いに答えなさい。

(1)　岡山商店（個人企業）の下記の勘定と資料によって，次の金額を計算しなさい。

　　　ａ．期首商品棚卸高　　　ｂ．期間中の給料

引　　出　　金

9/30	現　金	80,000	12/31	資　本　金	80,000

仕　　　　　入

		7,300,000	12/31	繰越商品（　　　）
12/31	繰越商品（　　　）	〃	損　　益（　　　）
	（　　　）		（　　　）

資　　料

　i　　期首の資産総額　　¥　6,650,000

　ii　　期首の負債総額　　¥　3,200,000

　iii　　期間中の収益および費用

　　　　売　上　高　　¥　11,200,000

　　　　受　取　利　息　　　42,000

　　　　売　上　原　価　　7,641,000

　　　　給　　　　料　　[　　　　　]

　　　　支　払　地　代　　　793,000

　　　　固定資産売却損　　　126,000

　iv　　期末の資産総額　　¥　8,910,000

　　　　（うち商品　　¥　523,000）

　v　　期末の負債総額　　¥　3,820,000

　vi　　期間中の追加元入額　　¥　300,000

a	期首商品棚卸高　　¥	
b	期間中の給料　　¥	

(2)　次の簿記に関する用語を英語にしなさい。ただし，もっとも適当な語を下記の語群のなかから選び，その番号を記入すること。

　　　ア．貸借対照表　　　イ．負　　債　　　ウ．売上勘定

語群
1．Work Sheet　　　　　2．notes receivable account　　　3．liability
4．Balance Sheet　　　　5．asset　　　　　　　　　　　6．sales account

ア		イ		ウ	

(3) 支店会計が独立している滋賀商店の下記の取引について，仕訳を示しなさい。ただし，滋賀商店は本店集中計算制度を採用している。なお，勘定科目は，次のなかからもっとも適当なものを使用すること。

現　　　金　　　当座預金　　　売　掛　金　　　買　掛　金
仮　受　金　　　本　　　店　　　島　根　商　店　　　奈　良　商　店

a．島根支店は，奈良支店に現金¥80,000を送金し，奈良支店はこれを受け取った。本店はこの通知を受けた。（島根支店の仕訳）

b．本店は，奈良支店が島根支店の依頼を受け，同支店の売掛金¥560,000を現金で回収したとの報告を受けた。（本店の仕訳）

	借　　　　　方	貸　　　　　方
a		
b		

3 大分商店の下記の伝票を集計し，10月8日の仕訳集計表を作成して，総勘定元帳の各勘定に転記しなさい。

　ただし，ⅰ　次の取引について，必要な伝票に記入したうえで集計すること。
　　　　　ⅱ　総勘定元帳の記入は，日付・金額を示せばよい。

取　　　引

10月8日　山口商店へ商品￥*780,000*を売り渡し，代金は同店振り出しの約束手形＃9
　　　　　￥*300,000*を受け取り，残額は掛けとした。

　〃　　　佐賀商店に商品￥*600,000*を注文し，内金として￥*200,000*を現金で支払った。

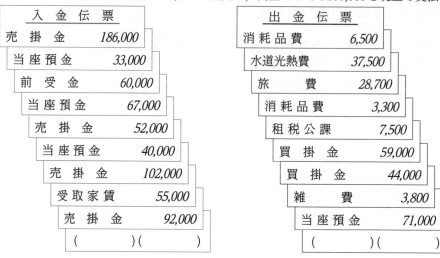

入　金　伝　票	
売　掛　金	186,000
当　座　預　金	33,000
前　受　金	60,000
当　座　預　金	67,000
売　掛　金	52,000
当　座　預　金	40,000
売　掛　金	102,000
受　取　家　賃	55,000
売　掛　金	92,000
（　　　）	（　　　）

出　金　伝　票	
消　耗　品　費	6,500
水　道　光　熱　費	37,500
旅　　費	28,700
消　耗　品　費	3,300
租　税　公　課	7,500
買　掛　金	59,000
買　掛　金	44,000
雑　　費	3,800
当　座　預　金	71,000
（　　　）	（　　　）

振　替　伝　票（借方）		振　替　伝　票（貸方）	
仕　　入	254,000	買　掛　金	254,000
当　座　預　金	420,000	売　掛　金	420,000
買　掛　金	18,000	仕　　入	18,000
広　告　料	65,000	当　座　預　金	65,000
売　　上	72,000	売　掛　金	72,000
仕　　入	430,000	買　掛　金	430,000
支　払　利　息	2,000	当　座　預　金	2,000
売　掛　金	930,000	売　　上	930,000
仕　　入	283,000	買　掛　金	283,000
（　　　）	（　　　）	（　　　）	（　　　）
（　　　）	（　　　）	（　　　）	（　　　）

仕 訳 集 計 表
令和〇年10月 8 日

借　　方	元丁	勘 定 科 目	元丁	貸　　方
		現　　　　　金		
		当 座 預 金		
		受 取 手 形		
		売 　 掛 　 金		
		前 　 払 　 金		
		買 　 掛 　 金		
		前 　 受 　 金		
		売　　　　　上		
		受 取 家 賃		
		仕　　　　　入		
		広 　 告 　 料		
		旅　　　　　費		
		租 税 公 課		
		消 耗 品 費		
		水 道 光 熱 費		
		雑　　　　　費		
		支 払 利 息		

総 勘 定 元 帳

当 座 預 金　　　　2		売　　　　上　　　　10	
5,720,000	3,350,000	681,000	8,490,000

4 (p.194〜p.196)

群馬商店の下記の取引について,
(1)総勘定元帳に記入しなさい。
(2)補助簿である当座預金出納帳, 受取手形記入帳, 支払手形記入帳, 売掛金元帳, 買掛金元帳, 商品有高帳に記入しなさい。

　　ただし, ⅰ　総勘定元帳の記入は, 日付と金額を示せばよい。
　　　　　 ⅱ　商品有高帳は, 先入先出法により記帳している。
　　　　　 ⅲ　当座預金出納帳・売掛金元帳・買掛金元帳・商品有高帳は月末に締め切るものとする。

模擬試験問題

取　　引

　1月10日　新潟商店から次の商品を仕入れ, 代金は掛けとした。
　　　　　　　A　品　　　90個　　　@¥2,800
　　　　　　　B　品　　　80〃　　　〃〃1,600
　　12日　山梨商店に対する買掛金¥258,000の支払いとして, 小切手#12を振り出した。
　　13日　新潟商店あてに振り出していた約束手形¥980,000（#16）が期日になり, 当店の当座預金口座から支払われたとの連絡を取引銀行から受けた。
　　17日　福島商店に次の商品を売り渡し, 代金は掛けとした。
　　　　　　　A　品　　　100個　　　@¥3,400
　　20日　宮城商店に次の商品を売り渡し, 代金は掛けとした。
　　　　　　　B　品　　　60個　　　@¥2,100
　　　　　　　C　品　　　130〃　　　〃〃1,700
　　21日　山梨商店から次の商品を仕入れ, 代金はさきに支払ってある内金¥150,000を差し引き, 残額は掛けとした。
　　　　　　　C　品　　　150個　　　@¥1,350
　　24日　福島商店から売掛金の一部について, 次の同店振り出しの約束手形で受け取った。
　　　　　　　金　　額　　¥280,000　　　手形番号　9
　　　　　　　振 出 日　　1月24日　　　支払期日　3月24日
　　　　　　　支払場所　　南銀行本店
　　26日　宮城商店に対する売掛金¥671,000が, 当店の当座預金口座に振り込まれたとの連絡を取引銀行から受けた。
　　28日　新潟商店に対する買掛金の支払いとして, 次の約束手形を振り出した。
　　　　　　　金　　額　　¥182,000　　　手形番号　17
　　　　　　　振 出 日　　1月28日　　　支払期日　4月28日
　　　　　　　支払場所　　北銀行本店

(1)

総 勘 定 元 帳

現 金　　　1

1/ 1	875,000		

当 座 預 金　　　2

1/ 1	1,989,000		

受 取 手 形　　　3

売 掛 金　　　6

1/ 1	2,250,000		

前 払 金　　　8

1/ 1	150,000		

支 払 手 形　　　17

		1/ 1	980,000

買 掛 金　　　18

		1/ 1	1,260,000

売 上　　　24

仕 入　　　30

(2)　（注意）当座預金出納帳，売掛金元帳，買掛金元帳，商品有高帳は締め切ること。

当 座 預 金 出 納 帳　　　1

令和○年		摘　　要	預　入	引　出	借または貸	残　高
1	1	前月繰越	1,989,000		借	1,989,000

受 取 手 形 記 入 帳

令和○年		摘 要	金 額	手形種類	手形番号	支 払 人	振出人または裏書人	振出日		満期日		支払場所	てん末 月	日	摘 要

支 払 手 形 記 入 帳

令和○年		摘 要	金 額	手形種類	手形番号	受 取 人	振 出 人	振出日		満期日		支払場所	てん末 月	日	摘 要
12	13	仕 入	980,000	約手	16	新潟商店	当 店	12	13	1	13	北銀行本店			

売 掛 金 元 帳
福 島 商 店　　　　　　　　　　　2

令和○年		摘 要	借 方	貸 方	借または貸	残 高
1	1	前 月 繰 越	1,058,000		借	1,058,000

買 掛 金 元 帳
新 潟 商 店　　　　　　　　　　　1

令和○年		摘 要	借 方	貸 方	借または貸	残 高
1	1	前 月 繰 越		547,000	貸	547,000

商 品 有 高 帳

(先入先出法)　　　　　　　品名　Ａ　品　　　　　　　　　単位：個

令和○年		摘 要	受 入 数量	単価	金 額	払 出 数量	単価	金 額	残 高 数量	単価	金 額
1	1	前 月 繰 越	115	2,700	310,500				115	2,700	310,500

5　愛媛商店（個人企業　決算年1回　12月31日）の総勘定元帳勘定残高と付記事項および決算整理事項は，次のとおりであった。
　　よって，(1)　貸借対照表を完成しなさい。
　　　　　　(2)　損益計算書に記載する売上原価の金額を求めなさい。

元帳勘定残高

現　　　　　金	¥　986,200	当 座 預 金	¥　2,951,300	受 取 手 形	¥　1,370,000
売 　 掛 　 金	2,630,000	貸 倒 引 当 金	6,000	有 価 証 券	2,590,000
繰 越 商 品	315,000	備　　　　品	2,800,000	備品減価償却累計額	1,200,000
支 払 手 形	930,000	買 　 掛 　 金	1,752,000	借 　 入 　 金	850,000
資 　 本 　 金	8,352,300	売　　　　上	9,037,000	有価証券売却益	108,000
仕 　 　 　 入	6,172,400	給 　 　 　 料	1,185,000	発 　 送 　 費	209,000
支 払 家 賃	576,000	保 　 険 　 料	311,000	租 税 公 課	48,500
雑 　 　 　 費	73,400	支 払 利 息	17,500		

付 記 事 項

①かねて受け取っていた徳島商店振り出しの約束手形¥180,000が，期日に当座預金口座に入金されていたが，記帳していなかった。

決算整理事項

　a．期末商品棚卸高　¥403,000
　b．貸 倒 見 積 高　受取手形と売掛金の期末残高に対し，それぞれ1％と見積もり，貸倒引当金を設定する。
　c．備品減価償却高　定額法による。ただし，残存価額は零（0）　耐用年数7年である。
　d．有価証券評価高　有価証券は，売買目的で保有している次の株式であり，時価によって評価する。
　　　　　　　　　　広島産業株式会社　200株　　時価　1株　¥12,800
　e．保険料前払高　保険料のうち¥138,000は，本年8月1日から1年分の保険料として支払ったものであり，前払高を次期に繰り延べる。
　f．利 息 未 払 高　¥12,500
　g．地 代 未 収 高　¥96,000

(1)

貸 借 対 照 表

愛媛商店　　　　　　　　　令和〇年12月31日　　　　　　　　（単位：円）

資　　　　　産	金　　額	負 債 お よ び 純 資 産	金　　額
現　　　　　　金		支　払　手　形	
当　座　預　金		買　　掛　　金	
受　取　手　形(　　　)		(　　　　　　　)	
貸 倒 引 当 金(　　　)		借　　入　　金	
売　　掛　　金(　　　)		資　　本　　金	
貸 倒 引 当 金(　　　)		当　期　純　利　益	
(　　　　　　　)			
(　　　　　　　)			
(　　　　　　　)			
(　　　　　　　)			
備　　　　品(　　　)			
減価償却累計額(　　　)			

(2)

¥

6 下記の取引の仕訳を示しなさい。ただし，勘定科目は，次のなかからもっとも適当なものを使用すること。

現　　　　　金	当 座 預 金	仮 払 法 人 税 等	未 払 法 人 税 等
未 払 配 当 金	資　　本　　金	資 本 準 備 金	利 益 準 備 金
別 途 積 立 金	繰 越 利 益 剰 余 金	株 式 交 付 費	法 人 税 等

a．熊本物産株式会社（発行株式数6,000株）は，株主総会において，繰越利益剰余金を次のとおり配当および処分することを決議した。ただし，繰越利益剰余金勘定の貸方残高は¥5,500,000である。

　　　利益準備金　¥420,000　　配当金　1株につき¥700　　別途積立金　¥300,000

b．長崎商事株式会社は，事業規模拡大のため，あらたに株式200株を1株¥60,000で発行し，全額の引き受け・払い込みを受け，払込金は当座預金とした。ただし，1株の払込金額のうち¥20,000は資本金に計上しないことにした。なお，発行に要した諸費用¥360,000は小切手を振り出して支払った。

c．宮崎工業株式会社（決算年1回）は，決算にあたり，当期の法人税・住民税及び事業税の合計額¥1,720,000を計上した。ただし，中間申告のさい¥700,000を納付しており，仮払法人税等勘定で処理している。

	借　　　　　方	貸　　　　　方
a		
b		
c		

日　本　語	英　語　表　記
あ 移動平均法	Moving Average Method
受取手形勘定	notes receivable account
受取手形記入帳	notes receivable book
裏書譲渡	endorsement
売上勘定	sales account
売上原価	cost of goods sold ; cost of sales
売上総利益	gross profit
売上帳	sales journal ; sales book
売掛金	accounts receivable
売掛金元帳	accounts receivable ledger
か 買掛金	accounts payable
買掛金元帳	accounts payable ledger
貸方	credit
貸し倒れ	bad debt
貸付金勘定	loan account
株主や投資家に対し，投資判断に必要な企業情報を提供する活動	IR(Investor Relations)
仮受金	temporary receipt
借方	debit
仮払金	temporary payment
勘定	account(a/c)
勘定科目	account title ; title of account
繰越商品勘定	merchandise inventory account
決算	closing books
減価償却	depreciation
現金	cash
現金過不足	cash over and short
現金勘定	cash account
現金出納帳	cashbook
小切手	check
小口現金	petty cash
小口現金出納帳	petty cashbook
固定資産	fixed assets ; non-current assets
さ 財務諸表	Financial Statements(F/S)
先入先出法	First in First out Method(FIFO)
仕入勘定	purchase account

完全段階式 標準検定 簿記問題集

解 答

全商

2級

東京法令 とうほう

第1章　各種取引の処理

❶ 現金過不足の記帳　▷p.5〜

1 - 1

(1)	5/15	現金過不足	1,500	現　金	1,500
	31	通　信　費	900	現金過不足	900
	12/31	雑　　損	600	現金過不足	600
(2)	7/15	現　金	5,000	現金過不足	5,000
	8/31	現金過不足	4,700	受 取 家 賃	4,700
	12/31	現金過不足	300	雑　益	300

1 - 2

(1)	現　金	1,200	現金過不足	1,200
(2)	水道光熱費	8,000	現金過不足	8,000

1 - 3

(1)	現金過不足	2,000	現　金	2,000
(2)	現　金	3,000	現金過不足	3,000

❷ 預金の記帳　▷p.7〜

2 - 1

5/24	買 掛 金	200,000	当 座 預 金	120,000
			当 座 借 越	80,000
28	当 座 借 越	80,000	売 掛 金	185,000
	当 座 預 金	105,000		

2 - 2

6/ 3	買 掛 金	150,000	当 座 預 金	150,000
15	仕　入	80,000	当 座 預 金	50,000
			当 座 借 越	30,000
30	当 座 借 越	30,000	売 掛 金	130,000
	当 座 預 金	100,000		

当 座 預 金 出 納 帳

令和○年		摘　　要	預　入	引　出	借または貸	残　高
6	1	前月繰越	200,000		借	200,000
	3	仙台商店に買掛金支払い		150,000	〃	50,000
	15	盛岡商店より商品買い入れ		80,000	貸	30,000
	30	秋田商店より売掛金回収	130,000		借	100,000
	〃	次月繰越		100,000		
			330,000	330,000		
7	1	前月繰越	100,000		借	100,000

2 - 3

10/ 1	当 座 預 金	120,000	現　金	120,000
6	仕　入	240,000	当 座 預 金	120,000
			当 座 借 越	40,000
			買 掛 金	80,000
11	買 掛 金	120,000	当 座 借 越	120,000
18	当 座 借 越	160,000	売 掛 金	200,000
	当 座 預 金	40,000		
23	借 入 金	160,000	当 座 預 金	40,000
	支 払 利 息	11,200	当 座 借 越	131,200
31	当 座 借 越	131,200	売　上	240,000
	当 座 預 金	108,800		

当 座 預 金

10/ 1	現　金	120,000	10/ 6	仕　入	120,000
18	売 掛 金	40,000	23	諸　口	40,000
31	売　上	108,800			

当 座 借 越

10/18	売 掛 金	160,000	10/ 6	仕　入	40,000
31	売　上	131,200	11	買 掛 金	120,000
			23	諸　口	131,200

	借方		貸方	
10/ 1	当 座 預 金	120,000	現　　金	120,000
6	仕　　入	240,000	当 座 預 金	160,000
			買 掛 金	80,000
11	買 掛 金	120,000	当 座 預 金	120,000
18	当 座 預 金	200,000	売 掛 金	200,000
23	借 入 金	160,000	当 座 預 金	171,200
	支 払 利 息	11,200		
31	当 座 預 金	240,000	売　　上	240,000

当 座 預 金

10/ 1 現　　金	120,000	10/ 6 仕　　入	160,000
18 売 掛 金	200,000	11 買 掛 金	120,000
31 売　　上	240,000	23 諸　　口	171,200

	借方		貸方	
(1)	買 掛 金	140,000	当 座 預 金	40,000
			当 座 借 越	100,000
(2)	当 座 借 越	240,000	売 掛 金	390,000
	当 座 預 金	150,000		

❸ 商品売買・掛取引の記帳　▷p.10〜

(1)

	借方		貸方	
1/ 7	仕　　入	390,000	買 掛 金	390,000
9	買 掛 金	12,000	仕　　入	12,000
16	当 座 預 金	200,000	売　　上	350,000
	売 掛 金	150,000		
24	仕　　入	440,000	当 座 預 金	300,000
			買 掛 金	140,000
28	買 掛 金	200,000	当 座 預 金	200,000

(2)

仕 入 帳　　1

令和○年	摘　　要		内　訳	金　額
1 7	石川商店	掛け		
	A品　400個　@¥450		180,000	
	B品　350〃　〃¥600		210,000	390,000
9	石川商店	掛け返品		
	B品　20個　@¥600			12,000
24	福井商店	小切手・掛け		
	C品　800個　@¥550			440,000
31		総 仕 入 高		830,000
〃		仕 入 返 品 高		12,000
		純 仕 入 高		818,000

買 掛 金 元 帳
石 川 商 店　　1

令和○年	摘　　要	借　方	貸　方	借または貸	残　高
1 1	前 月 繰 越		100,000	貸	100,000
7	仕　　入　れ		390,000	〃	490,000
9	返　　　品	12,000		〃	478,000
31	次 月 繰 越	478,000			
		490,000	490,000		

福 井 商 店　　2

令和○年	摘　　要	借　方	貸　方	借または貸	残　高
1 1	前 月 繰 越		280,000	貸	280,000
24	仕　　入　れ		140,000	〃	420,000
28	支　　払　い	200,000		〃	220,000
31	次 月 繰 越	220,000			
		420,000	420,000		

商 品 有 高 帳
品名　A 品

(移動平均法)　　　　　　　　　　　　　　　　　　　　　　　　　　　単位：個

令和○年	摘　要	受　入			払　出			残　高		
		数　量	単　価	金　額	数　量	単　価	金　額	数　量	単　価	金　額
1 1	前 月 繰 越	200	420	84,000				200	420	84,000
7	石 川 商 店	400	450	180,000				600	440	264,000
16	富 山 商 店				500	440	220,000	100	440	44,000
31	次 月 繰 越				100	440	44,000			
		600		264,000	600		264,000			

(1)

1/ 8	仕　　　　入	820,000	当 座 預 金	300,000		
			買　掛　金	520,000		
14	売　掛　金	600,000	売	上	600,000	
16	売　　　上	30,000	売　掛　金	30,000		
21	前　受　金	100,000	売	上	350,000	
	売　掛　金	250,000				
25	現　　　金	200,000	売　掛　金	200,000		

(2)

売　上　帳　　　　1

令和○年		摘　　　　要		内　訳	金　　額
1	14	山形商店	掛け		
		A品　　300個　@¥950		285,000	
		B品　　420 〃 　〃 〃750		315,000	600,000
	16	山形商店	掛け返品		
		B品　　40個　@¥750			30,000
	21	秋田商店	内金・掛け		
		C品　　500個　@¥700			350,000
	31	総 売 上 高			950,000
	〃	売上返品高			30,000
		純 売 上 高			920,000

売 掛 金 元 帳
山 形 商 店　　　　1

令和○年		摘　　　要	借　方	貸　方	借または貸	残　高
1	1	前 月 繰 越	120,000		借	120,000
	14	売　り　上　げ	600,000		〃	720,000
	16	返　　　品		30,000	〃	690,000
	31	次 月 繰 越		690,000		
			720,000	720,000		

秋 田 商 店　　　　2

令和○年		摘　　　要	借　方	貸　方	借または貸	残　高
1	1	前 月 繰 越	350,000		借	350,000
	21	売　り　上　げ	250,000		〃	600,000
	25	回　　　収		200,000	〃	400,000
	31	次 月 繰 越		400,000		
			600,000	600,000		

商 品 有 高 帳
品名　A 品

(先入先出法)　　　　　　　　　　　　　　　　　　　　　　　　　　　　　　　　　　　単位：個

令和○年		摘　要	受　　入			払　　出			残　　高		
			数　量	単価	金　額	数　量	単　価	金　額	数　量	単　価	金　額
1	1	前 月 繰 越	100	820	82,000				100	820	82,000
	8	岩 手 商 店	500	800	400,000				{ 100	820	82,000
									500	800	400,000
	14	山 形 商 店				{ 100	820	82,000			
						200	800	160,000	300	800	240,000
	31	次 月 繰 越				300	800	240,000			
			600		482,000	600		482,000			

— 4 —

4−1

(1)	仕　　入	280,000	支払手形	280,000
(2)	受取手形	390,000	売　　上	390,000
(3)	買掛金	450,000	支払手形	450,000
(4)	受取手形	780,000	売掛金	780,000
(5)	支払手形	540,000	当座預金	540,000
(6)	当座預金	650,000	受取手形	650,000

4−2

(1)	受取手形	490,000	売　　上	490,000
(2)	仕　　入	700,000	受取手形	490,000
			買掛金	210,000

4−5

9/13	支払手形	200,000	当座預金	200,000
21	当座預金	495,400	受取手形	500,000
	手形売却損	4,600		
27	買掛金	270,000	支払手形	270,000
10/2	受取手形	300,000	売　　上	300,000
5	受取手形	250,000	売掛金	250,000
28	仕　　入	400,000	受取手形	250,000
			買掛金	150,000
11/2	当座預金	300,000	受取手形	300,000

4−3

(1)	受取手形	400,000	売掛金	400,000
(2)	当座預金	398,000	受取手形	400,000
	手形売却損	2,000		

4−4

(1)	受取手形	510,000	売掛金	510,000
(2)	当座預金	496,000	受取手形	500,000
	手形売却損	4,000		
(3)	受取手形	300,000	売　　上	580,000
	売掛金	280,000		
	発送費	40,000	現　　金	40,000
(4)	買掛金	400,000	受取手形	400,000
(5)	当座預金	561,000	受取手形	561,000
(6)	支払手形	500,000	当座預金	500,000

受取手形記入帳

令和○年		摘要	金額	手形種類	手形番号	支払人	振出人または裏書人	振出日		満期日		支払場所	てん末		摘要
													月	日	
8	31	売　上	500,000	約手	4	静岡商店	静岡商店	8	31	10	30	東西銀行	9	21	割引
10	2	売　上	300,000	約手	7	富士商店	富士商店	10	2	11	2	北東銀行	9	11	入金
	5	売掛金	250,000	約手	9	静岡商店	清水商店	10	5	12	5	南西銀行	10	28	裏書譲渡

支払手形記入帳

令和○年		摘要	金額	手形種類	手形番号	受取人	振出人	振出日		満期日		支払場所	てん末		摘要
													月	日	
8	13	仕　入	200,000	約手	10	浜松商店	当店	8	13	9	13	中央銀行	9	13	支払い
9	27	買掛金	270,000	約手	11	沼津商店	当店	9	27	12	27	中央銀行			

4−6

(1)受取手形記入帳　　(2)支払手形記入帳

(1)	7/1	受取手形	150,000	売　　上	150,000
	25	受取手形	220,000	売掛金	220,000
	8/31	当座預金	150,000	受取手形	150,000
(2)	9/5	買掛金	180,000	支払手形	180,000
	16	仕　　入	250,000	支払手形	250,000
	10/31	支払手形	180,000	当座預金	180,000

4−7

松本商店	仕　　入	100,000	支払手形	100,000
上越商店	受取手形	100,000	売　　上	100,000

4 - 8

	借方		貸方	
(1)	買 掛 金	300,000	支 払 手 形	300,000
(2)	支 払 手 形	300,000	当 座 預 金	300,000
(3)	仕　　　入	430,000	支 払 手 形	300,000
			買 掛 金	130,000
(4)	買 掛 金	410,000	受 取 手 形	410,000
(5)	受 取 手 形	130,000	売　　　上	280,000
	売 掛 金	150,000		
(6)	当 座 預 金	249,000	受 取 手 形	250,000
	手形売却損	1,000		
(7)	仕　　　入	560,000	受 取 手 形	350,000
			買 掛 金	210,000
(8)	当 座 預 金	740,000	受 取 手 形	740,000
(9)	当 座 預 金	297,000	受 取 手 形	300,000
	手形売却損	3,000		

4 - 9

当 座 預 金 出 納 帳　　　　1

令和○年		摘　　要	預　入	引　出	借または貸	残　高
1	1	前月繰越	165,000		借	165,000
	9	栃木商店に売上分の発送費支払い		8,000	〃	157,000
	15	約手#36割り引き	196,100		〃	353,100

売 掛 金 元 帳
東 京 商 店　　　　1

令和○年		摘　　要	借　方	貸　方	借または貸	残　高
1	1	前 月 繰 越	350,000		借	350,000
	12	回　　収		200,000	〃	150,000

栃 木 商 店　　　　2

令和○年		摘　　要	借　方	貸　方	借または貸	残　高
1	1	前 月 繰 越	120,000		借	120,000
	9	売 り 上 げ	150,000		〃	270,000

受 取 手 形 記 入 帳　　　　1

令和○年		摘　要	金　額	手形種類	手形番号	支 払 人	振出人または裏書人	振出日		満期日		支 払 場 所	てん末 月	日	摘　要
1	12	売 掛 金	200,000	約手	36	東京商店	東京商店	1	10	4	10	全商銀行本店	1	15	割　引

❺ 電子記録債権（電子記録債務） ▷p.21〜

5-1

(1)	岩手商店	電子記録債権	400,000	売　掛　金	400,000
	青森商店	買　掛　金	400,000	電子記録債務	400,000
(2)	岩手商店	当 座 預 金	400,000	電子記録債権	400,000
	青森商店	電子記録債務	400,000	当 座 預 金	400,000

5-2

(1)	山口商店	電子記録債権	620,000	売　掛　金	620,000
	広島商店	買　掛　金	620,000	電子記録債務	620,000
(2)	山口商店	当 座 預 金 電子記録債権売却損	206,000 8,000	電子記録債権	214,000
	広島商店	仕 訳 な し			
(3)	山口商店	買　掛　金	319,000	電子記録債権	319,000
	広島商店	仕 訳 な し			
(4)	山口商店	当 座 預 金	87,000	電子記録債権	87,000
	広島商店	電子記録債務	620,000	当 座 預 金	620,000

考え方
- (2) 電子記録債権売却損
  - ￥214,000 − ￥206,000 ＝ ￥8,000
- (4) 電子記録債権
  - ￥620,000 − ￥214,000 − ￥319,000 ＝ ￥87,000

5-3

(1)	電子記録債権	360,000	売　掛　金	360,000
(2)	当 座 預 金 電子記録債権売却損	285,000 7,000	電子記録債権	292,000
(3)	当 座 預 金 電子記録債権売却損	461,000 14,000	電子記録債権	475,000
(4)	買　掛　金	158,000	電子記録債権	158,000

考え方
- (2) 電子記録債権売却損
  - ￥292,000 − ￥285,000 ＝ ￥7,000
- (3) 当座預金
  - ￥475,000 − ￥14,000 ＝ ￥461,000

❻ クレジット売掛金 ▷p.23〜

6-1

(1)	クレジット売掛金 支 払 手 数 料	264,600 5,400	売　　　上	270,000
(2)	当 座 預 金	264,600	クレジット売掛金	264,600

考え方
- (1) 支払手数料
  - ￥270,000 × 2％ ＝ ￥5,400

6-2

(1)	クレジット売掛金 支 払 手 数 料	398,400 16,600	売　　　上	415,000
(2)	クレジット売掛金 支 払 手 数 料	329,800 10,200	売　　　上	340,000

考え方
- (1) 支払手数料
  - ￥415,000 × 4％ ＝ ￥16,600
- (2) 売上（販売代金）
  - ￥10,200 ÷ 3％ ＝ ￥340,000

❼ 手形貸付金と手形借入金 ▷p.24〜

7-1

(1)	現　　　金	380,000	借　入　金	380,000
(2)	借　入　金 支 払 利 息	380,000 6,000	当 座 預 金	386,000

7-2

(1)	貸　付　金	250,000	現　　　金	250,000
(2)	当 座 預 金	253,000	貸　付　金 受 取 利 息	250,000 3,000

7-3

(1)	手 形 貸 付 金	500,000	現　　　金	500,000
(2)	現　　　金	506,000	手 形 貸 付 金 受 取 利 息	500,000 6,000
(3)	当 座 預 金	350,000	手 形 借 入 金	350,000
(4)	手 形 借 入 金 支 払 利 息	350,000 2,100	当 座 預 金	352,100

8-1

(1)	有 価 証 券	2,340,000	当 座 預 金	2,340,000
(2)	当 座 預 金	1,700,000	有 価 証 券 有価証券売却益	1,560,000 140,000
(3)	有 価 証 券	392,000	当 座 預 金	392,000
(4)	現 　 金	198,000	有 価 証 券 有価証券売却益	196,000 2,000
(5)	有 価 証 券	970,000	現 　 金	970,000

考え方 (1) 有価証券の価額
　　　　　¥7,800×300株＝¥2,340,000
(2) 当座預金の金額　¥8,500×200株＝¥1,700,000
　　有価証券売却益の金額
　　　¥1,700,000－¥7,800×200株＝¥140,000
(3) ¥400,000×$\frac{¥98}{¥100}$＝¥392,000
(4) 現金の金額
　　　¥200,000×$\frac{¥99}{¥100}$＝¥198,000
　　売却する社債の帳簿価額
　　　¥200,000×$\frac{¥98}{¥100}$＝¥196,000
　　有価証券売却益の金額
　　　¥198,000－¥196,000＝¥2,000

8-2

11/ 2	有 価 証 券	1,710,000	当 座 預 金	1,710,000
24	未 収 金	610,000	有 価 証 券 有価証券売却益	570,000 40,000
12/10	当 座 預 金 有価証券売却損	840,000 15,000	有 価 証 券	855,000

有 価 証 券

11/ 2 当座預金	1,710,000	11/24 未 収 金	570,000
		12/10 諸 口	855,000
		31 次期繰越	285,000
	1,710,000		1,710,000
1/ 1 前期繰越	285,000		

有価証券売却益

12/31 損 益	40,000	11/24 未 収 金	40,000

有価証券売却損

12/10 有価証券	15,000	12/31 損 益	15,000

8-3

9/10	有 価 証 券	3,000,000	未 払 金	3,000,000
11/ 7	当 座 預 金	1,500,000	有 価 証 券 有価証券売却益	1,200,000 300,000

有 価 証 券

9/10 未 払 金	3,000,000	11/ 7 当座預金	1,200,000
		12/31 次期繰越	1,800,000
	3,000,000		3,000,000
1/ 1 前期繰越	1,800,000		

有価証券売却益

12/31 損 益	300,000	11/ 7 当座預金	300,000

8-4

9/12	有 価 証 券	608,000	現 　 金	608,000
12/17	現 　 金	650,000	有 価 証 券 有価証券売却益	608,000 42,000

8-5

9/30	有 価 証 券	2,935,000	当 座 預 金	2,935,000
12/31	現 　 金	2,940,000	有 価 証 券 有価証券売却益	2,935,000 5,000

8-6

6/ 6	有 価 証 券	1,110,000	当 座 預 金	1,110,000
12/ 5	未 収 金 有価証券売却損	540,000 15,000	有 価 証 券	555,000

8-7

8/ 4	有 価 証 券	1,960,000	現 　 金	1,960,000
11/30	普 通 預 金	990,000	有 価 証 券 有価証券売却益	980,000 10,000

8-8

(1)	有 価 証 券	960,000	現 　 金	960,000
(2)	現 　 金	1,400,000	有 価 証 券 有価証券売却益	1,240,000 160,000
(3)	現 　 金 有価証券売却損	664,000 72,000	有 価 証 券	736,000
(4)	有 価 証 券	1,723,000	当 座 預 金	1,723,000
(5)	普 通 預 金	1,700,000	有 価 証 券 有価証券売却益	1,400,000 300,000
(6)	有 価 証 券	1,960,000	当 座 預 金	1,960,000
(7)	現 　 金	980,000	有 価 証 券 有価証券売却益	970,000 10,000
(8)	有 価 証 券	1,600,000	当 座 預 金	1,600,000
(9)	当 座 預 金	9,000,000	有 価 証 券 有価証券売却益	8,950,000 50,000
(10)	現 　 金 有価証券売却損	780,000 20,000	有 価 証 券	800,000

考え方
(1) ¥1,000,000×$\frac{¥96}{¥100}$＝¥960,000
(2) 小切手の金額
　　　¥70,000×20株＝¥1,400,000
　　有価証券売却益の金額
　　　¥1,400,000－¥62,000×20株＝¥160,000
(4) 有価証券の価額
　　　¥57,000×30株＋¥13,000＝¥1,723,000
(7) 現金の金額
　　　¥1,000,000×$\frac{¥98}{¥100}$＝¥980,000
　　売却する社債の帳簿価額
　　　¥1,000,000×$\frac{¥97}{¥100}$＝¥970,000
　　有価証券売却益の金額
　　　¥980,000－¥970,000＝¥10,000

9－1

(1)	現　　　金	2,000,000	資　本　金	2,000,000
(2)	引　出　金 （または資本金）	60,000	現　　　金	60,000
(3)	引　出　金 （または資本金）	30,000	仕　　　入	30,000
(4)	水道光熱費	38,000	現　　　金	50,000
	引　出　金 （または資本金）	12,000		
(5)	損　　　益	40,000	資　本　金	40,000

9－2

12/ 1	現　　　金	2,000,000	資　本　金	2,500,000
	備　　　品	500,000		
10	引　出　金	48,000	現　　　金	48,000
16	引　出　金	7,200	仕　　　入	7,200
20	水道光熱費	51,000	現　　　金	60,000
	引　出　金	9,000		
31	資　本　金	64,200	引　出　金	64,200
〃	損　　　益	300,000	資　本　金	300,000

引　　出　　金

12/10 現　　　金	48,000	12/31 資　本　金	64,200
16 仕　　　入	7,200		
20 現　　　金	9,000		
	64,200		64,200

資　　本　　金

12/31 引　出　金	64,200	12/ 1 諸　　　口	2,500,000
〃 次期繰越	2,735,800	12/31 損　　　益	300,000
	2,800,000		2,800,000
		1/ 1 前期繰越	2,735,800

9－3

(1)	引　出　金 （または資本金）	20,000	現　　　金	20,000
(2)	引　出　金 （または資本金）	6,000	仕　　　入	6,000

10－1

a. ○　　b. ×　　c. ○　　d. ×

10－2

(1)	引　出　金 （または資本金）	61,000	現　　　金	61,000
(2)	引　出　金 （または資本金）	23,000	現　　　金	23,000
(3)	租　税　公　課 （または固定資産税）	130,000	現　　　金	130,000
(4)	租　税　公　課 （または印紙税）	8,000	現　　　金	8,000

10－3

7/30	引　出　金	40,000	現　　　金	40,000
11/29	引　出　金	40,000	現　　　金	40,000
12/31	資　本　金	80,000	引　出　金	80,000
3/15	引　出　金	70,000	現　　　金	70,000

引　　出　　金

7/30 現　　　金	40,000	12/31 資　本　金	80,000
11/29 現　　　金	40,000		
	80,000		80,000
3/15 現　　　金	70,000		

考え方

7/30　¥120,000×$\frac{1}{3}$＝¥40,000　（第1期分予定納税額）

11/29　¥120,000×$\frac{1}{3}$＝¥40,000　（第2期分予定納税額）

3/15　¥150,000－（¥40,000＋¥40,000）
　　　　　　　　＝¥70,000（第3期分納税額）

10－4

(1)	引　出　金 （または資本金）	120,000	現　　　金	120,000
(2)	引　出　金 （または資本金）	26,000	現　　　金	26,000
(3)	印　紙　税	20,000	現　　　金	20,000
(4)	租　税　公　課 （または固定資産税）	200,000	当座預金	200,000
(5)	租　税　公　課 （または固定資産税）	24,000	現　　　金	40,000
	引　出　金 （または資本金）	16,000		
(6)	通　信　費	6,000	現　　　金	10,000
	租　税　公　課 （または印紙税）	4,000		

考え方

(5)　¥40,000×60％＝¥24,000
　　　　　　　　（租税公課（固定資産税）の金額）
　　　¥40,000×40％＝¥16,000　（引出金（資本金）の金額）

(6)　郵便切手と収入印紙はともに郵便局で購入できるが，勘定
　　科目が異なることに注意。

10-5

日付	借方	貸方
8/23	仕 入 250,000 / 仮払消費税 25,000	買 掛 金 275,000
9/18	売 掛 金 385,000	売 上 350,000 / 仮受消費税 35,000
12/31	仮受消費税 35,000	仮払消費税 25,000 / 未払消費税 10,000
3/15	未払消費税 10,000	現 金 10,000

考え方
8/23 仕入
　　¥275,000÷1.1＝¥250,000
9/18 売上
　　¥385,000÷1.1＝¥350,000
12/31 納付税額
　　¥35,000−¥25,000＝¥10,000

10-6

	借方	貸方
(1)	仕 入 360,000 / 仮払消費税 36,000	当座預金 396,000
(2)	現 金 550,000	売 上 500,000 / 仮受消費税 50,000
(3)	仮受消費税 280,000	仮払消費税 224,000 / 未払消費税 56,000
(4)	未払消費税 56,000	現 金 56,000

考え方
(1) 仕入
　　¥396,000−¥36,000＝¥360,000
(2) 売上
　　¥550,000−¥50,000＝¥500,000
(3) 納付税額
　　¥280,000−¥224,000＝¥56,000

10-7

	借方	貸方
(1)	租税公課（または固定資産税） 84,000 / 引 出 金（または資本金） 36,000	現 金 120,000
(2)	通 信 費 3,000 / 租税公課（または印紙税） 16,000	現 金 19,000

10-8

	借方	貸方
(1)	仕 入 300,000 / 仮払消費税 30,000	買 掛 金 330,000
(2)	租税公課（または固定資産税） 120,000	現 金 120,000
(3)	現 金 594,000	売 上 540,000 / 仮受消費税 54,000
(4)	租税公課（または固定資産税） 180,000	現 金 180,000

総合問題Ⅰ　　　　　　　▷p.35~

1

	借方	貸方
(1)	旅 費 6,000 / 雑 損 1,000	現金過不足 3,000 / 受取手数料 4,000
(2)	当座借越 180,000 / 当座預金 360,000	売 掛 金 540,000
(3)	当座預金 595,000 / 手形売却損 5,000	受取手形 600,000
(4)	買 掛 金 840,000	受取手形 350,000 / 当座預金 410,000 / 当座借越 80,000
(5)	手形借入金 1,000,000 / 支払利息 20,000	当座預金 1,020,000
(6)	有価証券 2,910,000	当座預金 2,910,000
(7)	普通預金 760,000	有価証券 700,000 / 有価証券売却益 60,000
(8)	仕 入 400,000 / 仮払消費税 40,000	買 掛 金 440,000

2

	借方	貸方
(1)	現金過不足 7,000	受取利息 5,000 / 雑 益 2,000
(2)	買 掛 金 260,000	支払手形 260,000
(3)	仕 入 320,000	電子記録債務 320,000
(4)	買 掛 金 200,000	電子記録債権 200,000
(5)	当座預金 485,000	クレジット売掛金 485,000
(6)	手形貸付金 450,000	現 金 450,000
(7)	普通預金 1,520,000 / 有価証券売却損 180,000	有価証券 1,700,000
(8)	現 金 800,000	資 本 金 800,000
(9)	引 出 金（または資本金） 36,000	仕 入 36,000
(10)	租税公課（または固定資産税） 108,000 / 引 出 金（または資本金） 52,000	現 金 160,000
(11)	売 掛 金 517,000	売 上 470,000 / 仮受消費税 47,000

3

(1) 総勘定元帳

現　金　　1

1/1 前期繰越	340,500	1/12	91,000

当　座　預　金　　2

1/1 前期繰越	1,120,000	1/22	370,000
29	692,000	25	750,000

受　取　手　形　　3

1/1 前期繰越	700,000	1/30	700,000
19	300,000		

売　掛　金　　4

1/1 前期繰越	1,260,000	1/29	882,000
12	876,000		
19	114,000		

前　払　金　　6

1/1 前期繰越	100,000	1/15	100,000

支　払　手　形　　13

1/25	940,000	1/1 前期繰越	940,000
		26	680,000

買　掛　金　　14

1/22	370,000	1/1 前期繰越	1,170,000
26	680,000	6	800,000
30	700,000	15	692,000

当　座　借　越　　16

1/29	190,000	1/25	190,000

売　上　　22

		1/12	876,000
		19	414,000

仕　入　　26

1/6	800,000	
15	792,000	

発　送　費　　28

1/12	91,000	

(2) 当座預金出納帳　　1

令和○年		摘　要	預　入	引　出	借また は貸	残　高
1	1	前月繰越	1,120,000		借	1,120,000
	22	山口商店に買掛金支払い　小切手#12		370,000	〃	750,000
	25	約手#8満期日支払い		940,000	貸	190,000
	29	奈良商店の売掛金回収	882,000		借	692,000
	31	次月繰越		692,000		
			2,002,000	2,002,000		

売　掛　金　元　帳
奈　良　商　店　　1

令和○年		摘　要	借　方	貸　方	借また は貸	残　高
1	1	前月繰越	920,000		借	920,000
	19	売り上げ	114,000		〃	1,034,000
	29	回　収		882,000	〃	152,000
	31	次月繰越		152,000		
			1,034,000	1,034,000		

買　掛　金　元　帳
山　口　商　店　　2

令和○年		摘　要	借　方	貸　方	借また は貸	残　高
1	1	前月繰越		450,000	貸	450,000
	6	仕　入　れ		800,000	〃	1,250,000
	22	支　払　い	370,000		〃	880,000
	31	次月繰越	880,000			
			1,250,000	1,250,000		

受　取　手　形　記　入　帳

令和○年		摘　要	金　額	手形種類	手形番号	支払人	振出人また は裏書人	振出日		満期日		支払場所	てん末		
													月	日	摘要
12	18	売　上	700,000	約手	5	岡山商店	岡山商店	12	18	2	18	東西銀行	1	30	裏書譲渡
1	19	売　上	300,000	約手	6	奈良商店	奈良商店	1	19	3	19	南西銀行			

支　払　手　形　記　入　帳

令和○年		摘　要	金　額	手形種類	手形番号	受取人	振出人	振出日		満期日		支払場所	てん末		
													月	日	摘要
11	25	仕　入	940,000	約手	8	山口商店	当　店	11	25	1	25	北東銀行	1	25	支払い
1	26	買掛金	680,000	約手	9	京都商店	当　店	1	26	3	26	北東銀行			

（先入先出法）　　　　　　　　　　　品名　　Ａ　　品　　　　　　　　　　　　　　　　単位：個

令和○年		摘　　　要	受　　入			払　　　出			残　　高		
			数量	単価	金　額	数量	単価	金　額	数量	単価	金　額
1	1	前 月 繰 越	160	2,520	403,200				160	2,520	403,200
	6	山 口 商 店	200	2,650	530,000				{160	2,520	403,200
									{200	2,650	530,000
	12	岡 山 商 店				{160	2,520	403,200			
						{ 80	2,650	212,000	120	2,650	318,000
	15	京 都 商 店	150	2,720	408,000				{120	2,650	318,000
									{150	2,720	408,000
	31	次 月 繰 越				{120	2,650	318,000			
						{150	2,720	408,000			
			510		1,341,200	510		1,341,200			

第 2 章　特殊な取引

⑪ 手形の書き換え ▷p.40〜

11 - 1

当　　店	受 取 手 形	700,000	受 取 手 形	700,000
	現　　　金	5,850	受 取 利 息	5,850
夕張商店	支 払 手 形	700,000	支 払 手 形	700,000
	支 払 利 息	5,850	現　　　金	5,850

11 - 2

9/20	宗谷商店	現　　　金	300,000	手形借入金	300,000
	礼文商店	手形貸付金	300,000	現　　　金	300,000
12/ 1	宗谷商店	手 形 借 入 金	300,000	手形借入金	300,000
		支 払 利 息	6,000	現　　　金	6,000
	礼文商店	手形貸付金	300,000	手形貸付金	300,000
		現　　　金	6,000	受 取 利 息	6,000
2/11	宗谷商店	手形借入金	300,000	当 座 預 金	300,000
	礼文商店	現　　　金	300,000	手形貸付金	300,000

11 - 3

(1)	当　　店	受 取 手 形	808,000	受 取 手 形	800,000
				受 取 利 息	8,000
	江差商店	支 払 手 形	800,000	支 払 手 形	808,000
		支 払 利 息	8,000		
(2)		手 形 借 入 金	500,000	手形借入金	506,000
		支 払 利 息	6,000		

11 - 4

(1)	支 払 手 形	600,000	支 払 手 形	600,000
	支 払 利 息	3,000	現　　　金	3,000
(2)	手形借入金	3,000,000	手形借入金	3,000,000
	支 払 利 息	15,000	現　　　金	15,000
(3)	受 取 手 形	868,000	受 取 手 形	864,000
			受 取 利 息	4,000

⑫ 不渡手形 ▷p.42〜

12 - 1

(1)	不 渡 手 形	604,000	受 取 手 形	600,000
			現　　　金	4,000
(2)	当 座 預 金	609,600	不 渡 手 形	604,000
			受 取 利 息	5,600

12 - 2

貸倒引当金	205,000	不 渡 手 形	205,000

12 - 3

(1)		不 渡 手 形	504,600	当 座 預 金	504,600
(2)	a	当 座 預 金	505,800	不 渡 手 形	504,600
				受 取 利 息	1,200
	b	貸倒引当金	480,000	不 渡 手 形	504,600
		貸 倒 損 失	24,600		

12 - 4

(1)	現　　　金	605,000	不 渡 手 形	604,000
			受 取 利 息	1,000
(2)	貸倒引当金	254,000	不 渡 手 形	254,000
(3)	不 渡 手 形	603,000	受 取 手 形	600,000
			現　　　金	3,000
(4)	現　　　金	200,000	不 渡 手 形	424,500
	貸倒引当金	150,000		
	貸 倒 損 失	74,500		

⑬ 営業外手形　　▷p.44〜

13−1

(1)	備　　品	3,600,000	営業外支払手形	3,600,000
(2)	営業外受取手形	4,260,000	建　　物	4,800,000
	固定資産売却損	540,000		

13−2

(1)	車両運搬具	3,350,000	営業外支払手形	3,000,000
			現　　金	350,000
(2)	営業外支払手形	3,000,000	当座預金	3,000,000
(3)	営業外受取手形	60,000,000	土　　地	52,000,000
			固定資産売却益	8,000,000
(4)	当座預金	60,000,000	営業外受取手形	60,000,000

⑭ その他の取引　　▷p.46〜

14−1

(1)	受取商品券	26,000	売　　上	26,000
(2)	現　　金	30,000	受取商品券	30,000
(3)	受取商品券	20,000	売　　上	48,000
	現　　金	28,000		
(4)	普通預金	50,000	受取商品券	50,000
(5)	受取商品券	40,000	売　　上	39,000
			現　　金	1,000

14−2

(1)	修繕費	340,000	当座預金	340,000
(2)	土　　地	180,000	当座預金	180,000
(3)	修繕費	77,000	普通預金	77,000

14−3

(1)	給　　料	650,000	社会保険料預り金	26,000
			現　　金	624,000
(2)	法定福利費	83,000	現　　金	166,000
	社会保険料預り金	83,000		
(3)	給　　料	940,000	所得税預り金	75,000
			社会保険料預り金	38,000
			普通預金	827,000

⑮ 3伝票制による記帳と集計　　▷p.48〜

15−1

仕 訳 集 計 表
令和○年11月10日

借　方	元丁	勘 定 科 目	元丁	貸　方
1,293,000	1	現　　　金	1	1,227,000
530,000		当 座 預 金		505,000
540,000		受 取 手 形		230,000
660,000		売 　掛　 金		861,000
280,000		支 払 手 形		590,000
844,000		買 　掛　 金		330,000
31,000		売　　　上		1,430,000
		受 取 家 賃		83,000
1,025,000		仕　　　入		24,000
77,000		消 耗 品 費		
5,280,000				5,280,000

総 勘 定 元 帳
現　　　金　　　　1

	8,690,000		8,145,000
11/10	1,293,000	11/10	1,227,000

15−2

a.

仕 訳 集 計 表
令和○年6月1日

借　方	元丁	勘 定 科 目	元丁	貸　方
618,000		現　　　金		605,000
583,000		当 座 預 金		102,000
960,000		売 　掛　 金		895,000
		前 　払　 金		215,000
102,000		支 払 手 形		160,000
922,000		買 　掛　 金		1,000,000
		前 　受　 金		253,000
12,000		売　　　上		960,000
		受 取 手 数 料		5,000
1,000,000		仕　　　入		2,000
4,197,000				4,197,000

b. ￥　　　483,000

考え方

6/ 1の仕訳
振替伝票　仕　　　入　305,000　買掛金　305,000
振替伝票　買　掛　金　90,000　前払金　90,000
出金伝票　買　掛　金　215,000　現　　金　215,000
b. 転記後の仕入先郡山商店に対する買掛金の残高
　　￥501,000＋（￥284,000−￥2,000）−￥140,000
　　　　　　　　　−￥160,000＝￥483,000

⑯ 固定資産の減価償却 －間接法－　▷p.50～

16 － 1

計算式	$\dfrac{¥850,000-¥0}{5\ 年}=¥170,000$			
仕訳	減価償却費	170,000	備品減価償却累計額	170,000

16 － 2

直接法	減価償却費	270,000	建　　　　物	270,000

建　　　物

1/ 1 当座預金	7,500,000	12/31 減価償却費	270,000
		〃　 次期繰越	7,230,000
	7,500,000		7,500,000
1/ 1 前期繰越	7,230,000		

間接法	減価償却費	270,000	建物減価償却累計額	270,000

建　　　物

1/ 1 当座預金	7,500,000	12/31 次期繰越	7,500,000
1/ 1 前期繰越	7,500,000		

建物減価償却累計額

12/31 次期繰越	270,000	12/31 減価償却費	270,000
		1/ 1 前期繰越	270,000

考え方　減価償却額
$$\dfrac{¥7,500,000-¥7,500,000×0.1}{25年}=¥270,000$$

16 － 3

4/ 1	備　　　　品	300,000	当 座 預 金	300,000
3/31	減 価 償 却 費	50,000	備品減価償却累計額	50,000
〃	損　　　　益	50,000	減 価 償 却 費	50,000
3/31	減 価 償 却 費	50,000	備品減価償却累計額	50,000
〃	損　　　　益	50,000	減 価 償 却 費	50,000

備　　　品

4/ 1 当座預金	300,000	3/31 次期繰越	300,000
4/ 1 前期繰越	300,000	3/31 次期繰越	300,000
4/ 1 前期繰越	300,000		

備品減価償却累計額

3/31 次期繰越	50,000	3/31 減価償却費	50,000
3/31 次期繰越	100,000	4/ 1 前期繰越	50,000
		3/31 減価償却費	50,000
	100,000		100,000
		4/ 1 前期繰越	100,000

減 価 償 却 費

3/31 備品減価償却累計額	50,000	3/31 損　　益	50,000
3/31 備品減価償却累計額	50,000	3/31 損　　益	50,000

考え方　減価償却額
$$\dfrac{¥300,000-¥0}{6年}=¥50,000$$

16 － 4

(1)	減 価 償 却 費	150,000	備品減価償却累計額	150,000

(2)
備品減価償却累計額　　　　　　　9

12/31 次期繰越	450,000	1/ 1 前期繰越	300,000
		12/31 減価償却費	150,000
	450,000		450,000

注意　間接法による。

考え方
　減価償却額
$$\dfrac{¥1,200,000-¥0}{8年}=¥150,000$$

17－1

(1)	現　　　　　金	460,000	車 両 運 搬 具	500,000
	固定資産売却損	40,000		
(2)	建物減価償却累計額	4,860,000	建　　　　　物	6,000,000
	現　　　　　金	500,000		
	未　収　金	500,000		
	固定資産売却損	140,000		
(3)	備品減価償却累計額	225,000	備　　　　　品	300,000
	現　　　　　金	50,000	固定資産売却益	15,000
	未　収　金	40,000		

考え方
(1)　固定資産売却損
　　帳簿価額￥500,000－売却額￥460,000＝￥40,000
(2)　建物の帳簿価額
　　取得原価￥6,000,000－建物減価償却累計額￥4,860,000
　　　　　　　　　　　　　　　　　　　　＝￥1,140,000
　　固定資産売却損
　　帳簿価額￥1,140,000－売却額￥1,000,000＝￥140,000
(3)　備品の帳簿価額
　　取得原価￥300,000－備品減価償却累計額￥225,000
　　　　　　　　　　　　　　　　　　　　＝￥75,000
　　固定資産売却益
　　売却額￥90,000－帳簿価額￥75,000＝￥15,000

17－2

①	￥	250,000	②	￥	75,000	③	損　益

考え方
　備品売却時の仕訳
　　(借)備品減価償却累計額　345,000　　(貸)備　　　品　920,000
　　　　現　　　　金　500,000
　　　　固定資産売却損　75,000
　建物の減価償却時の仕訳
　　(借)減 価 償 却 費　250,000　　(貸)建物減価償却累計額　250,000
　　$\dfrac{￥7,500,000－￥0}{30年}＝￥250,000$

17－3

(1)	備品減価償却累計額	400,000	備　　　　　品	500,000
	未　収　金	80,000		
	固定資産売却損	20,000		
(2)	備品減価償却累計額	360,000	備　　　　　品	600,000
	未　収　金	290,000	固定資産売却益	50,000
(3)	備品減価償却累計額	262,500	備　　　　　品	350,000
	当 座 預 金	80,000		
	固定資産売却損	7,500		
(4)	当 座 預 金	3,700,000	建　　　　　物	4,300,000
	固定資産売却損	600,000		

考え方
(1)　備品の帳簿価額
　　取得原価￥500,000－備品減価償却累計額￥400,000
　　　　　　　　　　　　　　　　　　　　＝￥100,000
　　固定資産売却損
　　帳簿価額￥100,000－売却額￥80,000＝￥20,000
(2)　備品の帳簿価額
　　取得原価￥600,000－備品減価償却累計額￥360,000
　　　　　　　　　　　　　　　　　　　　＝￥240,000
　　固定資産売却益
　　売却額￥290,000－帳簿価額￥240,000＝￥50,000
(3)　備品減価償却累計額
　　取得原価￥350,000－帳簿価額￥87,500＝￥262,500
　　固定資産売却損
　　帳簿価額￥87,500－売却額￥80,000＝￥7,500

⑱ 減価償却費の定率法による計算　▷p.54～

18-1

(1)	備品の帳簿価額	¥ 674,500
(2)	建物の帳簿価額	¥ 7,276,000

18-2

(1)	計算式　¥700,000×0.2＝¥140,000	
		償却額　¥140,000
(2)	計算式　（¥6,000,000－¥2,160,000）×0.2＝¥768,000	
		償却額　¥768,000

18-3

減価償却費	480,000	車両運搬具減価償却累計額	480,000

車両運搬具

	2,000,000	12/31 次期繰越	2,000,000
1/ 1 前期繰越	2,000,000		

車両運搬具減価償却累計額

12/31 次期繰越	1,280,000		800,000
		12/31 減価償却費	480,000
	1,280,000		1,280,000
		1/ 1 前期繰越	1,280,000

減価償却費

12/31 車両運搬具減価償却累計額	480,000	12/31 損　　益	480,000

考え方
減価償却額
　（¥2,000,000－¥800,000）×0.4＝¥480,000

18-4

償却法	定　額　法		定　率　法	
償却年次	減価償却費	減価償却累計額	減価償却費	減価償却累計額
1	¥ 125,000	¥ 125,000	¥ 250,000	¥ 250,000
2	¥ 125,000	¥ 250,000	¥ 187,500	¥ 437,500
3	¥ 125,000	¥ 375,000	¥ 140,625	¥ 578,125

考え方
〈定率法〉
　1年次減価償却費
　　¥1,000,000×0.250＝¥250,000
　2年次減価償却費
　　（¥1,000,000－¥250,000）×0.250＝¥187,500
　3年次減価償却費
　　（¥1,000,000－¥437,500）×0.250＝¥140,625

18-5

(1)	減価償却費	337,500	備品減価償却累計額	337,500

(2)		備品減価償却累計額		9

12/31 次期繰越	787,500	1/ 1 前期繰越	450,000
		12/31 減価償却費	337,500
	787,500		787,500

考え方
減価償却額
　（¥1,800,000－¥450,000）×0.250＝¥337,500

18-6

(1)	減価償却費	784,000	建物減価償却累計額	400,000
			備品減価償却累計額	384,000

(2)		建物減価償却累計額		10

12/31 次期繰越	4,000,000	1/ 1 前期繰越	3,600,000
		12/31 減価償却費	400,000
	4,000,000		4,000,000

		備品減価償却累計額		12

12/31 次期繰越	864,000	1/ 1 前期繰越	480,000
		12/31 減価償却費	384,000
	864,000		864,000

考え方
備品の減価償却額
　（¥2,400,000－¥480,000）×0.2＝¥384,000

19-1

(1)	有 価 証 券	3,600,000	当 座 預 金	3,600,000
(2)	有 価 証 券	240,000	有価証券評価益	240,000

考え方
(1)買入価額　￥6,000×600株＝￥3,600,000
(2)有価証券評価高
　　（￥6,400−￥6,000）×600株＝￥240,000

19-2

有 価 証 券	60,000	有価証券評価益	60,000

考え方　有価証券評価高
　　（￥58,000−￥56,000）×30株＝￥60,000

19-3

(1)	有価証券評価損	120,000	有 価 証 券	120,000
(2)	有価証券評価損	1,140,000	有 価 証 券	1,140,000
(3)	有 価 証 券	100,000	有価証券評価益	100,000

19-4

(1)	有 価 証 券	80,000	有価証券評価益	80,000

(2)

有 価 証 券　6

4/ 1 現　　金	1,800,000	12/31 次 期 繰 越	1,880,000
12/31 有価証券評価益	80,000		
	1,880,000		1,880,000

（有 価 証 券 評 価 益）　27

12/31 損　　益	80,000	12/31 有 価 証 券	80,000

考え方　有価証券評価高
　　（￥47,000−￥45,000）×40株＝￥80,000

19-5

有価証券評価損	160,000	有 価 証 券	160,000

精　算　表
令和○年12月31日

勘 定 科 目	残 高 試 算 表		整 理 記 入		損 益 計 算 書		貸 借 対 照 表	
	借 方	貸 方	借 方	貸 方	借 方	貸 方	借 方	貸 方
有 価 証 券	2,320,000			160,000			2,160,000	
有価証券評価損			160,000		160,000			

損 益 計 算 書
徳 島 商 店　　　令和○年1月1日から令和○年12月31日まで

費　　用	金　　額	収　　益	金　　額
有価証券評価損	160,000		

貸 借 対 照 表
徳 島 商 店　　　令和○年12月31日

資　　産	金　　額	負債および純資産	金　　額
有 価 証 券	2,160,000		

考え方　有価証券評価高
　　（￥54,000−￥58,000）×40株＝−￥160,000

20-1

(1)	雑　　　損	6,000	現金過不足	6,000
(2)	現金過不足	12,000	受 取 利 息	8,000
			雑　　益	4,000
(3)	広 告 料	18,000	現金過不足	14,000
	雑　　損	3,000	受取手数料	7,000
(4)	資 本 金	90,000	引 出 金	90,000

20-2

(1)	現金過不足	4,000	受 取 利 息	4,000
(2)	交 通 費	4,000	現金過不足	2,000
			受取手数料	2,000

21 - 1

12/31	当 座 預 金	320,000	当 座 借 越	320,000
1/ 1	当 座 借 越	320,000	当 座 預 金	320,000

21 - 2

(1)

a	現金過不足	80,000	受取手数料	78,000
			雑　　益	2,000
b	資 本 金	210,000	引 出 金	210,000
c	当 座 預 金	140,000	当 座 借 越	140,000

(2)	¥	268,000
(3)	¥	1,790,000
(4)	¥	840,000

22 - 1

(1)	売　　上	57,000	売 掛 金	57,000
(2)	現　　金	150,000	受 取 手 形	150,000
(3)	買 掛 金	200,000	仕　　入	200,000
	備　　品	200,000	未 払 金	200,000

22 - 2

(1)	現金過不足	1,800	売　　上	1,800
(2)	売 掛 金	475,000	前 受 金	475,000

22 - 3

(1)	仕　　入	4,500	発 送 費	4,500
(2)	現　　金	8,000	現金過不足	8,000
(3)	現金過不足	4,000	現　　金	4,000
(4)	現金過不足	2,700	売　　上	2,700
(5)	買 掛 金	270,000	仕　　入	270,000
(6)	前 受 金	100,000	売 掛 金	100,000
(7)	売　　上	50,000	売 掛 金	50,000
	買 掛 金	50,000	仕　　入	50,000
(8)	前 払 金	200,000	買 掛 金	200,000

23 - 1

8/ 1	保 険 料	72,000	当 座 預 金	72,000
12/31	前払保険料	42,000	保 険 料	42,000
〃	損 益	30,000	保 険 料	30,000
1/ 1	保 険 料	42,000	前払保険料	42,000

保 険 料

8/ 1 当 座 預 金	72,000	12/31 前払保険料	42,000
		〃 損 益	30,000
	72,000		72,000
1/ 1 前払保険料	42,000		

前 払 保 険 料

12/31 保 険 料	42,000	12/31 次 期 繰 越	42,000
1/ 1 前 期 繰 越	42,000	1/ 1 保 険 料	42,000

損 益

12/31 保 険 料	30,000	

23 - 2

(1)

a	前 払 家 賃	180,000	支 払 家 賃	180,000
b	前払保険料	100,000	保 険 料	100,000

(2)

支 払 家 賃	¥	1,080,000
保 険 料	¥	300,000

考え方

(1)a．家賃前払高

$$¥540,000×\frac{2か月}{6か月}=¥180,000$$

　b．保険料前払高

$$¥300,000×\frac{4か月}{12か月}=¥100,000$$

(2)支払家賃　¥1,260,000－¥180,000＝¥1,080,000

　保険料　¥400,000－¥100,000＝¥300,000

23 - 3

7/10	消 耗 品 費	18,000	現 金	18,000
12/31	消 耗 品	6,000	消 耗 品 費	6,000
〃	損 益	12,000	消 耗 品 費	12,000
1/ 1	消 耗 品 費	6,000	消 耗 品	6,000

消 耗 品 費

7/10 現 金	18,000	12/31 消 耗 品	6,000
		〃 損 益	12,000
	18,000		18,000
1/ 1 消 耗 品	6,000		

消 耗 品

12/31 消 耗 品 費	6,000	12/31 次 期 繰 越	6,000
1/ 1 前 期 繰 越	6,000	1/ 1 消 耗 品 費	6,000

損 益

12/31 消 耗 品 費	12,000	

23 - 4

6/20	通 信 費 租 税 公 課	14,000 56,000	現 金	70,000
12/31	貯 蔵 品	25,000	通 信 費 租 税 公 課	5,000 20,000
〃	損 益	45,000	通 信 費 租 税 公 課	9,000 36,000
1/ 1	通 信 費 租 税 公 課	5,000 20,000	貯 蔵 品	25,000

通 信 費

6/20 現 金	14,000	12/31 貯 蔵 品	5,000
		〃 損 益	9,000
	14,000		14,000
1/ 1 貯 蔵 品	5,000		

租 税 公 課

6/20 現 金	56,000	12/31 貯 蔵 品	20,000
		〃 損 益	36,000
	56,000		56,000
1/ 1 貯 蔵 品	20,000		

貯 蔵 品

12/31 諸 口	25,000	12/31 次 期 繰 越	25,000
1/ 1 前 期 繰 越	25,000	1/ 1 諸 口	25,000

損 益

12/31 通 信 費	9,000	
〃 租 税 公 課	36,000	

23 - 5

(1)

消 耗 品	36,000	消 耗 品 費	36,000

(2)

¥	57,000

23 - 6

(1)

貯 蔵 品	34,000	通 信 費 租 税 公 課	13,000 21,000

(2)

通 信 費	¥	55,000
租 税 公 課	¥	103,000

23 - 7

前払保険料	7,000	保 険 料	7,000

24-1

9/1	現 金	360,000	受 取 家 賃	360,000
12/31	受 取 家 賃	120,000	前 受 家 賃	120,000
〃	受 取 家 賃	240,000	損 益	240,000
1/1	前 受 家 賃	120,000	受 取 家 賃	120,000

受 取 家 賃

12/31 前 受 家 賃	120,000	9/1 現 金	360,000
〃 損 益	240,000		
	360,000		360,000
		1/1 前 受 家 賃	120,000

前 受 家 賃

12/31 次 期 繰 越	120,000	12/31 受 取 家 賃	120,000
1/1 受 取 家 賃	120,000	1/1 前 期 繰 越	120,000

損 益

		12/31 受 取 家 賃	240,000

24-2

11/1	現 金	39,000	受 取 利 息	39,000
12/31	受 取 利 息	13,000	前 受 利 息	13,000
〃	受 取 利 息	26,000	損 益	26,000
1/1	前 受 利 息	13,000	受 取 利 息	13,000

受 取 利 息

12/31 前 受 利 息	13,000	11/1 現 金	39,000
〃 損 益	26,000		
	39,000		39,000
		1/1 前 受 利 息	13,000

前 受 利 息

12/31 次 期 繰 越	13,000	12/31 受 取 利 息	13,000
1/1 受 取 利 息	13,000	1/1 前 期 繰 越	13,000

損 益

		12/31 受 取 利 息	26,000

24-3

(1)	受 取 利 息	35,000	前 受 利 息	35,000
(2)	受 取 手 数 料	33,000	前 受 手 数 料	33,000

考え方

(2)受取手数料前受高

$$¥66,000×\frac{3か月}{6か月}=¥33,000$$

24-4

(1)

受 取 地 代	90,000	前 受 地 代	90,000

(2)

¥	270,000

考え方

(1)地代前受高

$$¥360,000×\frac{3か月}{12か月}=¥90,000$$

(2)受取地代

$$¥360,000-¥90,000=¥270,000$$

24-5

前 受 利 息	24,000	受 取 利 息	24,000

24-6

前 受 家 賃	124,000	受 取 家 賃	124,000

24-7

①	¥	420,000
②	¥	210,000
③	損	益

25 費用の見越し　▷p.71〜

25-1

12/31	支払地代	120,000	未払地代	120,000
〃	損　益	480,000	支払地代	480,000
1/1	未払地代	120,000	支払地代	120,000
3/31	支払地代	240,000	現　金	240,000

支　払　地　代

		360,000	12/31	損　益	480,000
12/31	未払地代	120,000			
		480,000			480,000
3/31	現　金	240,000	1/1	未払地代	120,000

未　払　地　代

12/31	次期繰越	120,000	12/31	支払地代	120,000
1/1	支払地代	120,000	1/1	前期繰越	120,000

損　　　　益

12/31	支払地代	480,000			

25-2

12/31	支払家賃	135,000	未払家賃	135,000
〃	損　益	135,000	支払家賃	135,000
1/1	未払家賃	135,000	支払家賃	135,000

25-3

3/31	支払利息	96,000	未払利息	96,000
〃	損　益	144,000	支払利息	144,000
4/1	未払利息	96,000	支払利息	96,000

25-4

(1)

支払利息	2,000	未払利息	2,000

(2)

¥	24,000

考え方

(1)利息未払高

$$¥12,000 × \frac{1か月}{6か月} = ¥2,000$$

(2)支払利息

$$¥22,000 + ¥2,000 = ¥24,000$$

25-5

(1)

支払利息	10,000	未払利息	10,000

(2)　　　　支　払　利　息　　　　　19

7/31	現　金	26,000	12/31	損　益	36,000
12/31	未払利息	10,000			
		36,000			36,000

26 収益の見越し　▷p.74〜

26-1

10/1	定期預金	900,000	当座預金	900,000
12/31	未収利息	4,500	受取利息	4,500
〃	受取利息	4,500	損　益	4,500
1/1	受取利息	4,500	未収利息	4,500
10/1	現　金	18,000	受取利息	18,000

受　取　利　息

12/31	損　益	4,500	12/31	未収利息	4,500
1/1	未収利息	4,500	10/1	現　金	18,000

未　収　利　息

12/31	受取利息	4,500	12/31	次期繰越	4,500
1/1	前期繰越	4,500	1/1	受取利息	4,500

損　　　　益

			12/31	受取利息	4,500

26-2

(1)

未収地代	228,000	受取地代	228,000

(2)

¥	684,000

考え方

(1)地代未収高

$$¥456,000 × \frac{3か月}{6か月} = ¥228,000$$

(2)受取地代

$$¥456,000 + ¥228,000 = ¥684,000$$

26-3

(1)	支払地代	60,000	未払地代	60,000
(2)	未収利息	18,000	受取利息	18,000
(3)	前払保険料	15,000	保険料	15,000
(4)	受取家賃	36,000	前受家賃	36,000
(5)	消耗品	12,000	消耗品費	12,000

26-4

	損益計算書		貸借対照表	
	費用の部	収益の部	資産の部	負債の部
前受地代				○
未払家賃				○
消耗品費	○			
消耗品			○	
受取利息		○		
未収利息			○	
支払手数料	○			
前払保険料			○	
支払利息	○			
未払利息				○

26-5

受取家賃	250,000	未収家賃	250,000

26-6

①	未収地代	②	¥	288,000

精　算　表

令和○年12月31日

勘定科目	残高試算表 借方	残高試算表 貸方	整理記入 借方	整理記入 貸方	損益計算書 借方	損益計算書 貸方	貸借対照表 借方	貸借対照表 貸方
現　　金	73,000						73,000	
当座預金	1,213,000						1,213,000	
売　掛　金	1,240,000						1,240,000	
貸倒引当金		9,000		53,000				62,000
繰越商品	967,000		982,000	967,000			982,000	
貸　付　金	500,000						500,000	
備　　品	830,000						830,000	
備品減価償却累計額		216,000		35,000				251,000
支払手形		470,000						470,000
買　掛　金		765,000						765,000
資　本　金		3,000,000						3,000,000
売　　上		5,361,500				5,361,500		
受取地代		84,000	12,000			72,000		
受取利息		12,500		2,500		15,000		
仕　　入	4,158,000		967,000	982,000	4,143,000			
給　　料	542,500				542,500			
支払家賃	165,000		15,000		180,000			
保　険　料	15,000			6,000	9,000			
消耗品費	180,500			11,800	168,700			
雑　　費	34,000				34,000			
	9,918,000	9,918,000						
貸倒引当金繰入			53,000		53,000			
減価償却費			35,000		35,000			
消　耗　品			11,800				11,800	
前払保険料			6,000				6,000	
前受地代				12,000				12,000
未収利息			2,500				2,500	
未払家賃				15,000				15,000
当期純利益					283,300			283,300
			2,084,300	2,084,300	5,448,500	5,448,500	4,858,300	4,858,300

考え方

　b．貸倒見積高

　　　¥1,240,000×5％＝¥62,000

　　　¥62,000－¥9,000＝¥53,000

　c．間接法による。

精　算　表

令和○年12月31日

勘定科目	残高試算表 借方	残高試算表 貸方	整理記入 借方	整理記入 貸方	損益計算書 借方	損益計算書 貸方	貸借対照表 借方	貸借対照表 貸方
現　　金	(15,000)						(15,000)	
当座預金	177,000						177,000	
売　掛　金	245,000						245,000	
貸倒引当金		2,800		4,550				(7,350)
繰越商品	(125,000)		(152,000)	(125,000)			152,000	
備　　品	300,000						300,000	
備品減価償却累計額		60,000		(30,000)				90,000
買　掛　金		176,000						176,000
資　本　金		500,000						500,000
売　　上		928,200				928,200		
仕　　入	725,000		125,000	(152,000)	698,000			
給　　料	50,000				50,000			
保　険　料	9,000			(3,000)	(6,000)			
支払利息	21,000		(5,000)		(26,000)			
	1,667,000	1,667,000						
貸倒引当金繰入			(4,550)		(4,550)			
減価償却費			(30,000)		(30,000)			
(前払)保険料			(3,000)				3,000	
(未払)利　息				(5,000)				5,000
当期純(利益)					(113,650)			(113,650)
			319,550	319,550	928,200	928,200	(892,000)	(892,000)

考え方

仕入勘定の整理記入欄より
　仕　　　　入　125,000　　繰越商品　125,000
繰越商品勘定の貸借対照表欄より
　繰越商品　152,000　　仕　　入　152,000
備品減価償却累計額勘定の残高試算表欄と貸借対照表欄より
　¥90,000 － ¥60,000 ＝ ¥30,000
　減価償却費　30,000　　備品減価償却累計額　30,000
前払保険料勘定の貸借対照表欄より
　前払保険料　3,000　　保　険　料　3,000
未払利息勘定の貸借対照表欄より
　支払利息　5,000　　未払利息　5,000

精 算 表

令和○年12月31日

勘定科目	残高試算表 借方	残高試算表 貸方	整理記入 借方	整理記入 貸方	損益計算書 借方	損益計算書 貸方	貸借対照表 借方	貸借対照表 貸方
現　　　金	280,000						280,000	
当 座 預 金	1,480,000						1,480,000	
売 　掛 　金	1,560,000						1,560,000	
貸倒引当金		13,000		65,000				78,000
有 価 証 券	750,000		50,000				800,000	
繰 越 商 品	845,000		893,000	845,000			893,000	
貸 付 金	1,200,000						1,200,000	
備　　　品	900,000						900,000	
備品減価償却累計額		405,000		81,000				486,000
買 　掛 　金		1,390,000						1,390,000
従業員預り金		52,000						52,000
資 　本 　金		4,100,000	100,000					4,000,000
引 　出 　金	100,000			100,000				
売 　　　上		8,917,000				8,917,000		
受 取 地 代		78,000	13,000			65,000		
受 取 利 息		48,000		48,000		96,000		
仕 　　　入	6,350,000		845,000	893,000	6,302,000			
給 　　　料	1,100,000		100,000		1,200,000			
広 　告 　料	78,000				78,000			
支 払 家 賃	240,000				240,000			
保 　険 　料	39,000			3,000	36,000			
消 耗 品 費	45,000			6,000	39,000			
雑 　　　費	37,000				37,000			
現金過不足		1,000	1,000					
	15,004,000	15,004,000						
貸倒引当金繰入			65,000		65,000			
減価償却費			81,000		81,000			
有価証券評価益				50,000		50,000		
消 耗 品			6,000				6,000	
前払保険料			3,000				3,000	
前 受 地 代				13,000				13,000
未 収 利 息			48,000				48,000	
未 払 給 料				100,000				100,000
雑 　　益				1,000		1,000		
当期純利益					1,051,000			1,051,000
			2,205,000	2,205,000	9,129,000	9,129,000	7,170,000	7,170,000

考え方

b．貸倒見積高

　　¥1,560,000×5％＝¥78,000

　　¥78,000－¥13,000＝¥65,000

d．有価証券評価高

　　¥800,000－¥750,000＝¥50,000

精 算 表

令和○年12月31日

勘定科目	残高試算表 借方	残高試算表 貸方	整理記入 借方	整理記入 貸方	損益計算書 借方	損益計算書 貸方	貸借対照表 借方	貸借対照表 貸方
現 金	843,000			2,000			841,000	
当 座 預 金	2,336,000						2,336,000	
受 取 手 形	950,000						950,000	
売 掛 金	1,500,000						1,500,000	
貸倒引当金		5,000		44,000				49,000
有 価 証 券	1,920,000		60,000				1,980,000	
繰 越 商 品	790,000		1,070,000	790,000			1,070,000	
備 品	1,280,000						1,280,000	
備品減価償却累計額		560,000		180,000				740,000
支 払 手 形		1,210,000						1,210,000
買 掛 金		1,300,000						1,300,000
借 入 金		900,000						900,000
前 受 金		30,000						30,000
従業員預り金		230,000						230,000
資 本 金		5,400,000	150,000					5,250,000
引 出 金	150,000			150,000				
売 上		9,186,000				9,186,000		
受 取 地 代		196,000	28,000			168,000		
受 取 手 数 料		177,000		12,000		189,000		
仕 入	5,568,000		790,000	1,070,000	5,288,000			
給 料	2,192,000				2,192,000			
支 払 家 賃	836,000		76,000		912,000			
保 険 料	504,000			208,000	296,000			
消 耗 品 費	168,000			29,000	139,000			
租 税 公 課	64,000				64,000			
雑 費	57,000				57,000			
支 払 利 息	36,000				36,000			
	19,194,000	19,194,000						
雑 損			2,000		2,000			
貸倒引当金(繰入)			44,000		44,000			
(減価償却費)			180,000		180,000			
有価証券評価(益)				60,000		60,000		
消 耗 品			29,000				29,000	
(前払)保険料			208,000				208,000	
(前受)地 代				28,000				28,000
(未収)手数料			12,000				12,000	
(未払)家 賃				76,000				76,000
当期純(利益)					393,000			393,000
			2,649,000	2,649,000	9,603,000	9,603,000	10,206,000	10,206,000

考え方

〈決算整理事項等〉
　c．貸倒見積高
　　　受取手形　￥950,000×2％＝￥19,000
　　　売掛金　￥1,500,000×2％＝￥30,000
　　　（￥19,000＋￥30,000）－￥5,000＝￥44,000
　d．備品減価償却高
　　　（￥1,280,000－￥560,000）×25％＝￥180,000

　e．有価証券評価高
　　　￥1,920,000÷300株＝￥6,400（1株あたりの帳簿価額）
　　　（￥6,600－￥6,400）×300株＝￥60,000（評価益）
　g．保険料前払高
　　　￥312,000×$\frac{8か月}{12か月}$＝￥208,000

精　算　表

令和○年12月31日

勘定科目	残高試算表 借方	残高試算表 貸方	整理記入 借方	整理記入 貸方	損益計算書 借方	損益計算書 貸方	貸借対照表 借方	貸借対照表 貸方
現　　　金	1,205,000						1,205,000	
当 座 預 金	2,406,000						2,406,000	
受 取 手 形	600,000						600,000	
売 掛 金	800,000						800,000	
貸倒引当金		8,000		6,000				14,000
有 価 証 券	1,300,000			100,000			1,200,000	
繰 越 商 品	520,000		650,000	520,000			650,000	
貸 付 金	1,000,000						1,000,000	
備　　　品	1,600,000						1,600,000	
備品減価償却累計額		700,000		225,000				925,000
土　　　地	2,000,000						2,000,000	
支 払 手 形		659,000						659,000
買 掛 金		1,690,000						1,690,000
資 本 金		8,000,000						8,000,000
売　　　上		7,411,000				7,411,000		
受 取 地 代		156,000	12,000			144,000		
受 取 利 息		25,000		5,000		30,000		
仕　　　入	5,560,000		520,000	650,000	5,430,000			
給　　　料	539,000		49,000		588,000			
広 告 料	349,000				349,000			
支 払 家 賃	540,000				540,000			
保 険 料	166,000			80,000	86,000			
消 耗 品 費	28,000			3,000	25,000			
雑　　　費	36,000				36,000			
	18,649,000	18,649,000						
貸倒引当金繰入			6,000		6,000			
減価償却費			225,000		225,000			
有価証券評価(損)			100,000		100,000			
消 耗 品			3,000				3,000	
前 払 保 険 料			80,000				80,000	
前 受 地 代				12,000				12,000
(未収)利 息			5,000				5,000	
未 払 給 料				49,000				49,000
当期純(利益)					200,000			200,000
			1,650,000	1,650,000	7,585,000	7,585,000	11,549,000	11,549,000

考え方

〔決算整理事項の仕訳〕

a. 仕　　　入　520,000　繰越商品　520,000
　　繰越商品　650,000　仕　入　650,000
b. 貸倒引当金繰入　6,000　貸倒引当金　6,000
　　受取手形　¥600,000×1％＝¥6,000
　　売 掛 金　¥800,000×1％＝¥8,000
　　（¥6,000＋¥8,000）－¥8,000＝¥6,000
c. 減価償却費　225,000　備品減価償却累計額　225,000

d. 有価証券評価損　100,000　有価証券　100,000
　　¥1,300,000÷25株＝¥52,000
　　　　　　　　　　　　　　（1株あたりの帳簿価額）
　　（¥48,000－¥52,000）×25株＝－¥100,000
e. 消 耗 品　3,000　消耗品費　3,000
f. 前払保険料　80,000　保 険 料　80,000
　　¥96,000×$\frac{10か月}{12か月}$＝¥80,000
g. 受取地代　12,000　前受地代　12,000
h. 未収利息　5,000　受取利息　5,000
i. 給　　　料　49,000　未払給料　49,000

28-1

a	仕　　　　　入	2,025,000	繰 越 商 品	2,025,000
	繰 越 商 品	2,115,000	仕　　　　　入	2,115,000
b	貸倒引当金繰入	64,000	貸 倒 引 当 金	64,000
c	減 価 償 却 費	81,000	備品減価償却累計額	81,000
d	有価証券評価損	85,000	有 価 証 券	85,000
e	受 取 利 息	5,000	前 受 利 息	5,000
f	消 耗 品	3,000	消 耗 品 費	3,000
g	雑　　　　　損	1,000	現 金 過 不 足	1,000
h	資 本 金	9,000	引 出 金	9,000

現　　　　　金　　　　　　　　1

386,000	

当 座 預 金　　　　　　　2

1,137,000	

売 掛 金　　　　　　3

3,600,000	

貸 倒 引 当 金　　　　4

	44,000
	12/31 貸倒引当金繰入　64,000

有 価 証 券　　　　5

855,000	12/31 有価証券評価損　85,000

繰 越 商 品　　　　6

2,025,000	12/31 仕　　入　2,025,000
12/31 仕　入　2,115,000	

貸 付 金　　　　7

1,800,000	

備 品　　　　8

405,000	

備品減価償却累計額　　　9

	162,000
	12/31 減 価 償 却 費　81,000

支 払 手 形　　　　10

	900,000

買 掛 金　　　　11

	1,700,000

資 本 金　　　　12

12/31 引 出 金　9,000	4,800,000

引 出 金　　　　13

9,000	12/31 資 本 金　9,000

売 上　　　　14

	18,330,000

受 取 利 息　　　　15

12/31 前 受 利 息　5,000	32,000

仕 入　　　　16

14,100,000	12/31 繰 越 商 品　2,115,000
12/31 繰 越 商 品　2,025,000	

給 料　　　　17

1,080,000	

支 払 家 賃　　　　18

495,000	

保 険 料　　　　19

54,000	

消 耗 品 費　　　　20

21,000	12/31 消 耗 品　3,000

現 金 過 不 足　　　　21

1,000	12/31 雑　　損　1,000

貸 倒 引 当 金 繰 入　　　　22

12/31 貸 倒 引 当 金　64,000	

減 価 償 却 費　　　　23

12/31 備品減価償却累計額　81,000	

有 価 証 券 評 価 損　　　　24

12/31 有 価 証 券　85,000	

雑 損　　　　25

12/31 現 金 過 不 足　1,000	

前 受 利 息　　　　26

	12/31 受 取 利 息　5,000

消 耗 品　　　　27

12/31 消 耗 品 費　3,000	

考え方

b. 貸倒見積高
　　¥3,600,000×3％＝¥108,000
　　¥108,000－¥44,000＝¥64,000
d. 有価証券評価高
　　¥770,000－¥855,000＝－¥85,000

仕　　　　　入	558,000	繰 越 商 品	558,000
繰 越 商 品	1,071,000	仕　　　　　入	1,071,000
貸倒引当金繰入	5,800	貸 倒 引 当 金	5,800
減 価 償 却 費	94,500	備品減価償却累計額	94,500
広 告 料	27,000	未 払 広 告 料	27,000
前 払 保 険 料	18,000	保 険 料	18,000
売　　　　　上	1,602,000	損　　　　　益	1,621,500
受 取 利 息	19,500		
損　　　　　益	1,456,300	仕　　　　　入	711,000
		給　　　　　料	382,500
		広 告 料	60,000
		支 払 家 賃	67,500
		保 険 料	90,000
		支 払 利 息	45,000
		貸倒引当金繰入	5,800
		減 価 償 却 費	94,500
損　　　　　益	165,200	資 本 金	165,200

現　　　　　金　　　1

	1,378,000		676,000
		12/31 次 期 繰 越	702,000
	1,378,000		1,378,000

売 掛 金　　　2

	1,101,000		891,000
		12/31 次 期 繰 越	210,000
	1,101,000		1,101,000

貸 倒 引 当 金　　　3

12/31 次 期 繰 越	6,300		500
		12/31 貸倒引当金繰入	5,800
	6,300		6,300

繰 越 商 品　　　4

	558,000	12/31 仕　　　入	558,000
12/31 仕　　　入	1,071,000	〃　 次 期 繰 越	1,071,000
	1,629,000		1,629,000

備　　　　　品　　　5

	1,050,000	12/31 次 期 繰 越	1,050,000

備品減価償却累計額　　　6

12/31 次 期 繰 越	189,000		94,500
		12/31 減 価 償 却 費	94,500
	189,000		189,000

買 掛 金　　　7

	1,084,500		1,404,000
12/31 次 期 繰 越	319,500		
	1,404,000		1,404,000

借 入 金　　　8

12/31 次 期 繰 越	544,000		544,000

資 本 金　　　9

12/31 次 期 繰 越	1,965,200		1,800,000
		12/31 損　　　益	165,200
	1,965,200		1,965,200

売　　　　　上　　　10

	9,000		1,611,000
12/31 損　　　益	1,602,000		
	1,611,000		1,611,000

受 取 利 息　　　11

12/31 損　　　益	19,500		19,500

仕　　　　　入　　　12

	1,234,000		10,000
12/31 繰 越 商 品	558,000	12/31 繰 越 商 品	1,071,000
		〃　 損　　　益	711,000
	1,792,000		1,792,000

給　　　　　料　　　13

	382,500	12/31 損　　　益	382,500

広 告 料　　　14

	33,000	12/31 損　　　益	60,000
12/31 未 払 広 告 料	27,000		
	60,000		60,000

支 払 家 賃　　　15

	67,500	12/31 損　　　益	67,500

保 険 料　　　16

	108,000	12/31 前 払 保 険 料	18,000
		〃　 損　　　益	90,000
	108,000		108,000

支 払 利 息　　　17

	45,000	12/31 損　　　益	45,000

貸倒引当金繰入　　　18

12/31 貸 倒 引 当 金	5,800	12/31 損　　　益	5,800

減 価 償 却 費　　　19

12/31 備品減価償却累計額	94,500	12/31 損　　　益	94,500

（未　払）広 告 料　　　20

12/31 次 期 繰 越	27,000	12/31 広 告 料	27,000

（前　払）保 険 料　　　21

12/31 保 険 料	18,000	12/31 次 期 繰 越	18,000

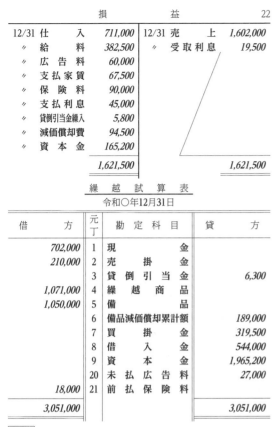

損　益　22

12/31 仕　入	711,000	12/31 売　上	1,602,000
〃 給　料	382,500	〃 受取利息	19,500
〃 広告料	60,000		
〃 支払家賃	67,500		
〃 保険料	90,000		
〃 支払利息	45,000		
〃 貸倒引当金繰入	5,800		
〃 減価償却費	94,500		
〃 資本金	165,200		
	1,621,500		1,621,500

繰　越　試　算　表

令和○年12月31日

借　　方	元丁	勘　定　科　目	貸　　方
702,000	1	現　　　　金	
210,000	2	売　　掛　　金	
	3	貸　倒　引　当　金	6,300
1,071,000	4	繰　越　商　品	
1,050,000	5	備　　　　品	
	6	備品減価償却累計額	189,000
	7	買　　掛　　金	319,500
	8	借　　入　　金	544,000
	9	資　　本　　金	1,965,200
	20	未　払　広　告　料	27,000
18,000	21	前　払　保　険　料	
3,051,000			3,051,000

考え方
b．貸倒見積高
　売掛金期末残高
　　¥1,101,000 - ¥891,000 = ¥210,000
　　¥210,000 × 3% = ¥6,300
　　¥6,300 - ¥500 = ¥5,800

28－3

仕　　入	1,566,000	繰　越　商　品	1,566,000
繰　越　商　品	1,543,000	仕　　入	1,543,000
貸倒引当金繰入	24,000	貸　倒　引　当　金	24,000
減価償却費	36,000	備品減価償却累計額	36,000
未収手数料	17,000	受取手数料	17,000
雑　　損	2,000	現金過不足	2,000
資　本　金	150,000	引　出　金	150,000
売　　上	8,110,000	損　　益	8,312,000
受取手数料	202,000		
損　　益	7,519,000	仕　　入	5,945,000
		給　　料	1,080,000
		支払家賃	432,000
		貸倒引当金繰入	24,000
		減価償却費	36,000
		雑　　損	2,000
損　　益	793,000	資　本　金	793,000

現　金　1

	562,000		368,000
		12/31 次期繰越	194,000
	562,000		562,000

当　座　預　金　2

	1,870,000		1,458,000
		12/31 次期繰越	412,000
	1,870,000		1,870,000

売　掛　金　3

	2,810,000		1,010,000
		12/31 次期繰越	1,800,000
	2,810,000		2,810,000

貸　倒　引　当　金　4

12/31 次期繰越	54,000		30,000
		12/31 貸倒引当金繰入	24,000
	54,000		54,000

繰　越　商　品　5

	1,566,000	12/31 仕　入	1,566,000
12/31 仕　入	1,543,000	〃 次期繰越	1,543,000
	3,109,000		3,109,000

備　品　6

	400,000	12/31 次期繰越	400,000

備品減価償却累計額　7

12/31 次期繰越	216,000		180,000
		12/31 減価償却費	36,000
	216,000		216,000

買　掛　金　8

	1,195,000		2,148,000
12/31 次期繰越	953,000		
	2,148,000		2,148,000

資　本　金　9

12/31 引出金	150,000		2,500,000
〃 次期繰越	3,143,000	12/31 損　益	793,000
	3,293,000		3,293,000

引　出　金　10

	150,000	12/31 資　本　金	150,000

売　上　11

	252,000		8,362,000
12/31 損　益	8,110,000		
	8,362,000		8,362,000

受　取　手　数　料　12

12/31 損　益	202,000		185,000
		12/31 未収手数料	17,000
	202,000		202,000

仕　入　13

	6,066,000		144,000
12/31 繰越商品	1,566,000	12/31 繰越商品	1,543,000
		〃 損　益	5,945,000
	7,632,000		7,632,000

	給　　　料			14
	1,080,000	12/31 損	益	1,080,000

	支 払 家 賃			15
	432,000	12/31 損	益	432,000

	現 金 過 不 足			16
	2,000	12/31 雑	損	2,000

	貸 倒 引 当 金 繰 入			17
12/31 貸倒引当金	24,000	12/31 損	益	24,000

	減 価 償 却 費			18
12/31 備品減価償却累計額	36,000	12/31 損	益	36,000

	（未 収）手 数 料			19
12/31 受取手数料	17,000	12/31 次 期 繰 越		17,000

	（雑　　　　損）			20
12/31 現金過不足	2,000	12/31 損	益	2,000

	損　　　　益			21
12/31 仕　　　入	5,945,000	12/31 売　　上	8,110,000
〃 給　　料	1,080,000	〃 受 取 手 数 料	202,000
〃 支 払 家 賃	432,000		
〃 貸倒引当金繰入	24,000		
〃 減 価 償 却 費	36,000		
〃 雑　　損	2,000		
〃 資　本　金	793,000		
	8,312,000		8,312,000

繰 越 試 算 表
令和〇年12月31日

借　　方	元丁	勘 定 科 目	貸　　方
194,000	1	現　　　金	
412,000	2	当 座 預 金	
1,800,000	3	売　掛　金	
	4	貸 倒 引 当 金	54,000
1,543,000	5	繰 越 商 品	
400,000	6	備　　品	
	7	備品減価償却累計額	216,000
	8	買　掛　金	953,000
	9	資　本　金	3,143,000
17,000	19	未 収 手 数 料	
4,366,000			4,366,000

考え方
b. 貸倒見積高
　売掛金期末残高
　　¥2,810,000 － ¥1,010,000 ＝ ¥1,800,000
　　見 積 額　¥1,800,000 × 3 ％ ＝ ¥54,000
　　計 上 額　¥54,000 － ¥30,000 ＝ ¥24,000
　　　　　　　見積高　決算整理前　貸倒引当
　　　　　　　　　　　貸倒引当金　金繰入
　　　　　　　　　　　勘定残高

---

29 損益計算書・貸借対照表の作成　▷p.92〜

29-1

(1)

a	仕　　　入	939,000	繰 越 商 品	939,000
	繰 越 商 品	1,123,000	仕　　　入	1,123,000
b	貸倒引当金繰入	32,000	貸 倒 引 当 金	32,000
c	減 価 償 却 費	99,000	備品減価償却累計額	99,000
d	前 払 保 険 料	21,000	保　険　料	21,000
e	支 払 利 息	30,000	未 払 利 息	30,000

(2)

損 益 計 算 書
浦和電気器具店　令和〇年1月1日から令和〇年12月31日まで

費　　用	金　　額	収　　益	金　　額
売 上 原 価	4,516,000	売　上　高	5,673,000
給　　料	540,000		
（貸倒引当金繰入）	32,000		
（減 価 償 却 費）	99,000		
支 払 家 賃	144,000		
保　険　料	37,000		
支 払 利 息	36,000		
（当 期 純 利 益）	269,000		
	5,673,000		5,673,000

貸 借 対 照 表
浦和電気器具店　令和〇年12月31日

資　　産	金　　額	負債および純資産	金　　額
現　　金	834,000	支 払 手 形	518,000
当 座 預 金	615,000	買　掛　金	886,000
売 掛 金（ 1,150,000）		借　入　金	723,000
貸倒引当金（ 46,000）	1,104,000	（未 払 利 息）	30,000
有 価 証 券	432,000	資　本　金	2,000,000
商　　品	1,123,000	（当 期 純 利 益）	269,000
（前払保険料）	21,000		
備　品（ 495,000）			
減価償却累計額（ 198,000）	297,000		
	4,426,000		4,426,000

考え方
〈決算整理事項等〉
　b．貸倒見積高　¥1,150,000 × 4 ％ ＝ ¥46,000
　　　　　　　　　¥46,000 － ¥14,000 ＝ ¥32,000
〈損益計算書〉
　　売上原価＝期首商品棚卸高＋当期仕入高－期末商品棚卸高
〈貸借対照表〉
　　売掛金　¥1,150,000 － ¥46,000 ＝ ¥1,104,000
　　備　品　¥495,000 － ¥198,000 ＝ ¥297,000

(1)

	借方科目	金額	貸方科目	金額
a	仕　　　　入	777,000	繰 越 商 品	777,000
	繰 越 商 品	945,000	仕　　　　入	945,000
b	貸倒引当金繰入	79,000	貸 倒 引 当 金	79,000
c	減 価 償 却 費	150,000	備品減価償却累計額	150,000
d	有価証券評価損	147,000	有 価 証 券	147,000
e	広 　告 　料	38,000	未 払 広 告 料	38,000
f	前 払 保 険 料	9,000	保 　険 　料	9,000
g	現　　　　金	1,000	雑 　　　　益	1,000

(2)

有 価 証 券　5

	1,020,000	12/31 有価証券評価損	147,000
		〃　次 期 繰 越	873,000
	1,020,000		1,020,000

備品減価償却累計額　8

12/31 次 期 繰 越	450,000	1/ 1 前 期 繰 越	300,000
		12/31 減 価 償 却 費	150,000
	450,000		450,000

広 　告 　料　17

	413,000	12/31 損 　　　　益	451,000
12/31 未払広告料	38,000		
	451,000		451,000

保 　険 　料　19

	63,000	12/31 前払保険料	9,000
		〃　損 　　　　益	54,000
	63,000		63,000

(3)

損 益 計 算 書

松 本 商 店　令和○年1月1日から令和○年12月31日まで

費　　用	金　額	収　　益	金　額
売 上 原 価	6,244,000	売 上 高	9,009,000
給 　　　料	997,000	受 取 手 数 料	69,000
（貸倒引当金繰入）	79,000	（雑 　　　益）	1,000
（減 価 償 却 費）	150,000		
広 　告 　料	451,000		
（支 払 家 賃）	90,000		
保 　険 　料	54,000		
消 耗 品 費	96,000		
（支 払 利 息）	62,000		
（有価証券評価損）	147,000		
（当 期 純 利 益）	709,000		
	9,079,000		9,079,000

貸 借 対 照 表

松 本 商 店　　　　令和○年12月31日

資　　　　産		金　額	負債および純資産	金　額
現 　　　　金		681,000	買 掛 金	1,027,000
当 座 預 金		2,133,000	借 入 金	998,000
売 掛 金（ 2,040,000）			（従業員預り金）	57,000
貸倒引当金（ 102,000）		1,938,000	（未払広告料）	38,000
有 価 証 券		873,000	（資 本 金）	4,500,000
商 　　　品		945,000	（当期純利益）	709,000
（前払保険料）		9,000		
備 　品（ 1,200,000）				
減価償却累計額（ 450,000）		750,000		
		7,329,000		7,329,000

考え方

〈決算整理事項等〉

b．貸倒見積高
¥2,040,000×5％＝¥102,000
¥102,000－¥23,000＝¥79,000

d．有価証券評価高
¥873,000－¥1,020,000＝－¥147,000

〈貸借対照表〉
売掛金　¥2,040,000－¥102,000＝¥1,938,000
備品　¥1,200,000－¥450,000＝¥750,000

(1)

①	売 掛 金		200,000	現　　　金	200,000

(2)

	借方			貸方	
a	仕　　　入		820,000	繰 越 商 品	820,000
	繰 越 商 品		760,000	仕　　　入	760,000
b	貸倒引当金繰入		74,000	貸 倒 引 当 金	74,000
c	減 価 償 却 費		375,000	備品減価償却累計額	375,000
d	有価証券評価損		80,000	有 価 証 券	80,000
e	貯 蔵 品		13,000	通 信 費	13,000
f	受 取 地 代		22,500	前 受 地 代	22,500
g	未 収 利 息		16,000	受 取 利 息	16,000
h	雑　　　損		7,000	現 金 過 不 足	7,000
i	資 本 金		300,000	引 出 金	300,000

(3)

損　益　計　算　書

横浜商店　令和○年1月1日から令和○年12月31日まで

費　　　用	金　　額	収　　　益	金　　額
売 上 原 価	5,660,000	売　　上　　高	8,720,000
給　　　料	1,250,000	受 取 地 代	137,500
(貸倒引当金繰入)	74,000	受 取 利 息	31,000
(減 価 償 却 費)	375,000		
支 払 家 賃	460,000		
保 険 料	135,000		
通 信 費	65,000		
雑　　　費	24,000		
(有価証券評価損)	80,000		
(雑　　　損)	7,000		
(当 期 純 利 益)	758,500		
	8,888,500		8,888,500

貸　借　対　照　表

横浜商店　　　　　令和○年12月31日

資　　　　　産	金　　額	負債および純資産	金　　額
現　　　金	133,000	支 払 手 形	1,940,000
当 座 預 金	1,145,000	買 掛 金	1,830,000
受 取 手 形 (1,200,000)		(前 受 地 代)	22,500
貸倒引当金 (36,000)	1,164,000	資 本 金	8,280,000
売 掛 金 (3,500,000)		(当 期 純 利 益)	758,500
貸倒引当金 (105,000)	3,395,000		
(有 価 証 券)	1,320,000		
商　　　品	760,000		
(貯 蔵 品)	13,000		
貸 付 金	560,000		
(未 収 利 息)	16,000		
備　　　品 (2,000,000)			
減価償却累計額 (875,000)	1,125,000		
土　　　地	3,200,000		
	12,831,000		12,831,000

考え方

〈付記事項〉
訂正仕訳の問題
(誤った仕訳) 現 金 200,000　売 上 200,000
(正しい仕訳) 売掛金 200,000　売 上 200,000
⇒ (訂正仕訳) 売掛金 200,000　現 金 200,000

〈決算整理事項等〉
b. 貸倒見積高
　受取手形　¥1,200,000×3％＝¥36,000
　売 掛 金 (¥3,300,000＋¥200,000)×3％＝¥105,000
　貸倒引当金繰入
　　　　(¥36,000＋¥105,000)－¥67,000＝¥74,000
c. 備品減価償却高
　　(¥2,000,000－¥500,000)×0.25＝¥375,000
d. 有価証券評価高
　　(¥6,600－¥7,000)×200株＝－¥80,000
f. 受取地代の前受高
　本年4月～翌年3月までなので，前受分は3か月
　　¥90,000÷12か月＝¥7,500…1か月の地代
　　¥7,500×3か月＝¥22,500…前受分

〈貸借対照表〉
現 金　¥333,000－¥200,000＝¥133,000
売 掛 金 (¥3,300,000＋¥200,000)－¥105,000
　　　　　　　　　　　　　　　＝¥3,395,000

有価証券　¥1,400,000－¥80,000＝¥1,320,000

(1)

①	当 座 預 金	500,000	受 取 手 形	500,000

(2)

	借方科目	金額	貸方科目	金額
a	仕 入	860,000	繰 越 商 品	860,000
	繰 越 商 品	940,000	仕 入	940,000
b	貸倒引当金繰入	149,000	貸 倒 引 当 金	149,000
c	減 価 償 却 費	380,000	備品減価償却累計額	380,000
d	有 価 証 券	90,000	有価証券評価益	90,000
e	消 耗 品	13,000	消 耗 品 費	13,000
f	未 収 利 息	27,000	受 取 利 息	27,000
g	支 払 家 賃	24,000	未 払 家 賃	24,000
h	雑 損	2,000	現 金	2,000
i	資 本 金	200,000	引 出 金	200,000

(3)

損 益 計 算 書

帯広商店　令和○年1月1日から令和○年12月31日まで

費　用	金　額	収　益	金　額
(売 上 原 価)	6,850,000	(売 上 高)	9,140,000
給 料	923,000	受 取 手 数 料	189,000
(貸倒引当金繰入)	149,000	(受 取 利 息)	27,000
(減 価 償 却 費)	380,000	(有価証券評価益)	90,000
支 払 家 賃	458,000		
保 険 料	259,000		
消 耗 品 費	57,000		
雑 費	78,000		
(雑 損)	2,000		
(当 期 純 利 益)	290,000		
	9,446,000		9,446,000

貸 借 対 照 表

帯広商店　　　　令和○年12月31日

資　産		金　額	負債および純資産	金　額
現 金		620,000	(支 払 手 形)	1,361,000
当 座 預 金		3,370,000	買 掛 金	2,800,000
受 取 手 形 (1,000,000)			前 受 金	330,000
(貸倒引当金) (50,000)		950,000	(未 払 家 賃)	24,000
売 掛 金 (2,700,000)			資 本 金	7,000,000
(貸倒引当金) (135,000)		2,565,000	(当 期 純 利 益)	290,000
有 価 証 券		1,740,000		
商 品		940,000		
(消 耗 品)		13,000		
貸 付 金		1,200,000		
(未 収 利 息)		27,000		
備 品 (1,900,000)				
減価償却累計額 (1,520,000)		380,000		
		11,805,000		11,805,000

考え方

〈付記事項〉

記帳もれの問題。受取手形￥500,000が当座預金に振り込まれていた仕訳をする。

当座預金　500,000　受取手形　500,000

〈決算整理事項等〉

b．貸倒見積高

　受取手形（￥1,500,000－￥500,000）×5％＝￥50,000

　売 掛 金　￥2,700,000×5％＝￥135,000

　貸倒引当金繰入

　　（￥50,000＋￥135,000）－￥36,000＝￥149,000

c．備品減価償却高

$$\frac{￥1,900,000-￥0}{5 年}=￥380,000$$

d．有価証券評価高

　（￥5,800－￥5,500）×300株＝￥90,000

f．利息未収高

　1年分の利息は￥36,000で，そのうち未収分は9か月

　￥36,000÷12か月＝￥3,000…1か月の利息

　￥3,000×9か月＝￥27,000…未収分

〈貸借対照表〉

受取手形（￥1,500,000－￥500,000）－￥50,000＝￥950,000

有価証券　￥1,650,000＋￥90,000＝￥1,740,000

損 益 計 算 書

大阪商店　　令和○年1月1日から令和○年12月31日まで

費　　用	金　額	収　　益	金　額
売 上 原 価	16,300,000	売 上 高	20,700,000
給　　料	2,448,000	受 取 利 息	63,000
(貸倒引当金繰入)	81,000	(有価証券評価益)	60,000
(減 価 償 却 費)	400,000		
支 払 家 賃	876,000		
(保　険　料)	194,000		
(消 耗 品 費)	54,000		
租 税 公 課	48,000		
雑　　費	39,000		
(当 期 純 利 益)	383,000		
	20,823,000		20,823,000

貸 借 対 照 表

大阪商店　　令和○年12月31日

資　　産	金　額	負債および純資産	金　額
現　　金	492,000	支 払 手 形	1,100,000
当 座 預 金	1,430,000	(買 掛 金)	2,143,000
受取手形 (1,750,000)		(従業員預り金)	159,000
貸倒引当金 (35,000)	1,715,000	資 本 金	8,300,000
売 掛 金 (2,600,000)		(当期純利益)	383,000
貸倒引当金 (52,000)	2,548,000		
(有 価 証 券)	1,440,000		
(商　　品)	2,150,000		
消 耗 品	24,000		
貸 付 金	1,400,000		
(前払保険料)	65,000		
未 収 利 息	21,000		
備　　品 (2,400,000)			
減価償却累計額 (1,600,000)	800,000		
	12,085,000		12,085,000

考え方

〔付記事項の仕訳〕
① 仮 受 金　360,000　売 掛 金　360,000
〔決算整理事項の仕訳〕
　a. 仕　　入　2,080,000　繰越商品　2,080,000
　　　繰越商品　2,150,000　仕　　入　2,150,000
　b. 貸倒引当金繰入　81,000　貸倒引当金　81,000
　　　受取手形　¥1,750,000×2％＝¥35,000
　　　売 掛 金 (¥2,960,000−¥360,000)×2％
　　　　　　　　　　　　　付記事項
　　　　　　　　　　　　　　　　　　　＝¥52,000
　　　(¥35,000＋¥52,000)−¥6,000＝¥81,000
　c. 減価償却費　400,000　備品減価償却累計額　400,000
　　　備品　$\dfrac{¥2,400,000−¥0}{6年}$＝¥400,000
　d. 有 価 証 券　60,000　有価証券評価益　60,000
　　　¥1,380,000÷20株＝¥69,000（1株あたりの帳簿価額）
　　　(¥72,000−¥69,000)×20株＝¥60,000
　e. 消 耗 品　24,000　消 耗 品 費　24,000
　f. 前払保険料　65,000　保 険 料　65,000
　　　¥195,000÷12か月＝¥16,250…1か月の保険料
　　　¥16,250×4か月＝¥65,000…前払分
　g. 未 収 利 息　21,000　受 取 利 息　21,000

---

(1)
総 勘 定 元 帳

損　　　　益　　　　　　　　　　　31

12/31 仕 入	12,410,000	12/31 売 上	17,200,000
〃 給 料	2,328,000	〃 受取手数料	193,000
〃 (貸倒引当金繰入)	41,000	〃 (受取利息)	14,000
〃 (減価償却費)	675,000	〃 (有価証券評価益)	60,000
〃 支払家賃	708,000		
〃 保 険 料	233,000		
〃 消耗品費	53,000		
〃 雑 費	37,000		
〃 (資 本 金)	982,000		
	17,467,000		17,467,000

(2)
貸 借 対 照 表

山陽商店　　令和○年12月31日

資　　産	金　額	負債および純資産	金　額
現　　金	585,000	支 払 手 形	1,340,000
当 座 預 金	1,780,000	買 掛 金	1,460,000
受取手形 (1,400,000)		(従業員預り金)	187,000
貸倒引当金 (28,000)	1,372,000	資 本 金	7,900,000
売 掛 金 (1,600,000)		(当期純利益)	982,000
貸倒引当金 (32,000)	1,568,000		
有 価 証 券	1,590,000		
商　　品	1,370,000		
(消 耗 品)	26,000		
貸 付 金	1,500,000		
(前払保険料)	39,000		
(未 収 利 息)	14,000		
備　　品 (3,600,000)			
減価償却累計額 (1,575,000)	2,025,000		
	11,869,000		11,869,000

考え方

〔付記事項の仕訳〕
① 仮 受 金　160,000　売 掛 金　160,000
〔決算整理事項の仕訳〕
　a. 仕　　入　1,240,000　繰越商品　1,240,000
　　　繰越商品　1,370,000　仕　　入　1,370,000
　b. 貸倒引当金繰入　41,000　貸倒引当金　41,000
　　　受取手形　¥1,400,000×2％＝¥28,000
　　　売 掛 金 (¥1,760,000−¥160,000)×2％
　　　　　　　　　　　　　付記事項
　　　　　　　　　　　　　　　　　　　＝¥32,000
　　　(¥28,000＋¥32,000)−¥19,000＝¥41,000
　c. 減価償却費　675,000　備品減価償却累計額　675,000
　　　(¥3,600,000−¥900,000)×0.25＝¥675,000
　d. 有 価 証 券　60,000　有価証券評価益　60,000
　　　(¥53,000−¥51,000)×30株＝¥60,000
　e. 消 耗 品　26,000　消 耗 品 費　26,000
　f. 前払保険料　39,000　保 険 料　39,000
　　　¥234,000÷12か月＝¥19,500…1か月分の保険料
　　　¥19,500×2か月＝¥39,000…前払分
　g. 未 収 利 息　14,000　受 取 利 息　14,000

注意　損益勘定借方の仕入¥12,410,000は，売上原価の金額である。

29 – 7

(1)

損 益 計 算 書

岡山商店　令和○年1月1日から令和○年12月31日まで　（単位：円）

費　　用	金　額	収　　益	金　額
売 上 原 価	17,240,000	売 上 高	21,701,000
給 　 料	1,794,000	有価証券売却益	52,000
（貸倒引当金繰入）	41,000	（有価証券評価益）	60,000
（減 価 償 却 費）	552,000		
支 払 家 賃	822,000		
保 険 料	141,000		
（消 耗 品 費）	16,000		
雑 　 費	80,000		
（支 払 利 息）	108,000		
（当 期 純 利 益）	1,019,000		
	21,813,000		21,813,000

貸 借 対 照 表

岡山商店　　　令和○年12月31日　　　（単位：円）

資　　　産	金　額	負債および純資産	金　額
現 　 金	298,000	支 払 手 形	307,000
当 座 預 金	3,632,000	（買 掛 金）	1,543,000
受 取 手 形（1,800,000）		借 入 金	2,000,000
貸倒引当金（ 18,000）	1,782,000	（前 受 金）	60,000
売 掛 金（2,500,000）		（所得税預り金）	90,000
貸倒引当金（ 25,000）	2,475,000	（未 払 利 息）	9,000
（有 価 証 券）	1,500,000	資 本 金	7,451,000
（商 　 品）	1,850,000	（当 期 純 利 益）	1,019,000
消 耗 品	45,000		
（前払保険料）	69,000		
備 　 品（2,300,000）			
減価償却累計額（1,472,000）	828,000		
	12,479,000		12,479,000

(2)

売 上 原 価 ¥	17,240,000

考え方

〔付記事項の仕訳〕
① 現　金 100,000　売 掛 金 100,000

〔決算整理事項の仕訳〕
a. 仕　入 2,070,000　繰越商品 2,070,000
　　繰越商品 1,850,000　仕　入 1,850,000
b. 貸倒引当金繰入 41,000　貸倒引当金 41,000
　　受取手形 ¥1,800,000×1％＝¥18,000
　　売 掛 金 （¥2,600,000－¥100,000）×1％
　　　　　　　　　　　　　　＝¥25,000
　　（¥18,000＋¥25,000）－¥2,000＝¥41,000
c. 減価償却費 552,000　備品減価償却累計額 552,000
　　（¥2,300,000－¥920,000）×40％＝¥552,000
d. 有価証券 60,000　有価証券評価益 60,000
　　¥1,440,000÷20株＝¥72,000（1株あたりの帳簿価額）
　　（¥75,000－¥72,000）×20株＝¥60,000
e. 消 耗 品 45,000　消耗品費 45,000
f. 前払保険料 69,000　保 険 料 69,000
　　¥138,000÷12か月＝¥11,500…1か月分の保険料
　　¥11,500×6か月＝¥69,000…前払分
g. 支払利息 9,000　未払利息 9,000
(2)売上原価
　　¥2,070,000＋¥17,020,000－¥1,850,000＝¥17,240,000

1

	借方		貸方	
(1)	支払手形	750,000	支払手形	750,000
	支払利息	1,500	現　金	1,500
(2)	受取手形	823,500	受取手形	820,000
			受取利息	3,500
(3)	手形借入金	2,000,000	手形借入金	2,000,000
	支払利息	21,000	当座預金	21,000
(4)	不渡手形	543,000	受取手形	540,000
			現　金	3,000
(5)	貸倒引当金	360,000	不渡手形	428,000
	貸倒損失	68,000		
(6)	備　品	380,000	営業外支払手形	380,000
(7)	備品減価償却累計額	187,500	備　品	300,000
	現　金	80,000		
	固定資産売却損	32,500		
(8)	建物減価償却累計額	3,760,000	建　物	4,700,000
	当座預金	1,200,000	固定資産売却益	260,000
(9)	有価証券評価損	60,000	有価証券	60,000
(10)	現金過不足	2,000	現　金	2,000
(11)	現金過不足	5,000	受取利息	8,000
	通信費	3,000		
(12)	仕　入	27,000	発送費	27,000
(13)	買掛金	35,000	仕　入	35,000
	売　上	35,000	売掛金	35,000
(14)	前払保険料	90,000	保険料	90,000
(15)	受取手数料	24,000	前受手数料	24,000
(16)	未払家賃	75,000	支払家賃	75,000
(17)	受取利息	15,000	未収利息	15,000

考え方
(7) 備品の帳簿価額
　　¥300,000 − ¥187,500 = ¥112,500
　　固定資産売却損
　　¥80,000 − ¥112,500 = −¥32,500
(8) 建物減価償却累計額
　　¥4,700,000 − ¥940,000 = ¥3,760,000
　　固定資産売却益
　　¥1,200,000 − ¥940,000 = ¥260,000
(9) 帳簿価額
　　¥5,500 × 100株 = ¥550,000
　　時価
　　¥4,900 × 100株 = ¥490,000
　　有価証券評価損
　　¥490,000 − ¥550,000 = −¥60,000
(14) 前払保険料
　　$¥180,000 × \frac{6か月}{12か月} = ¥90,000$
(15) 前受手数料
　　$¥72,000 × \frac{4か月}{12か月} = ¥24,000$

2

仕　訳　集　計　表
令和○年11月20日

借方	元丁	勘定科目	元丁	貸方
1,400,000		現　　金		1,339,000
876,000		当座預金		497,000
1,008,000	3	受取手形	3	321,000
550,000		売掛金		1,020,000
290,000		支払手形		690,000
738,000		買掛金		240,000
20,000		売　　上		1,725,000
		受取家賃		113,000
958,000		仕　　入		18,000
123,000		消耗品費		
5,963,000				5,963,000

総　勘　定　元　帳
受　取　手　形　　　3

	1,023,000		420,000
11/20	1,008,000	11/20	321,000

3

仕　訳　集　計　表
令和○年3月4日

借方	元丁	勘定科目	元丁	貸方
727,000		現　　金		438,000
314,000		当座預金		135,000
200,000		受取手形		160,000
1,109,000		売掛金		1,025,000
		前払金		20,000
		支払手形		280,000
657,000		買掛金		677,000
85,000		前受金		
24,000		売　　上		1,109,000
		受取利息		20,000
677,000		仕　　入		
55,000		支払家賃		
16,000		消耗品費		
3,864,000				3,864,000

考え方
3/4の仕訳
振替伝票　売掛金　405,000　売　　上　405,000
振替伝票　前受金　85,000　売掛金　85,000
入金伝票　現　金　320,000　売掛金　320,000
振替伝票の（借）買掛金（貸）前払金　の金額は，仕訳集計表の買掛金の借方金額より求める。
　¥657,000 − ¥210,000 − ¥147,000 − ¥280,000 = ¥20,000

4

(1)

| ① | 当座預金 | 137,000 | 売　掛　金 | 137,000 |

a	仕　　　入	333,000	繰越商品	333,000
	繰越商品	321,000	仕　　　入	321,000
b	貸倒引当金繰入	35,000	貸倒引当金	35,000
c	減価償却費	280,000	備品減価償却累計額	280,000
d	有価証券	90,000	有価証券評価益	90,000
e	前払保険料	70,000	保　険　料	70,000
f	支払利息	7,000	未払利息	7,000

(2)

損　益　計　算　書

秋田商店　　令和○年1月1日から令和○年12月31日まで　　（単位：円）

費　　　用	金　　額	収　　　益	金　　額
売 上 原 価	5,481,200	売　上　高	8,949,000
給　　　料	2,340,000	（有価証券評価益）	90,000
（貸倒引当金繰入）	35,000	（有価証券売却益）	100,000
（減価償却費）	280,000		
発　送　費	90,400		
支 払 家 賃	408,000		
保　険　料	168,000		
租 税 公 課	102,400		
雑　　　費	13,500		
（支 払 利 息）	25,000		
（当 期 純 利 益）	195,500		
	9,139,000		9,139,000

貸　借　対　照　表

秋田商店　　　　　令和○年12月31日　　　　（単位：円）

資　　　　　産	金　　額	負債および純資産	金　　額
現　　　金	1,105,200	支 払 手 形	852,000
当 座 預 金	2,063,200	買　掛　金	1,262,900
受 取 手 形(1,500,000)		（未 払 利 息）	7,000
貸倒引当金(15,000)	1,485,000	借　入　金	800,000
売　掛　金(2,700,000)		資　本　金	7,000,000
貸倒引当金(27,000)	2,673,000	当期純利益	195,500
有 価 証 券	1,980,000		
（商　　品）	321,000		
（前払保険料）	70,000		
備　　品(1,400,000)			
減価償却累計額(980,000)	420,000		
	10,117,400		10,117,400

考え方

b．貸倒引当金繰入額
　　{¥1,500,000＋（¥2,837,000－¥137,000）}×1％＝
　　　　　　　　　　　　　　　　　　　　　　¥42,000
　　　¥42,000－¥7,000＝¥35,000

c．減価償却高
　　¥1,400,000÷5年＝¥280,000

d．時価
　　¥3,300×600株＝¥1,980,000
　　有価証券評価益
　　¥1,980,000－¥1,890,000＝¥90,000

e．前払保険料
　　$¥168,000×\dfrac{5か月}{12か月}＝¥70,000$

精　算　表

令和○年12月31日

勘定科目	残高試算表 借方	残高試算表 貸方	整理記入 借方	整理記入 貸方	損益計算書 借方	損益計算書 貸方	貸借対照表 借方	貸借対照表 貸方
現　　　金	1,219,600						1,219,600	
当 座 預 金	2,588,000						2,588,000	
受 取 手 形	842,000						842,000	
売 掛 金	1,968,000						1,968,000	
貸倒引当金		6,000		50,200				56,200
有 価 証 券	1,590,000		30,000				1,620,000	
繰 越 商 品	408,000		392,000	408,000			392,000	
備　　　品	2,650,000						2,650,000	
備品減価償却累計額		954,000		339,200				1,293,200
支 払 手 形	760,000							760,000
買 掛 金		1,492,000						1,492,000
借 入 金		870,000						870,000
資 本 金		7,028,000	342,000					6,686,000
引 出 金	342,000			342,000				
売　　　上		8,570,000				8,570,000		
受 取 地 代		180,000	36,000			144,000		
有価証券売却益		255,000				255,000		
仕　　　入	5,988,000		408,000	392,000	6,004,000			
給　　　料	1,412,000				1,412,000			
発 送 費	173,500				173,500			
支 払 家 賃	504,000				504,000			
保 険 料	318,000			84,000	234,000			
租 税 公 課	79,000				79,000			
雑　　　費	24,400				24,400			
支 払 利 息	17,500		12,500		30,000			
現 金 過 不 足		9,000	9,000					
	20,124,000	20,124,000						
貸倒引当金繰入			50,200		50,200			
減 価 償 却 費			339,200		339,200			
有価証券評価（益）				30,000		30,000		
（前払）保険料			84,000				84,000	
（前受）地代				36,000				36,000
（未払）利息				12,500				12,500
（雑　　益）				9,000		9,000		
当期純（利益）					157,700			157,700
			1,702,900	1,702,900	9,008,000	9,008,000	11,363,600	11,363,600

考え方

〔決算整理事項の仕訳〕

a. 仕　　　入　408,000　繰越商品　408,000
　　繰越商品　392,000　仕　　　入　392,000
b. 貸倒引当金繰入　50,200　貸倒引当金　50,200
　　（¥842,000＋¥1,968,000）×2％＝¥56,200
　　¥56,200－¥6,000＝¥50,200
c. 減価償却費　339,200　備品減価償却累計額　339,200
　　（¥2,650,000－¥954,000）×20％＝¥339,200
d. 有 価 証 券　30,000　有価証券評価益　30,000
　　¥16,200×100株＝¥1,620,000
　　¥1,620,000－¥1,590,000＝¥30,000

e. 前払保険料　84,000　保 険 料　84,000
　　$¥126,000 \times \dfrac{8か月}{12か月} = ¥84,000$
f. 受 取 地 代　36,000　前 受 地 代　36,000
g. 支 払 利 息　12,500　未 払 利 息　12,500
h. 現金過不足　9,000　雑　　益　9,000
i. 資 本 金　342,000　引 出 金　342,000

㉚ 本店・支店間の取引　▷p.115～

30 − 1

(1)

本店	支　店	480,000	現　　金	480,000
支店	当座預金	480,000	本　店	480,000

(2)

本店	支　店	350,000	仕　　入	350,000
支店	仕　　入	350,000	本　店	350,000

(3)

本店	買　掛　金	270,000	支　店	270,000
支店	本　　店	270,000	当座預金	270,000

(4)

本店	現　　金	540,000	支　店	540,000
支店	本　　店	540,000	売　掛　金	540,000

(5)

本店	広　告　料	63,000	支　店	63,000
支店	本　　店	63,000	現　　金	63,000

考え方

それぞれの取引の結果，本支店間にどのような貸借関係が生じたかを考えること。

(2) 本店は支店に原価で商品を送付したため，売上勘定で処理することはできない。

(3) 本店の仕入先に対する買掛金を，本店の代わりに支店が支払った場合の本支店間の貸借関係を考える。

30 − 2

(1)	本店	支　店	300,000	現　　金	120,000
				仕　　入	180,000
	支店	現　　金	120,000	本　店	300,000
		仕　　入	180,000		
(2)	本店	当座預金	430,000	支　店	430,000
	支店	本　　店	430,000	現　　金	430,000
(3)	本店	支　店	650,000	当座預金	650,000
	支店	支払手形	650,000	本　店	650,000

30 − 3

(1)	本店	買　掛　金	280,000	支　　店	280,000
	支店	本　　店	280,000	当座預金	280,000
(2)	本店	旅　　費	190,000	支　店	190,000
	支店	本　　店	190,000	現　　金	190,000
(3)	本店	支　店	770,000	損　益	770,000
	支店	損　　益	770,000	本　店	770,000

考え方

(2) 本店では，支店から立て替え払いの連絡を受けたとき，はじめて旅費勘定に計上すること。

(3) ＜支店の総勘定元帳＞

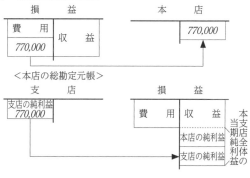

30 − 4

(1)	通　信　費	12,000	現　　金	18,000
	支　　店	6,000		
(2)	広　告　料	180,000	現　　金	300,000
	支　　店	120,000		
(3)	現　　金	280,000	支　店	280,000
(4)	仕　　入	21,000	支　店	21,000
(5)	支　店	240,000	損　益	240,000
(6)	損　益	90,000	支　店	90,000

31 - 1

(1)

水戸支店	本　　店	680,000	仕　　入	680,000
小山支店	仕　　入	680,000	本　　店	680,000
本　　店	小山支店	680,000	水戸支店	680,000

(2)

前橋支店	本　　店	600,000	現　　金	600,000
浦和支店	現　　金	600,000	本　　店	600,000
本　　店	浦和支店	600,000	前橋支店	600,000

(3)

厚木支店	本　　店	340,000	現　　金	340,000
千葉支店	買 掛 金	340,000	本　　店	340,000
本　　店	千葉支店	340,000	厚木支店	340,000

(4)

甲府支店	現　　金	700,000	本　　店	700,000
静岡支店	本　　店	700,000	売 掛 金	700,000
本　　店	甲府支店	700,000	静岡支店	700,000

(5)

新潟支店	本　　店	80,000	現　　金	80,000
富山支店	旅　　費	80,000	本　　店	80,000
本　　店	富山支店	80,000	新潟支店	80,000

(6)

金沢支店	本　　店	490,000	当 座 預 金	490,000
福井支店	支 払 手 形	490,000	本　　店	490,000
本　　店	福井支店	490,000	金沢支店	490,000

(7)

秋田支店	本　　店	50,000	仕　　入	50,000
青森支店	仕　　入	50,000	本　　店	50,000
本　　店	青森支店	50,000	秋田支店	50,000

31 - 2

(1)	仙 台 支 店	180,000	白 石 支 店	180,000
(2)	本　　店	500,000	現　　金	500,000
(3)	本　　店	90,000	仕　　入	90,000
(4)	仕　　入	390,000	本　　店	390,000
(5)	松 江 支 店	45,000	米 子 支 店	45,000
(6)	高 岡 支 店	760,000	黒 部 支 店	760,000
(7)	大 垣 支 店	530,000	高 山 支 店	530,000
(8)	売 掛 金	410,000	白 浜 支 店	260,000
			勝 浦 支 店	150,000

考え方

(8) 正しい仕訳を示してから，訂正仕訳をおこなうとわかりやすい。

　　<正しい本店の仕訳>
　　(借)当座預金 410,000　(貸)白浜支店 260,000
　　　　　　　　　　　　　　　　勝浦支店 150,000

32 本支店の貸借対照表・損益計算書の合併　▷p.120〜

32－1

(1)

a	（支）店	現	金	150,000	本		店	150,000
b	（支）店	仕	入	250,000	本		店	250,000
c	（本）店	旅	費	70,000	支		店	70,000

(2) | ¥ | 3,490,000 |

考え方

(2) 未達事項の整理仕訳を支店勘定，本店勘定に記入すると

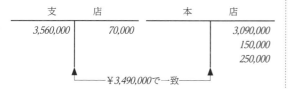

支　　　店		本　　　店	
3,560,000	70,000		3,090,000
			150,000
			250,000

——¥3,490,000で一致——

32－2

(1)

a	（支）店	現	金	132,000	本		店	132,000
b	（支）店	仕	入	210,000	本		店	210,000
c	（本）店	買 掛 金		158,000	支		店	158,000
d	（本）店	旅	費	54,000	支		店	54,000

(2)

支　　　店		本　　　店	
1,432,000	158,000		878,000
	54,000		132,000
			210,000

——¥1,220,000で一致——

(3)

貸　借　対　照　表

川崎商店　　　　　　　令和○年12月31日

資　　　産	金　　　額	負債および純資産	金　　　額
現　　　　　金	782,000	支　払　手　形	1,209,000
受　取　手　形	1,093,000	買　　掛　　金	1,147,000
売　　掛　　金	1,495,000	資　　本　　金	4,080,000
商　　　　　品	1,085,000	当　期　純　利　益	203,000
建　　　　　物	1,524,000		
備　　　　　品	660,000		
	6,639,000		6,639,000

注意

合併後の貸借対照表には，支店勘定・本店勘定は表示しない。

考え方

(3) 合併後の貸借対照表に示される金額

現　金
　¥426,000＋¥224,000＋¥132,000＝¥782,000
商　品
　¥513,000＋¥362,000＋¥210,000＝¥1,085,000
買掛金
　¥812,000＋¥493,000－¥158,000＝¥1,147,000
当期純利益
　本支店合併後の貸借対照表上に示される当期純利益は，次のように計算できる。
　本店当期純利益－支店当期純損失＋（未達事項中の収益発生額
　　　　　　　　　　　　　　　　　－未達事項中の費用総額）
　¥393,000－¥136,000－¥54,000＝¥203,000
　これ以外の勘定は未達事項に関係がないので，本店と支店の各勘定残高を合計すればよい。

(1)

a	（支）店	仕　　　入	400,000	本　　　店	400,000
b	（本）店	現　　　金	289,000	支　　　店	289,000
c	（支）店	本　　　店	165,000	売　掛　金	165,000
d	（本）店	旅　　　費	71,000	支　　　店	71,000

(2)	￥	2,167,000

(3)

貸　借　対　照　表

船橋商店　　　　　　　　令和○年12月31日

資　　　産	金　　　額	負債および純資産	金　　　額
現　　　　　金	1,136,000	支　払　手　形	1,290,000
当　座　預　金	2,979,000	買　　掛　　金	4,098,000
受　取　手　形	1,092,000	資　　本　　金	9,000,000
売　　掛　　金	4,258,000	当　期　純　利　益	821,000
商　　　　　品	1,988,000		
建　　　　　物	2,940,000		
備　　　　　品	816,000		
	15,209,000		15,209,000

考え方

(2) 支店勘定残高
　￥2,527,000 － ￥289,000 － ￥71,000
　　　　　　　　　　　　＝ ￥2,167,000（借方残）

　本店勘定残高
　￥1,932,000 ＋ ￥400,000 － ￥165,000
　　　　　　　　　　　　＝ ￥2,167,000（貸方残）

　なお，両者が一致したらこれを相殺して，合併後の貸借対照表には示さない。

(3) 合併後の貸借対照表に示される金額
　現　金
　　￥726,000 ＋ ￥121,000 ＋ ￥289,000 ＝ ￥1,136,000
　売掛金
　　￥3,075,000 ＋ ￥1,348,000 － ￥165,000 ＝ ￥4,258,000
　商　品
　　￥1,084,000 ＋ ￥504,000 ＋ ￥400,000 ＝ ￥1,988,000
　当期純利益
　　本支店合併後の貸借対照表上に示される当期純利益は，次のように計算できる。
　本店当期純利益＋支店当期純利益＋（未達事項中の収益発生額－
　　　　　　　　　　　　　　未達事項中の費用発生額）
　　￥631,000 ＋ ￥261,000 － ￥71,000 ＝ ￥821,000

　　これ以外の勘定は未達事項に関係がないので，本店と支店の各勘定残高を合計すればよい。

損　益　計　算　書

高崎商店　令和○年1月1日から令和○年12月31日まで

費　　　用	金　　　額	収　　益	金　　　額
売　上　原　価	6,910,000	売　　上　　高	9,807,000
給　　　　料	1,150,000		
旅　　　費	481,000		
広　告　料	259,000		
貸倒引当金繰入	109,000		
減　価　償　却　費	219,000		
保　険　料	82,000		
通　信　費	148,000		
雑　　　費	54,000		
当　期　純　利　益	395,000		
	9,807,000		9,807,000

考え方

＜未達事項の整理仕訳＞
　a．（支店）仕　入　297,000　本　店　297,000
　b．（本店）旅　費　78,000　支　店　78,000
　c．（支店）広告料　33,000　本　店　33,000
合併後の損益計算書に示される金額
　売上原価
　　￥4,483,000 ＋ ￥2,427,000 ＝ ￥6,910,000
　旅　費
　　￥403,000 ＋ ￥78,000 ＝ ￥481,000
　広告料
　　￥174,000 ＋ ￥52,000 ＋ ￥33,000 ＝ ￥259,000
　当期純利益
　　￥632,000 － ￥126,000 － ￥78,000 － ￥33,000
　　　　　　　　　　　　　　　　　＝ ￥395,000

　　これ以外の勘定は未達事項に関係がないので，本店と支店の各勘定残高を合計すればよい。

　　また，a．の未達商品はここに記載はないが，支店の仕入高と期末商品棚卸高の双方に加えられるので，支店の売上原価は変わらない。

32 − 5

	a	支店勘定残高と本店勘定残高の一致額	¥ *841,000*	b	本店損益計算書の受取手数料（アの金額）	¥ *30,000*
	c	本支店合併後の当期純利益（イの金額）	¥ *780,000*			

考え方

```
a.    支      店                  本      店
   971,000 │② 95,000      ④ 51,000 │ 675,000
           │③ 35,000               │① 217,000
           ▼                       ▼
        └────── ¥841,000で一致 ──────┘
```

b．本支店合併後の受取手数料＝本店の受取手数料
　　　　　　　　　　　　　　　　　　＋支店の受取手数料＋未達④
　　¥99,000＝（　ア　）＋¥18,000＋¥51,000
　　（　ア　）＝¥30,000

c．本支店合併後の当期純利益＝本店当期純利益
　　　　　　　　　　　　　　　　　＋支店当期純利益－未達③＋未達④
　　¥490,000＋¥274,000－¥35,000＋¥51,000
　　　　　　　　　　　　　　　　　　＝¥780,000

32 − 6

	a	支店勘定残高と本店勘定残高の一致額	¥ *541,000*	b	本支店合併後の仕入高	¥ *7,109,000*

考え方

資料ⅱ　〔付記事項の仕訳〕
①支店　未達商品 65,000　本　店 65,000
②本店　未達商品 29,000　支　店 29,000

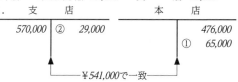

```
a.    支      店                  本      店
   570,000 │② 29,000               │ 476,000
           │                       │① 65,000
           ▼                       ▼
        └────── ¥541,000で一致 ──────┘
```

b．本支店合併後の仕入高
　　¥4,742,000＋¥2,273,000＋①¥65,000
　　　　　　　　＋②¥29,000＝¥7,109,000

32 − 7

	a	支店勘定残高と本店勘定残高の一致額	¥ *986,000*	b	本支店合併後の買掛金	¥ *1,274,000*

考え方

資料ⅱ　〔12月31日における本支店間の取引の仕訳〕
①本店　支　　店 24,000　現　　金 24,000
　支店　広　告　料 24,000　本　　店 24,000
②本店　支　　店 59,000　現　　金 59,000
　支店　買　掛　金 59,000　本　　店 59,000
③支店　仕　　入 87,000　本　　店 87,000
資料ⅲ　〔12月31日における本支店間以外の取引の仕訳〕
①支店　仕　　入 195,000　買　掛　金 195,000

```
a.    支      店                  本      店
   903,000 │                       │ 816,000
 ① 24,000 │             ① 24,000  │
 ② 59,000 │             ② 59,000  │
           │             ③ 87,000  │
           ▲                       ▲
        └────── ¥986,000で一致 ──────┘
```

b．本支店合併後の買掛金＝本店の買掛金＋支店の買掛金
　　　　　　　　　　　　　　　－資料ⅱ②＋資料ⅲ①
　　¥621,000＋¥517,000－¥59,000
　　　　　　　　＋¥195,000＝¥1,274,000

①

(1)

①	当 座 預 金	300,000	売 掛 金	300,000		

(2)

a	仕 入	1,840,000	繰 越 商 品	1,840,000
	繰 越 商 品	1,920,000	仕 入	1,920,000
b	貸倒引当金繰入	81,000	貸 倒 引 当 金	81,000
c	減 価 償 却 費	375,000	備品減価償却累計額	375,000
d	有 価 証 券	80,000	有価証券評価益	80,000
e	貯 蔵 品	28,000	租 税 公 課	28,000
f	前 払 保 険 料	65,000	保 険 料	65,000
g	支 払 家 賃	70,000	未 払 家 賃	70,000

(3)

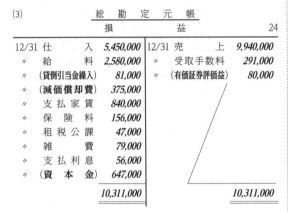

総 勘 定 元 帳

損　　　　　　益　　　　　　24

12/31 仕　　　入	5,450,000	12/31 売　　上	9,940,000
〃 給　　料	2,580,000	〃 受取手数料	291,000
〃 （貸倒引当金繰入）	81,000	〃 （有価証券評価益）	80,000
〃 （減価償却費）	375,000		
〃 支 払 家 賃	840,000		
〃 保　険　料	156,000		
〃 租 税 公 課	47,000		
〃 雑　　費	79,000		
〃 支 払 利 息	56,000		
〃 （資　本　金）	647,000		
	10,311,000		10,311,000

(4)

貸 借 対 照 表

長野商店　　　　　　令和○年12月31日

資　　　　　産	金　額	負債および純資産	金　額
現　　　金	792,000	電子記録債務	860,000
当 座 預 金	2,840,000	買　掛　金	1,190,000
電子記録債権 （2,000,000）		借　入　金	1,400,000
貸倒引当金 （ 60,000）	1,940,000	従業員預り金	300,000
売　掛　金 （2,100,000）		（未払家賃）	70,000
貸倒引当金 （ 63,000）	2,037,000	資　本　金	8,000,000
有 価 証 券	1,720,000	（当期純利益）	647,000
商　　　品	1,920,000		
（貯 蔵 品）	28,000		
（前払保険料）	65,000		
備　　　品 （2,000,000）			
減価償却累計額 （ 875,000）	1,125,000		
	12,467,000		12,467,000

考え方

b．貸倒見積高

（¥2,000,000＋¥2,400,000−¥300,000）×3％

$= ¥123,000$

¥123,000−¥42,000＝¥81,000

c．備品減価償却高

（¥2,000,000−¥500,000）×0.25＝¥375,000

d．有価証券評価高

（¥8,600−¥8,200）×200株＝¥80,000

f．保険料前払高

$¥156,000×\dfrac{5か月}{12か月}＝¥65,000$

損益勘定の仕入は売上原価をあらわす。

売上原価

¥1,840,000＋¥5,530,000−¥1,920,000＝¥5,450,000

当期純利益¥647,000は損益勘定から資本金勘定に振り替えられる。

2

(1)

①	備 品	300,000	消 耗 品 費	300,000

(2)

a	仕 入	1,170,000	繰 越 商 品	1,170,000
	繰 越 商 品	1,280,000	仕 入	1,280,000
b	貸倒引当金繰入	78,000	貸 倒 引 当 金	78,000
c	減 価 償 却 費	525,000	備品減価償却累計	525,000
d	有価証券評価損	72,000	有 価 証 券	72,000
e	前 払 保 険 料	58,000	保 険 料	58,000
f	未 収 手 数 料	10,000	受 取 手 数 料	10,000
g	支 払 利 息	2,000	未 払 利 息	2,000

(3)

損 益 計 算 書

北 陸 商 店　　令和○年1月1日から令和○年12月31日まで

費 用	金 額	収 益	金 額
売 上 原 価	12,520,000	売 上 高	17,340,000
給 料	2,550,000	受 取 手 数 料	164,000
(貸倒引当金繰入)	78,000		
(減 価 償 却 費)	525,000		
支 払 家 賃	948,000		
保 険 料	91,000		
消 耗 品 費	130,000		
雑 費	35,000		
支 払 利 息	11,000		
(有価証券評価損)	72,000		
(当 期 純 利 益)	544,000		
	17,504,000		17,504,000

貸 借 対 照 表

北 陸 商 店　　令和○年12月31日

資 産		金 額	負債および純資産	金 額
現 金		894,000	支 払 手 形	1,300,000
当 座 預 金		2,850,000	買 掛 金	1,261,000
受 取 手 形 (1,650,000)			借 入 金	800,000
貸倒引当金 (33,000)		1,617,000	従業員預り金	230,000
売 掛 金 (3,050,000)			(未 払 利 息)	2,000
貸倒引当金 (61,000)		2,989,000	(資 本 金)	8,000,000
有 価 証 券		864,000	(当期純利益)	544,000
商 品		1,280,000		
(前払保険料)		58,000		
(未収手数料)		10,000		
備 品 (3,000,000)				
減価償却累計額 (1,425,000)		1,575,000		
		12,137,000		12,137,000

考え方

b．貸倒見積高

$(¥1,650,000+¥3,050,000)×2\%=¥94,000$

$¥94,000-¥16,000=¥78,000$

c．備品減価償却高

備品A　$\dfrac{¥2,700,000-¥0}{6年}=¥450,000$

備品B　$\dfrac{¥300,000-¥0}{4年}=¥75,000$

$¥450,000+¥75,000=¥525,000$

d．有価証券評価高

$\dfrac{¥936,000}{12株}=¥78,000$（1株あたりの帳簿価額）

$(¥72,000-¥78,000)×12株=-¥72,000$

e．保険料前払高

$¥87,000×\dfrac{8か月}{12か月}=¥58,000$

33 株式会社の資本金　　　▷p.130〜

33 - 1

(1)	当座預金	50,000,000	資本金	50,000,000
(2)	当座預金	200,000,000	資本金	200,000,000
(3)	当座預金	25,000,000	資本金	25,000,000

考え方

(3) $2,000株 \times \frac{1}{4} = 500株$

$¥50,000 \times 500株 = ¥25,000,000$

34 資本準備金　　　▷p.131〜

34 - 1

(1)	当座預金	80,000,000	資本金	40,000,000
			資本準備金	40,000,000
(2)	当座預金	18,000,000	資本金	15,000,000
			資本準備金	3,000,000

考え方　資本金に計上しない金額は，資本準備金勘定で処理する。

34 - 2

当座預金	10,000,000	資本金	5,000,000
		資本準備金	5,000,000

35 創立費・開業費・株式交付費　　　▷p.132〜

35 - 1

(1)	創立費	740,000	当座預金	740,000
(2)	創立費	900,000	当座預金	900,000

考え方　設立時にかかった諸費用は創立費勘定で処理する。

35 - 2

(1)	開業費	400,000	当座預金	400,000
(2)	開業費	350,000	当座預金	350,000

考え方　開業時にかかった諸費用は開業費勘定で処理する。

35 - 3

(1)	株式交付費	300,000	当座預金	300,000
(2)	株式交付費	480,000	当座預金	480,000

考え方　あらたに株式を発行したときにかかった諸費用は株式交付費勘定で処理する。

35 - 4

(1)	創立費	380,000	当座預金	380,000
(2)	当座預金	72,000,000	資本金	45,000,000
			資本準備金	27,000,000
	創立費	510,000	現金	510,000

35 - 5

(1)	開業費	200,000	現金	200,000
(2)	当座預金	40,000,000	資本金	20,000,000
			資本準備金	20,000,000
	創立費	530,000	当座預金	530,000
(3)	当座預金	23,200,000	資本金	11,600,000
			資本準備金	11,600,000
	株式交付費	360,000	当座預金	360,000
(4)	株式交付費	760,000	当座預金	760,000

36 当期純利益の計上と剰余金の配当および処分　▷p.134〜

36－1

	借方		貸方	
3/31	損　　益	2,000,000	繰越利益剰余金	2,000,000
5/28	繰越利益剰余金	1,310,000	利 益 準 備 金	80,000
			未 払 配 当 金	800,000
			新 築 積 立 金	200,000
			別 途 積 立 金	230,000
5/30	未 払 配 当 金	800,000	当 座 預 金	800,000
3/31	損　　益	2,300,000	繰越利益剰余金	2,300,000

36－2

	借方		貸方	
(1)	損　　益	2,890,000	繰越利益剰余金	2,890,000
(2)	繰越利益剰余金	2,280,000	利 益 準 備 金	150,000
			未 払 配 当 金	1,500,000
			新 築 積 立 金	630,000

36－3

借方		貸方	
未 払 配 当 金	4,000,000	当 座 預 金	4,000,000

36－4

	借方		貸方	
3/31	損　　益	63,500,000	繰越利益剰余金	63,500,000
5/25	繰越利益剰余金	60,600,000	利 益 準 備 金	4,800,000
			未 払 配 当 金	48,000,000
			新 築 積 立 金	4,000,000
			配当平均積立金	1,500,000
			別 途 積 立 金	2,300,000
5/30	未 払 配 当 金	48,000,000	当 座 預 金	48,000,000
3/31	損　　益	46,000,000	繰越利益剰余金	46,000,000

考え方　利益準備金　¥6,000×8,000株×$\frac{1}{10}$＝¥4,800,000

36－5

	借方		貸方	
(1)	繰越利益剰余金	4,810,000	利 益 準 備 金	420,000
			未 払 配 当 金	4,200,000
			別 途 積 立 金	190,000
(2)	損　　益	1,720,000	繰越利益剰余金	1,720,000
(3)	繰越利益剰余金	2,633,000	利 益 準 備 金	203,000
			未 払 配 当 金	2,030,000
			新 築 積 立 金	400,000
(4)	未 払 配 当 金	4,300,000	当 座 預 金	4,300,000
(5)	繰越利益剰余金	837,000	損　　益	837,000
(6)	繰越利益剰余金	2,900,000	利 益 準 備 金	150,000
			未 払 配 当 金	1,500,000
			別 途 積 立 金	1,250,000

37 当期純損失の計上と損失の処理　▷p.137〜

37－1

	借方		貸方	
(1)		繰越利益剰余金	3,210,000	損　　益	3,210,000
(2)		別 途 積 立 金	990,000	繰越利益剰余金	990,000
(3)	①	繰越利益剰余金	700,000	損　　益	700,000
	②	新 築 積 立 金	200,000	繰越利益剰余金	200,000
	③	繰越利益剰余金	600,000	損　　益	600,000
(4)		別 途 積 立 金	1,500,000	繰越利益剰余金	1,500,000

37－2

	借方		貸方	
6/30	繰越利益剰余金	1,210,000	損　　益	1,210,000
8/23	配当平均積立金	650,000	繰越利益剰余金	1,000,000
	別 途 積 立 金	350,000		
6/30	繰越利益剰余金	1,400,000	損　　益	1,400,000

繰 越 利 益 剰 余 金

6/30	損　益	1,210,000	7/ 1	前期繰越	210,000
			6/30	次期繰越	1,000,000
		1,210,000			1,210,000
7/ 1	前期繰越	1,000,000	8/23	諸　口	1,000,000
6/30	損　益	1,400,000	6/30	次期繰越	1,400,000
		2,400,000			2,400,000

37－3

	借方		貸方	
(1)	繰越利益剰余金	1,780,000	損　　益	1,780,000
(2)	繰越利益剰余金	520,000	損　　益	520,000
(3)	別 途 積 立 金	1,730,000	繰越利益剰余金	1,730,000
(4)	繰越利益剰余金	417,000	損　　益	417,000

38 株式会社の税金 ▷p.139～

38-1

3/31	法 人 税 等	1,650,000	仮払法人税等	800,000	
			未払法人税等	850,000	
5/25	未払法人税等	850,000	当 座 預 金	850,000	

38-2

仮払法人税等	700,000	現　　　金	700,000	

38-3

11/25	仮払法人税等	800,000	当 座 預 金	800,000
3/31	法 人 税 等	1,750,000	仮払法人税等	800,000
			未払法人税等	950,000
5/22	未払法人税等	950,000	当 座 預 金	950,000

38-4

(1)	仮払法人税等	567,000	現　　　金	567,000
(2)	法 人 税 等	1,120,000	仮払法人税等	567,000
			未払法人税等	553,000
(3)	未払法人税等	553,000	現　　　金	553,000

38-5

(1)	仮払法人税等	490,000	当 座 預 金	490,000
(2)	未払法人税等	623,000	現　　　金	623,000
(3)	法 人 税 等	2,600,000	仮払法人税等	1,400,000
			未払法人税等	1,200,000

総合問題Ⅳ ▷p.141～

1

(1)　2　(2)　8，13　(3)　4，6　(4)　16，5，7
(5)　10，11
(4)の 5・7，(5)の10・11は順不同

2

(1)	a	損　　　　益	1,200,000	繰越利益剰余金	1,200,000	
	b	損　　　　益	1,200,000	繰越利益剰余金	1,200,000	
(2)	a	繰越利益剰余金	1,700,000	損　　　　益	1,700,000	
	b	繰越利益剰余金	1,700,000	損　　　　益	1,700,000	

3

(1)	当 座 預 金	12,000,000	資 本 金	6,000,000	
			資 本 準 備 金	6,000,000	
	株 式 交 付 費	400,000	当 座 預 金	400,000	
(2)	当 座 預 金	42,000,000	資 本 金	24,000,000	
			資 本 準 備 金	18,000,000	
	創 立 費	280,000	当 座 預 金	280,000	
(3)	開 業 費	310,000	当 座 預 金	310,000	
(4)	当 座 預 金	40,000,000	資 本 金	27,500,000	
			資 本 準 備 金	12,500,000	
	株 式 交 付 費	330,000	当 座 預 金	330,000	
(5)	繰越利益剰余金	1,270,000	利 益 準 備 金	70,000	
			未 払 配 当 金	700,000	
			別 途 積 立 金	500,000	
(6)	仮払法人税等	740,000	当 座 預 金	740,000	
(7)	法 人 税 等	1,070,000	仮払法人税等	570,000	
			未払法人税等	500,000	
(8)	未払法人税等	960,000	現　　　金	960,000	

39 仕訳の問題　　　　　　　　▷p.143〜

39－1

(1)	備品減価償却累計額	360,000	備　　　品	600,000
	当 座 預 金	200,000		
	固定資産売却損	40,000		
(2)	受 取 手 形	450,000	受 取 手 形	450,000
	現　　　金	9,000	受 取 利 息	9,000
(3)	手 形 借 入 金	500,000	当 座 預 金	504,000
	支 払 利 息	4,000		
(4)	当 座 預 金	764,400	電子記録債権	780,000
	電子記録債権売却損	15,600		
(5)	租 税 公 課 （または固定資産税）	360,000	現　　　金	540,000
	引 出 金 （または資本金）	180,000		
(6)	クレジット売掛金	576,000	売　　　上	600,000
	支 払 手 数 料	24,000		

注意 (3) 支払手形と手形借入金とを区別する。

39－2

(1)

営業外受取手形	91,000,000	土　　　地	87,500,000
		固定資産売却益	3,500,000

(2)

売 掛 金	412,500	売　　　上	375,000
		仮 受 消 費 税	37,500

(3)

当 座 預 金	2,010,000	有 価 証 券	1,800,000
		有価証券売却益	210,000

(4)

現 金 過 不 足	3,000	受 取 手 数 料	6,000
通 信 費	4,000	雑　　　益	1,000

(5)

現　　　金	3,000,000	土　　　地	4,600,000
未 収 金	2,300,000	固定資産売却益	700,000

(6)

受 取 商 品 券	40,000	売　　　上	69,000
現　　　金	29,000		

(7)

支 払 手 形	750,000	支 払 手 形	759,000
支 払 利 息	9,000		

(8)

不 渡 手 形	602,000	当 座 預 金	602,000

(9)

当 座 預 金	792,000	受 取 手 形	800,000
手 形 売 却 損	8,000		

39－3

(1)	石垣商店	受 取 手 形	350,000	売 掛 金	350,000
(2)	沖縄商店	受 取 手 形	350,000	売　　　上	750,000
		前 受 金	100,000		
		売 掛 金	300,000		
(3)	沖縄商店	不 渡 手 形	352,650	受 取 手 形	350,000
				現　　　金	2,650
(4)	沖縄商店	当 座 預 金	356,000	不 渡 手 形	352,650
				受 取 利 息	3,350

39－4

(1)	糸満支店	仕　　　入	250,000	本　　　店	250,000
	本　　店	糸満支店	250,000	仕　　　入	250,000
(2)	宮古支店	損　　　益	195,000	本　　　店	195,000
	本　　店	宮古支店	195,000	損　　　益	195,000
(3)	鹿児島支店	本　　　店	165,000	現　　　金	165,000
	指宿支店	買 掛 金	165,000	本　　　店	165,000
	本　　店	指宿支店	165,000	鹿児島支店	165,000

39－5

(1)	備　　　品	700,000	当 座 預 金	700,000
(2)	減 価 償 却 費	70,000	備品減価償却累計額	70,000
(3)	備品減価償却累計額	490,000	備　　　品	700,000
	現　　　金	100,000		
	未 収 金	100,000		
	固定資産売却損	10,000		

39－6

(1)	消 耗 品 費	10,000	備　　　品	10,000
(2)	買 掛 金	50,000	仕　　　入	50,000
	売　　　上	50,000	売 掛 金	50,000

39－7

(1)	有 価 証 券	1,320,000	当 座 預 金	1,320,000
(2)	現　　　金	630,000	有 価 証 券	660,000
	有価証券売却損	30,000		

考え方
(2)有価証券の帳簿価額

$$¥1,320,000 \times \frac{100株}{200株} = ¥660,000$$

39－8

(1)	有 価 証 券	4,480,000	当 座 預 金	4,480,000
(2)	有価証券評価損	210,000	有 価 証 券	210,000

39 - 9

(1)	有 価 証 券	1,584,000	現　　　金	1,584,000	
(2)	備品減価償却累計額	1,500,000	備　　　品	3,000,000	
	未　収　金	1,360,000			
	固定資産売却損	140,000			
(3)	富 山 支 店	80,000	石 川 支 店	80,000	
(4)	当 座 預 金	800,000	有 価 証 券	700,000	
			有価証券売却益	100,000	
(5)	現　　　金	809,000	不 渡 手 形	804,000	
			受 取 利 息	5,000	
(6)	買　掛　金	137,000	電子記録債権	137,000	
(7)	仕　　　入	460,000	買　掛　金	506,000	
	仮 払 消 費 税	46,000			

39 - 10

(1)

創 立 費	5,000,000	当 座 預 金	5,000,000

(2)

a	損　　　益	5,700,000	繰越利益剰余金	5,700,000
b	繰越利益剰余金	3,930,000	利 益 準 備 金	280,000
			未 払 配 当 金	2,800,000
			別 途 積 立 金	850,000
c	未 払 配 当 金	2,800,000	当 座 預 金	2,800,000
d	繰越利益剰余金	3,500,000	損　　　益	3,500,000
e	別 途 積 立 金	850,000	繰越利益剰余金	1,260,000
	利 益 準 備 金	410,000		

(3)

当 座 預 金	70,000,000	資　本　金	50,000,000
		資 本 準 備 金	20,000,000
創 立 費	580,000	当 座 預 金	580,000

(4)

開 業 費	600,000	当 座 預 金	600,000

(5)

当 座 預 金	10,000,000	資　本　金	5,000,000
		資 本 準 備 金	5,000,000

(6)

当 座 預 金	24,000,000	資　本　金	24,000,000
株 式 交 付 費	470,000	当 座 預 金	470,000

---

(7)

未払法人税等	2,200,000	現　　　金	2,200,000

(8)

株 式 交 付 費	450,000	当 座 預 金	450,000

(9)

繰越利益剰余金	7,558,000	利 益 準 備 金	378,000
		未 払 配 当 金	3,780,000
		別 途 積 立 金	3,400,000

(10)

a	法 人 税 等	1,000,000	仮払法人税等	400,000
			未払法人税等	600,000
b	未払法人税等	600,000	当 座 預 金	600,000

(11)

仮払法人税等	425,000	当 座 預 金	425,000

39 - 11

(1)	当 座 預 金	24,000,000	資　本　金	12,000,000
			資 本 準 備 金	12,000,000
	株 式 交 付 費	350,000	当 座 預 金	350,000
(2)	創 立 費	1,800,000	当 座 預 金	1,800,000
(3)	開 業 費	800,000	当 座 預 金	800,000
(4)	株 式 交 付 費	600,000	当 座 預 金	600,000
(5)	損　　　益	1,620,000	繰越利益剰余金	1,620,000
(6)	繰越利益剰余金	3,570,000	利 益 準 備 金	290,000
			未 払 配 当 金	2,900,000
			別 途 積 立 金	380,000
(7)	未払法人税等	430,000	現　　　金	430,000

39 - 12

(1)	当 座 預 金	100,000,000	資　本　金	100,000,000
(2)	当 座 預 金	80,000,000	資　本　金	40,000,000
			資 本 準 備 金	40,000,000
(3)	仮払法人税等	480,000	当 座 預 金	480,000
(4)	繰越利益剰余金	3,200,000	利 益 準 備 金	200,000
			未 払 配 当 金	2,000,000
			別 途 積 立 金	1,000,000
(5)	繰越利益剰余金	5,400,000	損　　　益	5,400,000
(6)	未 払 配 当 金	8,600,000	当 座 預 金	8,600,000
(7)	法 人 税 等	3,140,000	仮払法人税等	1,500,000
			未払法人税等	1,640,000

40-1

	期首純資産	期末資産	期末負債	期末純資産	総収益	総費用	純利益	純損失
(1)	70,000	174,000	90,000	**84,000**	74,000	60,000	**14,000**	
(2)	300,000	**680,000**	400,000	280,000	630,000	**650,000**		20,000
(3)	**283,000**	950,000	**593,000**	357,000	**904,000**	830,000	74,000	

考え方
(1) 純 利 益　¥74,000－¥60,000＝¥14,000
　　期末純資産　¥70,000＋¥14,000＝¥84,000
　　　　　　　　または
　　　　　　　　¥174,000－¥90,000＝¥84,000
(2) 期 末 資 産　¥400,000＋¥280,000＝¥680,000
　　純 損 失　¥280,000－¥300,000＝－¥20,000
　　総 費 用　¥630,000－（－¥20,000）＝¥650,000
(3) 期 末 負 債　¥950,000－¥357,000＝¥593,000
　　期首純資産　¥357,000－¥74,000＝¥283,000
　　総 収 益　¥830,000＋¥74,000＝¥904,000

40-2

	期首商品棚卸高	純仕入高	期末商品棚卸高	売上原価	純売上高	売上総利益	その他の収益	その他の費用	当期純損益
(1)	20,000	70,000	30,000	**60,000**	85,000	**25,000**	10,000	20,000	**15,000**
(2)	15,000	**45,000**	25,000	35,000	100,000	**65,000**	**16,000**	95,000	−14,000

考え方
(1) 売 上 原 価　¥20,000＋¥70,000－¥30,000＝¥60,000
　　売上総利益　¥85,000－¥60,000＝¥25,000
　　当期純利益　¥25,000＋¥10,000－¥20,000＝¥15,000
(2) 純 仕 入 高　¥35,000＋¥25,000－¥15,000＝¥45,000
　　売上総利益　¥100,000－¥35,000＝¥65,000
　　その他の収益　¥95,000＋（－¥14,000）－¥65,000
　　　　　　　　　　　　　　　　＝¥16,000

40-3

a	売上原価	¥	**3,510,000**	b	期末の売掛金	¥	**960,000**

考え方
a．売上原価
　　期首商品＋仕入高－期末商品＝売上原価
　　　¥280,000＋¥3,600,000－¥370,000＝¥3,510,000
b．期末の売掛金
　　売上高－売上原価－給料－支払家賃－消耗品費－雑費
　　　　　　　　　　　　　　　　　　　　　　＝純利益
　　¥5,100,000－¥3,510,000－¥800,000－¥500,000
　　　　　　　　　　　　－¥80,000－¥20,000＝¥190,000
　　現金＋売掛金＋商品－買掛金＝期末純資産
　　¥530,000＋¥720,000＋¥280,000－¥550,000
　　　　　　　　　　　　　　　　　　　　＝¥980,000
　　期首純資産＋純利益＋追加元入－引出金＝期末純資産
　　¥980,000＋¥190,000＋¥220,000－¥50,000
　　　　　　　　　　　　　　　　　　　＝¥1,340,000
　　期末純資産＋期末負債－（現金＋商品）＝期末売掛金
　　¥1,340,000＋¥490,000－（¥500,000＋¥370,000）
　　　　　　　　　　　　　　　　　　　　＝¥960,000

40-4

a	期首の負債総額	¥	**1,743,000**	b	期末の売掛金	¥	**739,000**

考え方
a．期末の純資産総額＝期首の純資産総額＋追加元入額
　　　　　　　　　　　　　　－引出金＋当期純利益
　　¥1,802,000＝期首の純資産総額＋¥70,000
　　　　　　　　　　　　－¥190,000＋¥405,000
　　期首の純資産総額＝¥1,517,000
　　期首の資産総額＝期首の負債総額＋期首の純資産総額
　　¥3,260,000＝期首の負債総額＋¥1,517,000
　　期首の負債総額＝¥1,743,000
b．

	売　　掛　　金		
＊1	前期繰越　892,000	＊3	回　収　8,913,000
＊2	売　　上　8,760,000	＊4	次期繰越　**739,000**

　　＊1　資料ⅰ期首の売掛金
　　＊2　資料ⅱ期間中の掛売上高
　　＊3　資料ⅲ期間中の売掛金回収額
　　＊4　期末の売掛金＝繰越試算表の売掛金

40 - 5

a	売上原価 ¥	*3,890,000*	b	売掛金の貸し倒れ高 ¥	*21,000*

考え方

a．売上原価＝期首商品＋仕入高－期末商品

$¥280,000＋¥3,900,000－¥290,000＝¥3,890,000$

b．

売 掛 金			
期　　　首	450,000	回　収　高	3,950,000
掛け売上高	3,930,000	貸し倒れ高	b
		期　　　末	409,000

貸し倒れ高

$¥450,000＋¥3,930,000－¥3,950,000－¥409,000$
$＝¥21,000$

40 - 6

a	期末商品棚卸高 ¥	*385,000*	b	9月27日の引出金 (アの金額) ¥	*45,000*

考え方

a．期末商品棚卸高＝期首商品棚卸高＋仕入高－売上原価

$¥437,000＋¥6,700,000－¥6,752,000＝¥385,000$

b．期首の純資産総額

$¥6,340,000－¥1,800,000＝¥4,540,000$

期末の純資産総額

$¥7,280,000－¥2,130,000＝¥5,150,000$

当期純利益

$¥8,870,000－¥8,605,000＝¥265,000$

期末の純資産総額＝期首の純資産総額＋期間中の追加元入額
　　　　　　　　　－期間中の引出金＋当期純利益

よって，期間中の引出金

$¥4,540,000＋¥520,000＋¥265,000$
$－¥5,150,000＝¥175,000$

（　ア　）の金額

$¥175,000－（¥90,000＋¥40,000）＝¥45,000$

40 - 7

a	仕　入　高 ¥	*2,070,000*	b	期首の資産総額 ¥	*2,137,000*

考え方

a．損益勘定借方の仕入¥2,100,000は売上原価である。

仕入高＝売上原価－期首商品＋期末商品

$¥2,100,000－¥450,000＋¥420,000＝¥2,070,000$

b．損益勘定借方の資本金¥463,000は当期純利益である。

期末純資産＝期末資産－期末負債

$¥2,830,000－¥970,000＝¥1,860,000$

期首純資産＝期末純資産－追加元入額－当期純利益

$¥1,860,000－¥120,000－¥463,000＝¥1,277,000$

期首資産＝期首負債＋期首純資産

$¥860,000＋¥1,277,000＝¥2,137,000$

40 - 8

a	期首商品棚卸高 ¥	*573,000*	b	期間中の給料 ¥	*1,230,000*

考え方

a．期首商品棚卸高＝売上原価＋期末商品棚卸高－仕入高

$¥7,305,000＋¥468,000－¥7,200,000＝¥573,000$

b．期末純資産＝期末資産－期末負債

$¥8,160,000－¥3,240,000＝¥4,920,000$

期首純資産＝期首資産－期首負債

$¥7,250,000－¥2,900,000＝¥4,350,000$

当期純利益＝期末純資産＋引出金－追加元入額
　　　　　　　　　　　　　　　－期首純資産

$¥4,920,000＋¥65,000－¥200,000－¥4,350,000$
$＝¥435,000$

期間中の給料＝売上高＋受取手数料－売上原価－支払家賃
　　　　　　　　　－固定資産売却損－当期純利益

$¥9,710,000＋¥30,000－¥7,305,000－¥672,000$
$－¥98,000－¥435,000＝¥1,230,000$

40 - 9

a	仕　入　高 ¥	*7,440,000*	b	6月30日の追加元入額 (アの金額) ¥	*140,000*

考え方

a．資本金勘定貸方の損益¥580,000は当期純利益である。

売上原価＝売上高＋受取手数料－給料－支払利息
　　　　　　　　　　　　　　　－当期純利益

$¥9,350,000＋¥40,000－¥1,294,000－¥36,000$
$－¥580,000＝¥7,480,000$

仕入高＝売上原価－期首商品＋期末商品

$¥7,480,000－¥570,000＋¥530,000＝¥7,440,000$

b．期首純資産＝期首資産－期首負債

$¥2,920,000－¥1,400,000＝¥1,520,000$

期末純資産＝期末資産－期末負債

$¥3,780,000－¥1,560,000＝¥2,220,000$

追加元入額＝期末純資産＋引出金－当期純利益
　　　　　　　　　　　　　　　－期首純資産

$¥2,220,000＋¥20,000－¥580,000－¥1,520,000$
$＝¥140,000$

資　　本　　金			
12/31 引 出 金	20,000	1/ 1 前期繰越	(1,520,000)
〃　　次期繰越	(2,220,000)	6/30 現　金	(140,000)ア
		12/31 損　益	580,000
	(2,240,000)		(2,240,000)

40 - 10

①	¥	*30,000*	②	¥	*15,000*

考え方

① $¥2,000,000×3％×\dfrac{6か月}{12か月}＝¥30,000$

② 10～12月の3か月分の未収利息を計上する。

$¥30,000×\dfrac{3か月}{6か月}＝¥15,000$

40-11

| a | 仕 入 高 | ¥ *4,890,000* | b | 期末の負債総額 | ¥ *2,749,000* |

考え方

a．仕入高＝売上原価－期首商品＋期末商品
  ¥*4,950,000*－¥*1,580,000*＋¥*1,640,000*＝¥*4,890,000*

b．当期純利益
  ¥*7,420,000*＋¥*36,000*－¥*4,950,000*
                    －¥*2,130,000*－¥*183,000*＝¥*193,000*

 期末純資産
  ¥*3,820,000*＋¥*140,000*＋¥*193,000*
                    －¥*180,000*＝¥*3,973,000*

 期末負債
  ¥*6,722,000*－¥*3,973,000*＝¥*2,749,000*

40-12

①	¥	*175,000*
②	¥	*30,000*
③		**損　益**

考え方

①減価償却費　*175,000*　建物減価償却累計額　*175,000*

$$\frac{¥5,250,000-¥0}{30年}=¥175,000$$

②備品減価償却累計額　*350,000*　備　品　*800,000*
　現　金　*420,000*
　固定資産売却損　*30,000*

③損　益　*30,000*　固定資産売却損　*30,000*

40-13

| a | 支店勘定残高と本店勘定残高の一致額 | ¥ | *1,159,000* |
| b | 本支店合併後の買掛金 | ¥ | *1,343,000* |

考え方

a．
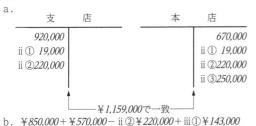

b．¥*850,000*＋¥*570,000*－ⅱ②¥*220,000*＋ⅲ①¥*143,000*
                    ＝¥*1,343,000*

40-14

a	支店勘定残高と本店勘定残高の一致額	¥	*895,000*
b	本支店合併後の買掛金	¥	*1,030,000*
c	本支店合併後の売上総利益	¥	*4,061,000*

考え方

a．本支店一致額

　　□は，¥*200,000*となる

b．本支店合併後の買掛金
　本店¥*813,000*＋支店¥*417,000*－未達②¥*200,000*
                    ＝¥*1,030,000*

c．本支店合併後の売上総利益
　本支店合併後の売上
　　本店¥*8,465,000*＋支店¥*4,591,000*＝¥*13,056,000*
　本支店合併後の期首商品棚卸高
　　本店¥*624,000*＋支店¥*391,000*＝¥*1,015,000*
　本支店合併後の仕入高
　　本店¥*5,617,000*＋支店¥*3,276,000*
                    ＋未達①¥*65,000*＝¥*8,958,000*
　本支店合併後の期末商品棚卸高
　　本店¥*589,000*＋支店¥*324,000*
                    ＋未達①¥*65,000*＝¥*978,000*

　売上総利益＝売上高－売上原価
　　¥*13,056,000*－（¥*1,015,000*＋¥*8,958,000*
                    －¥*978,000*）＝¥*4,061,000*

41 - 1

ア	イ	ウ
1	3	2

41 - 2

ア	イ	ウ
3	1	6

41 - 3

ア	イ	ウ	エ
2	5	1	6
オ	カ	キ	ク
7	4	8	3

41 - 4

ア	イ	ウ	エ	オ	カ
5	12	9	10	11	6
キ	ク	ケ	コ	サ	シ
7	3	1	8	4	2

42 - 1

仕 訳 集 計 表
令和○年6月13日

借 方	元丁	勘 定 科 目	元丁	貸 方
1,208,300	1	現　　　金	1	887,770
951,500		当 座 預 金		613,250
385,000	3	受 取 手 形		
1,364,000	4	売 掛 金	4	1,225,400
150,000		前 払 金		
116,600		買 掛 金		939,400
		前 受 金		160,000
61,600		売　　　上		1,364,000
		受 取 家 賃		110,000
939,400		仕　　　入		58,300
73,700		広 告 料		
34,100		旅　　　費		
7,920		租 税 公 課		
26,400	25	消 耗 品 費		
37,400		水 道 光 熱 費		
1,650		雑　　　費		
550		支 払 利 息		
5,358,120				5,358,120

総 勘 定 元 帳

現　　　金　　　1

	6,920,000			5,784,250
6/13	1,208,300	6/13		887,770

受 取 手 形　　　3

	1,925,000			1,540,000
6/13	385,000			

売 掛 金　　　4

	6,820,000			6,127,000
6/13	1,364,000	6/13		1,225,400

消 耗 品 費　　　25

	132,000			
6/13	26,400			

考え方

6/13の仕訳

振替伝票　（借）売 掛 金 946,000　（貸）売　　　上 946,000
振替伝票　（借）受取手形 385,000　（貸）売 掛 金 385,000
出金伝票　（借）前 払 金 150,000　（貸）現　　　金 150,000

仕 訳 集 計 表
令和○年 1 月15日

借 方	元丁	勘 定 科 目	元丁	貸 方
1,312,000	1	現 金	1	1,151,900
978,000		当 座 預 金		661,400
100,000		売 掛 金		317,000
453,000		買 掛 金		588,000
		前 受 金		150,000
		売 上		777,000
588,000		仕 入		
92,000		広 告 料		
47,000		旅 費		
7,800		租 税 公 課		
27,600		消 耗 品 費		
38,000		水 道 光 熱 費		
1,500		雑 費		
400		支 払 利 息		
3,645,300				3,645,300

総 勘 定 元 帳
現 金　　　　　1

	10,062,930		8,814,210
1/15	1,312,000	1/15	1,151,900

考え方

振替伝票　(借)受取商品券 100,000　(貸)売　上 100,000
入金伝票　(借)現　金 150,000　(貸)前 受 金 150,000

㊸ 記帳に関する問題　　　　▷p.162〜

▷p.162〜

43 - 1

(1)

総 勘 定 元 帳
現 金　　　　　1

1/ 1	350,600		

当 座 預 金　　　　　2

1/ 1	3,305,200	1/21	378,200
23	918,000	29	1,324,000

受 取 手 形　　　　　5

1/27	867,500		

売 掛 金　　　　　6

1/ 1	2,332,000	1/23	918,000
14	1,526,000	27	867,500
18	1,324,000		

支 払 手 形　　　　　17

1/29	1,324,000	1/ 1	1,324,000
		25	657,600

買 掛 金　　　　　18

1/13	68,000	1/ 1	1,760,900
21	378,200	10	657,600
25	657,600	12	1,197,000

前 受 金　　　　　19

1/18	150,000	1/ 1	180,000

売 上　　　　　24

		1/14	1,526,000
		18	1,474,000

仕 入　　　　　30

1/10	657,600	1/13	68,000
12	1,197,000		

(2)

当 座 預 金 出 納 帳　　　　　1

令和○年		摘 要	預 入	引 出	借または貸	残 高
1	1	前月繰越	3,305,200		借	3,305,200
	21	東京商店に買掛金支払い 小切手♯17		378,200	〃	2,927,000
	23	千葉商店の売掛金回収	918,000		〃	3,845,000
	29	約束手形支払い		1,324,000	〃	2,521,000
	31	次月繰越		2,521,000		
			4,223,200	4,223,200		

仕 入 帳　1

令和○年		摘　要		内　訳	金　額
1	10	神奈川商店	掛け		
		B品　50枚　@¥ 6,600		330,000	
		C品　30〃　〃 10,920		327,600	657,600
	12	東京商店	掛け		
		A品　70枚　@¥10,300		721,000	
		B品　70〃　〃 6,800		476,000	1,197,000
	13	東京商店	掛け返品		
		B品　10枚　@¥ 6,800			68,000
	31		総 仕 入 高		1,854,600
	〃		仕入返品高		68,000
			純 仕 入 高		1,786,600

売 掛 金 元 帳
埼玉商店　1

令和○年	摘　要	借　方	貸　方	借または貸	残　高
1	1	前 月 繰 越	875,600		借	875,600
	18	売 り 上 げ	1,324,000		〃	2,199,600
	27	回 収		867,500	〃	1,332,100
	31	次 月 繰 越		1,332,100		
			2,199,600	2,199,600		

買 掛 金 元 帳
東京商店　2

令和○年	摘　要	借　方	貸　方	借または貸	残　高
1	1	前 月 繰 越		691,300	貸	691,300
	12	仕 入 れ		1,197,000	〃	1,888,300
	13	返 品	68,000		〃	1,820,300
	21	支 払 い	378,200		〃	1,442,100
	31	次 月 繰 越	1,442,100			
			1,888,300	1,888,300		

商 品 有 高 帳

(先入先出法)　　品名　A 品　　　　　　　単位：枚

令和○年	摘　要	受　入 数量	受　入 単価	受　入 金額	払　出 数量	払　出 単価	払　出 金額	残　高 数量	残　高 単価	残　高 金額
1	1	前 月 繰 越	60	10,430	625,800				60	10,430	625,800
	12	東 京 商 店	70	10,300	721,000				{ 60	10,430	625,800
									70	10,300	721,000
	14	千 葉 商 店				{ 60	10,430	625,800			
						20	10,300	206,000	50	10,300	515,000
	31	次 月 繰 越				50	10,300	515,000			
			130		1,346,800	130		1,346,800			

43 - 2

(1)
総 勘 定 元 帳

現　金　1			
1/ 1	320,000		

受 取 手 形　5			
1/25	720,000		

当 座 預 金　2			
1/ 1	3,550,000	1/16	280,000
21	650,000	29	1,240,000

売 掛 金　6			
1/ 1	2,200,000	1/ 8	67,000
7	1,426,000	21	650,000
15	654,000	25	720,000

前　払　金　　8

1/ 1	230,000	1/12	230,000

支　払　手　形　　17

1/29	1,240,000	1/ 5	1,240,000
		28	430,000

買　掛　金　　18

1/16	280,000	1/ 1	1,700,000
28	430,000	9	499,000
		12	49,400

売　　上　　24

1/ 8	67,000	1/ 7	1,426,000
		15	654,000

仕　　入　　30

1/ 5	1,240,000
9	499,000
12	279,400

(2)

当　座　預　金　出　納　帳　　1

令和○年	摘　要	預　入	引　出	借または貸	残　高
1　1	前月繰越	3,550,000		借	3,550,000
16	静岡商店に買掛金支払い　小切手#11		280,000	〃	3,270,000
21	愛知商店の売掛金回収	650,000		〃	3,920,000
29	約束手形支払い		1,240,000	〃	2,680,000
31	次月繰越		2,680,000		
		4,200,000	4,200,000		

売　　上　　帳　　1

令和○年	摘　要		内　訳	金　額
1　7	石川商店	掛け		
	B品　100個	@¥ 6,700	670,000	
	C品　 70 〃	〃 〃10,800	756,000	1,426,000
8	石川商店	掛け返品		
	B品　 10個	@¥ 6,700		67,000
15	愛知商店	掛け		
	A品　 90個	@¥ 5,000	450,000	
	B品　 30 〃	〃 〃 6,800	204,000	654,000
31	総 売 上 高			2,080,000
〃	売上返品高			67,000
	純 売 上 高			2,013,000

売　掛　金　元　帳
石　川　商　店　　2

令和○年	摘　要	借　方	貸　方	借または貸	残　高
1　1	前 月 繰 越	860,000		借	860,000
7	売　　上	1,426,000		〃	2,286,000
8	返　品		67,000	〃	2,219,000
25	回　収		720,000	〃	1,499,000
31	次 月 繰 越		1,499,000		
		2,286,000	2,286,000		

買　掛　金　元　帳
静　岡　商　店　　1

令和○年	摘　要	借　方	貸　方	借または貸	残　高
1　1	前 月 繰 越		790,000	貸	790,000
9	仕　入　れ		499,000	〃	1,289,000
16	支　払　い	280,000		〃	1,009,000
31	次 月 繰 越	1,009,000			
		1,289,000	1,289,000		

商　品　有　高　帳

(移動平均法)　　　品名　A品　　　　　　　　　　　単位：個

令和○年	摘　要	受　入			払　出			残　高		
		数　量	単　価	金　額	数　量	単　価	金　額	数　量	単　価	金　額
1　1	前 月 繰 越	120	2,800	336,000				120	2,800	336,000
9	静 岡 商 店	130	2,300	299,000				250	2,540	635,000
12	福 井 商 店	110	2,540	279,400				360	2,540	914,400
15	愛 知 商 店				90	2,540	228,600	270	2,540	685,800
31	次 月 繰 越				270	2,540	685,800			
		360		914,400	360		914,400			

— 59 —

総　勘　定　元　帳

現　　金　　　　1

1/ 1	430,000	1/ 7	110,000

当　座　預　金　　　　2

1/ 1	3,250,000	1/20	320,000
21	900,000	28	1,256,000

受　取　手　形　　　　5

1/26	800,000		

売　　掛　　金　　　　6

1/ 1	2,180,000	1/21	900,000
13	920,000	26	800,000
17	960,000		

前　　払　　金　　　　8

1/ 1	300,000	1/15	300,000

支　払　手　形　　　　17

1/28	1,256,000	1/ 8	1,256,000
		24	670,000

買　　掛　　金　　　　18

1/20	320,000	1/ 1	1,540,000
24	670,000	11	1,000,000
		15	240,000

売　　　上　　　　24

		1/13	920,000
		17	960,000

仕　　　入　　　　30

1/ 8	1,256,000		
11	1,000,000		
15	540,000		

当　座　預　金　出　納　帳　　　　1

令和○年		摘　　　要	預　入	引　出	借または貸	残　高
1	1	前月繰越	3,250,000		借	3,250,000
	20	兵庫商店に買掛金支払い　小切手＃15		320,000	〃	2,930,000
	21	京都商店の売掛金回収	900,000		〃	3,830,000
	28	約束手形＃18支払い		1,256,000	〃	2,574,000
	31	次月繰越		2,574,000		
			4,150,000	4,150,000		

受取手形記入帳

令和○年		摘要	金額	手形種類	手形番号	支払人	振出人または裏書人	振出日		満期日		支払場所	てん末		
													月	日	摘要
1	26	売掛金	800,000	約手	7	三重商店	三重商店	1	26	4	26	東銀行本店			

支払手形記入帳

令和○年		摘要	金額	手形種類	手形番号	受取人	振出人	振出日		満期日		支払場所	てん末		
													月	日	摘要
1	8	仕入	1,256,000	約手	18	兵庫商店	当店	1	8	1	28	南銀行本店	1	28	支払い
	24	買掛金	670,000	約手	22	滋賀商店	当店	1	24	2	24	南銀行本店			

売掛金元帳

三重商店　　1

令和○年		摘要	借方	貸方	借または貸	残高
1	1	前月繰越	923,000		借	923,000
	17	売り上げ	960,000		〃	1,883,000
	26	回収		800,000	〃	1,083,000
	31	次月繰越		1,083,000		
			1,883,000	1,883,000		

買掛金元帳

兵庫商店　　2

令和○年		摘要	借方	貸方	借または貸	残高
1	1	前月繰越		810,000	貸	810,000
	11	仕入れ		1,000,000	〃	1,810,000
	20	支払い	320,000		〃	1,490,000
	31	次月繰越	1,490,000			
			1,810,000	1,810,000		

商品有高帳

(先入先出法)　　　　　　　　品名　Ａ品　　　　　　　　単位：枚

令和○年		摘要	受入			払出			残高		
			数量	単価	金額	数量	単価	金額	数量	単価	金額
1	1	前月繰越	100	3,800	380,000				100	3,800	380,000
	11	兵庫商店	150	4,000	600,000				{ 100	3,800	380,000
									150	4,000	600,000
	13	京都商店				{ 100	3,800	380,000			
						30	4,000	120,000	120	4,000	480,000
	15	滋賀商店	120	4,500	540,000				{ 120	4,000	480,000
									120	4,500	540,000
	31	次月繰越				{ 120	4,000	480,000			
						120	4,500	540,000			
			370		1,520,000	370		1,520,000			

44 - 1

(1)

a	仕　　　　入	175,000	繰 越 商 品	175,000
	繰 越 商 品	156,000	仕　　　　入	156,000
b	貸倒引当金繰入	6,000	貸 倒 引 当 金	6,000
c	減 価 償 却 費	62,500	備品減価償却累計額	62,500
d	有 価 証 券	8,000	有価証券評価益	8,000
e	受 取 手 数 料	5,000	前 受 手 数 料	5,000
f	未 収 利 息	7,500	受 取 利 息	7,500
g	前 払 保 険 料	6,000	保　 険　 料	6,000
h	支 払 家 賃	3,000	未 払 家 賃	3,000

(2)

備品減価償却累計額　　　　　8

12/31 次期繰越	312,500			250,000
		12/31 減価償却費	62,500
	312,500		312,500

受　取　利　息　　　　　13

12/31 損　　益	7,500	12/31 未 収 利 息	7,500

考え方

〈決算整理事項〉

c. 備品減価償却高

$$\frac{¥500,000 - ¥0}{8 年} = ¥62,500$$

d. 有価証券評価高

　　¥560,000 ÷ 100株 = ¥5,600（1株あたりの帳簿価額）

　　（¥5,680 - ¥5,600）× 100株 = ¥8,000

g. 保険料前払高

　　来年1/1から6/30までの6か月分であるから,

$$¥12,000 × \frac{6 か月}{12 か月} = ¥6,000$$

(3)

精　算　表

令和○年12月31日

勘定科目	残高試算表 借方	残高試算表 貸方	整理記入 借方	整理記入 貸方	損益計算書 借方	損益計算書 貸方	貸借対照表 借方	貸借対照表 貸方
現　　　　金	177,000						177,000	
当 座 預 金	160,000						160,000	
売 　掛 　金	300,000						300,000	
貸 倒 引 当 金		3,000		6,000				9,000
有 価 証 券	560,000		8,000				568,000	
繰 越 商 品	175,000		156,000	175,000			156,000	
貸 　付 　金	200,000						200,000	
備　　　　品	500,000						500,000	
備品減価償却累計額		250,000		62,500				312,500
買 　掛 　金		200,000						200,000
資 　本 　金		1,440,000						1,440,000
売　　　　上		1,050,000				1,050,000		
受 取 手 数 料		29,000	5,000			24,000		
仕　　　　入	730,000		175,000	156,000	749,000			
給　　　　料	135,000				135,000			
支 払 家 賃	17,000		3,000		20,000			
保 　険 　料	18,000			6,000	12,000			
	2,972,000	2,972,000						
貸倒引当金繰入			6,000		6,000			
減 価 償 却 費			62,500		62,500			
有価証券評価益				8,000		8,000		
前 受 手 数 料				5,000				5,000
未 収 利 息			7,500				7,500	
受 取 利 息				7,500		7,500		
前 払 保 険 料			6,000				6,000	
未 払 家 賃				3,000				3,000
当 期 純 利 益					105,000			105,000
			429,000	429,000	1,089,500	1,089,500	2,074,500	2,074,500

(1)

	有　価　証　券			5
	600,000	12/31	有価証券評価損	65,000
		〃	次 期 繰 越	535,000
	600,000			600,000

	広　　告　　料			18
12/31 未払広告料	200,000	12/31	損　　　益	200,000

(2)　　　　　　損　益　計　算　書

東海商店　　令和○年1月1日から令和○年12月31日まで

費　　用	金　　額	収　　益	金　　額
売 上 原 価	2,540,000	売 上 高	3,715,000
給 料	585,000	受 取 手 数 料	17,000
(貸倒引当金繰入)	27,000	(当 期 純 損 失)	20,000
(減 価 償 却 費)	120,000		
支 払 家 賃	210,000		
広 告 料	200,000		
有価証券評価損	65,000		
(雑 損)	5,000		
	3,752,000		3,752,000

　　　　　　貸　借　対　照　表

東海商店　　　　　令和○年12月31日

資　　産	金　　額	負債および純資産	金　　額
現 金	770,000	買 掛 金	950,000
当 座 預 金	100,000	(前受手数料)	5,000
売 掛 金 (600,000)		(未払広告料)	200,000
貸倒引当金 (30,000)	570,000	資 本 金	2,100,000
有 価 証 券	535,000		
商 品	900,000		
備 品 (640,000)			
減価償却累計額 (280,000)	360,000		
(当期純損失)	20,000		
	3,255,000		3,255,000

(3)　繰越試算表に記載する資本金の額　　　¥ 2,080,000

〔考え方〕

〔付記事項の仕訳〕

①	買 掛 金	50,000	当 座 預 金	50,000

〔決算整理事項等の仕訳〕

a.	仕 入	890,000	繰 越 商 品	890,000
	繰 越 商 品	900,000	仕 入	900,000
b.	貸倒引当金繰入	27,000	貸倒引当金	27,000

　　　¥600,000×5％＝¥30,000

　　　¥30,000－¥3,000＝¥27,000

c.	減 価 償 却 費	120,000	備品減価償却累計額	120,000

　　　（¥640,000－¥160,000）×0.25＝¥120,000

d.	有価証券評価損	65,000	有 価 証 券	65,000

　　　$\dfrac{¥600,000}{100株}$＝¥6,000（1株あたりの帳簿価額）

　　　（¥5,350－¥6,000）×100株＝－¥65,000

e.	受 取 手 数 料	5,000	前 受 手 数 料	5,000
f.	広 告 料	200,000	未 払 広 告 料	200,000
g.	雑 損	5,000	現 金 過 不 足	5,000
h.	資 本 金	400,000	引 出 金	400,000

(3)　期首資本金－当期純損失

　　　¥2,100,000－¥20,000＝¥2,080,000

(1)

①	受 取 手 形	100,000	売 掛 金	100,000

(2)

a	仕 入	1,200,000	繰 越 商 品	1,200,000
	繰 越 商 品	1,250,000	仕 入	1,250,000
b	貸倒引当金繰入	38,000	貸 倒 引 当 金	38,000
c	減 価 償 却 費	250,000	備品減価償却累計額	250,000
d	有価証券評価損	300,000	有 価 証 券	300,000
e	消 耗 品	154,000	消 耗 品 費	154,000
f	前 払 保 険 料	24,000	保 険 料	24,000
g	未 収 利 息	36,000	受 取 利 息	36,000

(3)

貸 倒 引 当 金　　5

12/31 次期繰越	54,000		16,000
		12/31 貸倒引当金繰入	38,000
	54,000		54,000

保 険 料　　18

	80,000	12/31 前払保険料	24,000
		〃 損 益	56,000
	80,000		80,000

(4)

総 勘 定 元 帳

損 益　　27

12/31	(仕 入)	3,790,000	12/31 売 上	5,620,000
〃	給 料	280,000	〃 受取手数料	256,000
〃	(貸倒引当金繰入)	38,000	〃 受取利息	36,000
〃	(減価償却費)	250,000		
〃	保 険 料	56,000		
〃	消 耗 品 費	200,000		
〃	有価証券評価損	300,000		
〃	(資 本 金)	998,000		
		5,912,000		5,912,000

(5)

貸 借 対 照 表

中 国 商 会　　令和○年12月31日

資　産	金 額	負債および純資産	金 額
現 金	1,304,000	(支払手形)	700,000
当 座 預 金	1,090,000	買 掛 金	656,000
受取手形 (500,000)		資 本 金	5,800,000
貸倒引当金 (15,000)	485,000	(当期純利益)	998,000
売 掛 金 (1,300,000)			
貸倒引当金 (39,000)	1,261,000		
有 価 証 券	500,000		
商 品	1,250,000		
(消 耗 品)	154,000		
貸 付 金	800,000		
前 払 保 険 料	24,000		
未 収 利 息	36,000		
備 品 (2,500,000)			
(減価償却累計額) (1,250,000)	1,250,000		
	8,154,000		8,154,000

考え方

〈決算整理事項〉

b．貸倒見積高
　受取手形
　　$(¥400,000 + ¥100,000) × 3\% = ¥15,000$
　売 掛 金
　　$(¥1,400,000 - ¥100,000) × 3\% = ¥39,000$
　　$(¥15,000 + ¥39,000) - ¥16,000 = ¥38,000$

c．備品減価償却高
　　$\dfrac{¥2,500,000 - ¥0}{10年} = ¥250,000$

d．有価証券評価高
　　$\dfrac{¥800,000}{100株} = ¥8,000$（1株あたりの帳簿価額）
　　$(¥5,000 - ¥8,000) × 100株 = -¥300,000$

(1)

総 勘 定 元 帳

損　　益　　29

12/31	(仕　　　入)	6,490,000	12/31	売　　上	9,760,000
〃	給　　料	1,668,000	〃	受取手数料	146,300
〃	(貸倒引当金繰入)	144,000	〃	(有価証券評価益)	120,000
〃	(減価償却費)	450,000			
〃	支払家賃	710,000			
〃	保険料	168,000			
〃	通信費	30,600			
〃	雑　　費	44,700			
〃	(資本金)	321,000			
		10,026,300			10,026,300

(2)

貸 借 対 照 表

北海道商会　　令和○年12月31日

資　　産		金　額	負債および純資産	金　額
現　　　金		656,200	支払手形	1,850,000
当座預金		2,184,300	買掛金	2,261,500
電子記録債権 (1,700,000)			(従業員預り金)	350,000
貸倒引当金 (51,000)	1,649,000		未払家賃	50,000
売掛金 (3,900,000)			資本金	8,400,000
貸倒引当金 (117,000)	3,783,000		(当期純利益)	321,000
(有価証券)		2,210,000		
商　　品		1,320,000		
(貯蔵品)		24,000		
(前払保険料)		56,000		
備　　品 (3,200,000)				
減価償却累計額 (1,850,000)	1,350,000			
		13,232,500		13,232,500

[考え方]

〔付記事項の仕訳〕

① 有価証券　470,000　当座預金　470,000

〔決算整理事項の仕訳〕

a. 仕　　入　1,230,000　繰越商品　1,230,000
　 繰越商品　1,320,000　仕　　入　1,320,000
b. 貸倒引当金繰入　144,000　貸倒引当金　144,000
　 (¥1,700,000＋¥3,900,000)×3％＝¥168,000
　 ¥168,000－¥24,000＝¥144,000
c. 減価償却費　450,000　備品減価償却累計額　450,000
　 (¥3,200,000－¥1,400,000)×0.25＝¥450,000
d. 有価証券　120,000　有価証券評価益　120,000
　 旭川商事株式会社
　　 (¥5,800－¥5,400)×300株＝¥120,000
　 札幌物産株式会社　評価損益なし
e. 貯蔵品　24,000　通信費　24,000
f. 前払保険料　56,000　保険料　56,000
　 前払分は来年1月から4月までの4か月分であるから,
　　 $¥84,000×\dfrac{4か月}{6か月}＝¥56,000$
g. 支払家賃　50,000　未払家賃　50,000

---

(1)

①	仕　　　入	200,000	受取手形	200,000

(2)

a	仕　　　入	469,000	繰越商品	469,000
	繰越商品	519,000	仕　　入	519,000
b	貸倒引当金繰入	75,000	貸倒引当金	75,000
c	減価償却費	360,000	備品減価償却累計額	360,000
d	有価証券評価損	120,000	有価証券	120,000
e	消耗品	23,000	消耗品費	23,000
f	前払保険料	16,000	保険料	16,000
g	支払家賃	42,000	未払家賃	42,000

(3)

繰 越 試 算 表

令和○年12月31日

借　　方	元丁	勘 定 科 目	貸　　方
675,000		現　　　金	
2,994,000		(当 座 預 金)	
2,400,000		受 取 手 形	
900,000		売　掛　金	
省		貸 倒 引 当 金	165,000
1,430,000		有 価 証 券	
519,000		繰 越 商 品	
23,000		(消 耗 品)	
16,000		(前 払 保 険 料)	
1,800,000	略	備　　品	
		備品減価償却累計額	1,080,000
		支 払 手 形	490,000
		買　掛　金	1,570,000
		所 得 税 預 り 金	300,000
		(未 払 家 賃)	42,000
		資　本　金	7,110,000
10,757,000			10,757,000

— 65 —

(4)
損 益 計 算 書
北陸商店　令和○年1月1日から令和○年12月31日まで

費　　用	金　額	収　益	金　額
売 上 原 価	7,070,000	売 上 高	9,300,000
給　　料	1,024,000	受 取 手 数 料	186,000
（貸倒引当金繰入）	75,000		
（減 価 償 却 費）	360,000		
支 払 家 賃	477,000		
保 険 料	46,000		
消 耗 品 費	116,000		
雑　　費	88,000		
有価証券評価損	120,000		
（当 期 純 利 益）	110,000		
	9,486,000		9,486,000

考え方
〈付記事項〉
　北陸商店（当店）の仕訳（振出人）
　　（借）仕　　　入　200,000　（貸）受取手形　200,000
　石川商店の仕訳（受取人）
　　（借）受取手形　200,000　（貸）売　　　上　200,000
〈決算整理事項〉
　b．貸倒見積高
　　　{¥900,000＋（¥2,600,000－¥200,000）}×5％
　　　　　　　　　　　　　　　　　　　＝¥165,000
　　　¥165,000－¥90,000＝¥75,000
　c．備品減価償却高
　　　$\dfrac{¥1,800,000－¥0}{5年}$＝¥360,000
　d．有価証券評価高
　　　佐賀商事株式会社
　　　　（¥3,550－¥3,900）×200株＝－¥70,000
　　　長崎物産株式会社
　　　　（¥7,200－¥7,700）×100株＝－¥50,000
　　　－¥70,000＋（－¥50,000）＝－¥120,000
　f．保険料前払高
　　　来年1月から4月までの4か月分であるから，
　　　¥48,000×$\dfrac{4か月}{12か月}$＝¥16,000

第11章　進んだ学習
㊺ 棚卸減耗損と商品評価損　▷p.184

45-1

(1)	棚卸減耗損	¥12,500	(2)	商品評価損	¥29,500

考え方
棚卸減耗損　@¥250×(3,000個－2,950個)＝¥12,500
商品評価損　(@¥250－@¥240)×2,950個＝¥29,500

45-2

(1)	A品の棚卸減耗損	¥78,000	(2)	B品の商品評価損	¥30,000

㊻ 建設仮勘定　▷p.185～

46-1

(1)	建 設 仮 勘 定	15,000,000	当 座 預 金	15,000,000
(2)	建　　　物	40,000,000	建 設 仮 勘 定	30,000,000
			当 座 預 金	10,000,000

46-2

(1)	建　　　物	8,700,000	建 設 仮 勘 定	5,000,000
			当 座 預 金	3,700,000
(2)	建　　　物	10,000,000	建 設 仮 勘 定	7,000,000
			当 座 預 金	2,000,000
			未 払 金	1,000,000
(3)	建　　　物	50,000,000	建 設 仮 勘 定	35,000,000
			当 座 預 金	15,000,000

㊼ 固定資産の売却・買い換え・除却　▷p.186～

47-1

(1)		車 両 運 搬 具	4,200,000	当 座 預 金	4,200,000
(2)	a	車両運搬具減価償却累計額	3,360,000	車 両 運 搬 具	4,200,000
		当 座 預 金	940,000	固定資産売却益	100,000
	b	車 両 運 搬 具	4,500,000	車 両 運 搬 具	4,200,000
		車両運搬具減価償却累計額	3,360,000	未 払 金	3,870,000
		固定資産売却損	210,000		

車 両 運 搬 具

4/1 前期繰越	(4,200,000)		4,200,000
	4,500,000		

車両運搬具減価償却累計額

	3,360,000	4/1 前期繰越	(3,360,000)

(2)	c	車両運搬具減価償却累計額	2,688,000	車 両 運 搬 具	4,200,000
		固定資産除却損	1,512,000		

車 両 運 搬 具

4/1 前期繰越	(4,200,000)		4,200,000

車両運搬具減価償却累計額

	2,688,000	4/1 前期繰越	(2,688,000)

固 定 資 産 除 却 損

	1,512,000		

考え方
(1) 取得原価
　　¥4,000,000＋¥200,000＝¥4,200,000
　　　　　　　　付随費用
(2)
　a．帳簿価額
　　　¥4,200,000－¥3,360,000＝¥840,000
　　　取得原価　　減価償却累計額
　　固定資産売却益
　　　¥940,000－¥840,000＝¥100,000
　　　売却価額　　帳簿価額

b．減価償却累計額

買い入れ　　　　　　　　　　　　　買い換え

第３期	第４期	第５期	第６期	第７期

４期分（第３期〜第６期）

$\frac{¥4,200,000-¥0}{5年}\times 4年=¥3,360,000$

固定資産売却損

¥*840,000*−¥*630,000*＝¥*210,000*
（帳簿価額　下取価額）

c．減価償却累計額

買い入れ　　　　　除却

第３期	第４期	第５期	第６期	第７期

２期分（第３期〜第４期）

第３期減価償却費

¥*4,200,000*×0.4＝¥*1,680,000*

第４期減価償却費

（¥*4,200,000*−¥*1,680,000*）×0.4＝¥*1,008,000*

¥*1,680,000*＋¥*1,008,000*＝¥*2,688,000*

固定資産除却損

¥*4,200,000*−¥*2,688,000*＝¥*1,512,000*
（取得原価　減価償却累計額　帳簿価額）

48 資本金の増加・資本金の減少

▷p.187〜

48－1

(1)	当座預金	5,000,000	資本金	5,000,000
(2)	資本準備金	2,500,000	資本金	2,500,000
(3)	資本金	10,000,000	資本準備金	10,000,000
(4)	資本金	4,000,000	その他資本剰余金	4,000,000
	その他資本剰余金	4,000,000	繰越利益剰余金	4,000,000

48－2

(1)	当座預金	7,000,000	資本金	3,500,000
			資本準備金	3,500,000
(2)	当座預金	4,000,000	資本金	2,000,000
			資本準備金	2,000,000
	株式交付費	480,000	当座預金	480,000

考え方

(1) 払込金額　¥*70,000*×100株＝¥*7,000,000*
資本金に計上しない金額は，資本準備金とする。
¥*7,000,000*$\times\frac{1}{2}$＝¥*3,500,000*

(2) 払込金額　¥*80,000*×50株＝¥*4,000,000*
資本金に計上しない金額は，資本準備金とする。
¥*4,000,000*$\times\frac{1}{2}$＝¥*2,000,000*

会社設立後に資本金を増加した場合の，株式発行に要した諸費用は株式交付費とする。

49 仕訳の問題

▷p.188〜

49－1

(1)

当座預金	12,000,000	資本金	9,000,000
		資本準備金	3,000,000
株式交付費	680,000	当座預金	680,000

考え方

払込金額　¥*80,000*×150株＝¥*12,000,000*
資本金に計上しない金額は，資本準備金とする。
¥*20,000*×150株＝¥*3,000,000*
あらたに株式を発行したときにかかった諸費用は株式交付費勘定で処理する。

(2)

当座預金	6,000,000	資本金	3,000,000
		資本準備金	3,000,000

考え方

会社法に規定する最高限度額とは，払込金額の２分の１であるから，¥*6,000,000*$\times\frac{1}{2}$＝¥*3,000,000*となる。

(3)

資本金	17,200,000	その他資本剰余金	17,200,000
その他資本剰余金	15,300,000	繰越利益剰余金	15,300,000

考え方

資本金を取り崩して欠損金をてん補する場合，その他資本剰余金にいったん振り替え，繰越利益剰余金の残高を減少させる。この場合，借方と貸方のその他資本剰余金を相殺しない。

(4)

繰越利益剰余金	1,150,000	利益準備金	90,000
		未払配当金	900,000
		別途積立金	160,000

(5)

繰越利益剰余金	505,000	利益準備金	25,000
		未払配当金	400,000
		別途積立金	80,000

考え方

配当金の10分の１　¥*400,000*$\times\frac{1}{10}$＝¥*40,000*

資本金　¥*2,500,000*$\times\frac{1}{4}$＝¥*625,000*

¥*625,000*−（資本準備金¥*400,000*
＋利益準備金¥*200,000*）＝¥*25,000*

¥*40,000*＞¥*25,000*

よって，利益準備金は小さい方の金額¥*25,000*となる。

❶

a	受 取 手 形	400,000	売 　　　　 上	630,000
	売 　 掛 　 金	230,000	現 　　　　 金	20,000
	発 　 送 　 費	20,000		
b	建物減価償却累計額	3,750,000	建 　　　 物	5,000,000
	現 　　　　 金	700,000		
	未 　 収 　 金	400,000		
	固定資産売却損	150,000		
c	仮 受 消 費 税	982,000	仮 払 消 費 税	785,000
			未 払 消 費 税	197,000

考え方

b．建物減価償却累計額
　　¥5,000,000 － ¥1,250,000 ＝ ¥3,750,000
　未収金
　　¥1,100,000 － ¥700,000 ＝ ¥400,000
　固定資産売却損
　　帳簿価額¥1,250,000 － 売却額¥1,100,000 ＝ ¥150,000

❷

(1)

a	期首商品棚卸高 ¥	864,000
b	期間中の給料 ¥	1,262,000

(2)

ア	4	イ	3	ウ	6

(3)

a	本 　　　 店	80,000	現 　　　 金	80,000
b	奈 良 商 店	560,000	島 根 商 店	560,000

考え方

(1)a．仕入勘定と資料より
　　¥7,300,000 ＋ 期首商品棚卸高
　　　－ 期末商品棚卸高¥523,000 ＝ 売上原価¥7,641,000
　　よって，期首商品棚卸高は¥864,000
　b．引出金勘定と資料より
　　期首純資産
　　　¥6,650,000 － ¥3,200,000 ＝ ¥3,450,000
　　期末純資産
　　　¥8,910,000 － ¥3,820,000 ＝ ¥5,090,000
　　期間中の純資産増加額
　　　¥5,090,000 － ¥3,450,000 ＝ ¥1,640,000
　　純資産増加額より
　　　¥1,640,000 － 追加元入額¥300,000 ＋ 引出金¥80,000
　　　　＝ ¥1,420,000（当期純利益）
　　期間中の収益
　　　¥11,200,000 ＋ ¥42,000 ＝ ¥11,242,000
　　期間中の費用
　　　¥11,242,000 － ¥1,420,000 ＝ ¥9,822,000
　　よって，給料は
　　　¥9,822,000 － ¥7,641,000 － ¥793,000 － ¥126,000
　　　　＝ ¥1,262,000

❸

仕 訳 集 計 表
令和〇年10月8日

借 方	元丁	勘 定 科 目	元丁	貸 方
687,000		現 　　　 金		461,300
491,000	2	当 座 預 金	2	207,000
300,000		受 取 手 形		
1,710,000		売 　 掛 　 金		1,224,000
200,000		前 　 払 　 金		
121,000		買 　 掛 　 金		967,000
		前 　 受 　 金		60,000
72,000	10	売 　　　 上	10	1,710,000
		受 取 家 賃		55,000
967,000		仕 　　　 入		18,000
65,000		広 　 告 　 料		
28,700		旅 　　　 費		
7,500		租 税 公 課		
9,800		消 耗 品 費		
37,500		水 道 光 熱 費		
3,800		雑 　　　 費		
2,000		支 払 利 息		
4,702,300				4,702,300

総 勘 定 元 帳
当 座 預 金　　　　2

	5,720,000		3,350,000
10/ 8	491,000	10/ 8	207,000

売 　　　 上　　　　10

	681,000		8,490,000
10/ 8	72,000	10/ 8	1,710,000

考え方

10/ 8の仕訳
振替伝票　売 掛 金　780,000　　売　　　上　780,000
　〃　　　受取手形　300,000　　売　掛　金　300,000
出金伝票　前 払 金　200,000　　現　　　金　200,000

4

(1)
総 勘 定 元 帳

現　金　1

1/ 1	875,000		

当 座 預 金　2

1/ 1	1,989,000	1/12	258,000
26	671,000	13	980,000

受 取 手 形　3

1/24	280,000		

売 掛 金　6

1/ 1	2,250,000	1/24	280,000
17	340,000	26	671,000
20	347,000		

前 払 金　8

1/ 1	150,000	1/21	150,000

支 払 手 形　17

1/13	980,000	1/ 1	980,000
		28	182,000

買 掛 金　18

1/12	258,000	1/ 1	1,260,000
28	182,000	10	380,000
		21	52,500

売 上　24

		1/17	340,000
		20	347,000

仕 入　30

1/10	380,000		
21	202,500		

(2)
当 座 預 金 出 納 帳　1

令和○年		摘　要	預　入	引　出	借または貸	残　高
1	1	前月繰越	1,989,000		借	1,989,000
	12	山梨商店に買掛金支払い 小切手#12		258,000	〃	1,731,000
	13	約束手形#16支払い		980,000	〃	751,000
	26	宮城商店の売掛金回収	671,000		〃	1,422,000
	31	次月繰越		1,422,000		
			2,660,000	2,660,000		

受 取 手 形 記 入 帳

令和○年		摘　要	金　額	手形種類	手形番号	支払人	振出人または裏書人	振出日		満期日		支払場所	てん末		
													月	日	摘　要
1	24	売 掛 金	280,000	約手	9	福島商店	福島商店	1	24	3	24	南銀行本店			

支 払 手 形 記 入 帳

令和○年		摘　要	金　額	手形種類	手形番号	受取人	振出人	振出日		満期日		支払場所	てん末		
													月	日	摘　要
12	13	仕 入	980,000	約手	16	新潟商店	当　店	12	13	1	13	北銀行本店	1	13	支 払 い
1	28	買 掛 金	182,000	約手	17	新潟商店	当　店	1	28	4	28	北銀行本店			

売 掛 金 元 帳
福 島 商 店　　　　　2

令和○年		摘　要	借　方	貸　方	借または貸	残　高
1	1	前 月 繰 越	1,058,000		借	1,058,000
	17	売 り 上 げ	340,000		〃	1,398,000
	24	回　　収		280,000	〃	1,118,000
	31	次 月 繰 越		1,118,000		
			1,398,000	1,398,000		

買 掛 金 元 帳
新 潟 商 店　　　　　1

令和○年		摘　要	借　方	貸　方	借または貸	残　高
1	1	前 月 繰 越		547,000	貸	547,000
	10	仕 入 れ		380,000	〃	927,000
	28	支 払 い	182,000		〃	745,000
	31	次 月 繰 越	745,000			
			927,000	927,000		

商 品 有 高 帳

(先入先出法)　　　　　(品名)　A　品　　　　　単位：個

令和○年		摘　要	受入 数量	単価	金額	払出 数量	単価	金額	残高 数量	単価	金額
1	1	前 月 繰 越	115	2,700	310,500				115	2,700	310,500
	10	新 潟 商 店	90	2,800	252,000				{ 115	2,700	310,500
									{ 90	2,800	252,000
	17	福 島 商 店				100	2,700	270,000	{ 15	2,700	40,500
									{ 90	2,800	252,000
	31	次 月 繰 越				{ 15	2,700	40,500			
						{ 90	2,800	252,000			
			205		562,500	205		562,500			

5

(1)

貸　借　対　照　表

愛媛商店　　令和○年12月31日　　（単位：円）

資　　　　　産	金　　額	負債および純資産	金　　額
現　　　　　金	986,200	支 払 手 形	930,000
当 座 預 金	3,131,300	買 掛 金	1,752,000
受取手形(1,190,000)		（未 払 利 息）	12,500
貸倒引当金(11,900)	1,178,100	借 入 金	850,000
売 掛 金(2,630,000)		資 本 金	8,352,300
貸倒引当金(26,300)	2,603,700	当期純利益	342,000
（有 価 証 券）	2,560,000		
（商　　　　品）	403,000		
（前 払 保 険 料）	80,500		
（未 収 地 代）	96,000		
備　　　　品(2,800,000)			
減価償却累計額(1,600,000)	1,200,000		
	12,238,800		12,238,800

(2)

￥	6,084,400

考え方

〔付記事項の仕訳〕

　① 当 座 預 金　180,000　受 取 手 形　180,000

〔決算整理事項の仕訳〕

　a．仕　　　　入　315,000　繰 越 商 品　315,000
　　　繰 越 商 品　403,000　仕　　　入　403,000
　b．貸倒引当金繰入　32,200　貸 倒 引 当 金　32,200
　　　受 取 手 形　（￥1,370,000－￥180,000）×1％
　　　　　　　　　　　　　　付記事項
　　　　　　　　　　　　　　　　　　＝￥11,900
　　　売 掛 金　￥2,630,000×1％＝￥26,300
　　　（￥11,900＋￥26,300）－￥6,000＝￥32,200
　c．減 価 償 却 費　400,000　備品減価償却累計額　400,000
　　　（￥2,800,000－￥0）÷7年＝￥400,000
　d．有価証券評価損　30,000　有 価 証 券　30,000
　　　￥2,590,000÷200株＝￥12,950
　　　　　　　　　　　　　　（1株あたりの帳簿価額）
　　　（￥12,800－12,950）×200株＝－￥30,000
　e．前 払 保 険 料　80,500　保　険　料　80,500
　　　￥138,000×7か月/12か月＝￥80,500
　f．支 払 利 息　12,500　未 払 利 息　12,500
　g．未 収 地 代　96,000　受 取 地 代　96,000

6

a	繰越利益剰余金	4,920,000	利 益 準 備 金	420,000
			未 払 配 当 金	4,200,000
			別 途 積 立 金	300,000
b	当 座 預 金	12,000,000	資 本 金	8,000,000
			資 本 準 備 金	4,000,000
	株 式 交 付 費	360,000	当 座 預 金	360,000
c	法 人 税 等	1,720,000	仮払法人税等	700,000
			未払法人税等	1,020,000

考え方

　b．払込金額　￥60,000×200株＝￥12,000,000
　　　資本金に計上しない金額は，資本準備金とする。
　　　　￥20,000×200株＝￥4,000,000
　　　会社設立後の株式発行に要した諸費用は株式交付費とする。